Der Einfluss des unionsrechtlichen Beihilfenverbots
auf das deutsche Steuerrecht

FINANZ- UND STEUERRECHT IN DEUTSCHLAND UND EUROPA

Herausgegeben von Klaus-Dieter Drüen,
Hanno Kube und Rainer Wernsmann

Band 25

Zur Qualitätssicherung und Peer Review der vorliegenden Publikation

Die Qualität der in dieser Reihe erscheinenden Arbeiten wird vor der Publikation durch Herausgeber der Reihe geprüft.

Notes on the quality assurance and peer review of this publication

Prior to publication, the quality of the work published in this series is reviewed by editors of the series.

Friederike Grube

Der Einfluss des unionsrechtlichen Beihilfenverbots auf das deutsche Steuerrecht

Dargestellt an den Beispielen der sogenannten Sanierungsklausel und der Steuervergünstigungen für gemeinnützige Unternehmen

PL ACADEMIC RESEARCH

Bibliografische Information der Deutschen Nationalbibliothek
Die Deutsche Nationalbibliothek verzeichnet diese Publikation in der Deutschen Nationalbibliografie; detaillierte bibliografische Daten sind im Internet über http://dnb.d-nb.de abrufbar.

Zugl.: Passau, Univ., Diss., 2014

Gedruckt auf alterungsbeständigem, säurefreiem Papier.

D 739
ISSN 1863-141X
ISBN 978-3-631-65461-3 (Print)
E-ISBN 978-3-653-04692-2 (E-Book)
DOI 10.3726/978-3-653-04692-2

PL Academic Research ist ein Imprint der Peter Lang GmbH.

Peter Lang – Frankfurt am Main · Bern · Bruxelles · New York · Oxford · Warszawa · Wien

Diese Publikation wurde begutachtet.

www.peterlang.com

Meinen Eltern

Inhaltsverzeichnis

Literaturverzeichnis

Bigalke, Silke/Cáceres, Javier: „Verbotener Vorteil", Süddeutsche Zeitung v. 13. 09. 2013, 20.

Birnstiel, Alexander/Bungenberg, Marc/Heinrich, Helge: „Europäisches Beihilfenrecht", Kommentar, 1. Aufl., 2013.

Bode, Walter: „Steuerliche Begünstigungen als staatliche Beihilfe i. S. d. Art. 107 AEUV – Folgerungen für die Praxis der Fachgerichte", FR 2011 S. 1034.

Blumenberg, Jens und Haisch, Martin: „Die unionsrechtliche Beihilfeproblematik der Sanierungsklausel nach § 8c Abs. 1a KStG", FR 2012 S. 12.

Blumenberg, Jens und Kring, Wulf: „Europäisches Beihilfenrecht und Besteuerung", Institut Finanzen und Steuerrecht e.V., Schrift Nr. 473, Berlin, Juli 2011.

Breinersdorfer, Stephan/Schütz, Michael: „German Real Investment Trust (G-REIT) – Ein Problemaufriss aus Sicht des Fiskus", DB 2007 S. 1487.

Breuninger, Gottfried E./Ernst, Markus: „Der Beitritt eines rettenden Investors als (stiller) Gesellschafter und der „neue" § 8c KStG", GmbHR 2010 S. 561.

Breuninger, Gottfried E./Ernst, Markus: „§ 8c KStG im ‚Zangengriff' von Europa- und Verfassungsrecht – Sanierungsklausel und Beihilferecht nach Negativentscheidung der EU-Kommission", GmbHR 2011 S. 673.

Bunjes, Umsatzsteuergesetz, Kommentar, begründet von Bunjes, Johann und Geist, Reinhold, erläutert von Heidner, Hans-Hermann/ Korn, Christian/ Leonard, Axel/ Robisch, Martin, 12. Aufl. 2013.

Büsching, Knut/Homann, Jens/Wiese, Thomas: „Das Europäische Beihilfenrecht", 4. Fassung 2012 S. 15, www.berlin.de.

Cloer, Adrian/Vogel, Nina: „Offshore-Vergünstigungen im EU-Fokus", IWB 2012 S. 35.

Danwitz von, Thomas: „Grundfreiheiten und direkte Steuern? Entwicklung, Kohärenz und Konsolidierung der Rechtsprechung des Gerichtshofs" in 8. und 9. Finanzgerichtstag 2011/2012, Europäische Perspektiven im Steuerrecht, Steuergerechtigkeit und Steuervereinfachung, herausgegeben von Brandt, Jürgen, Köln 2013 S. 73 ff.

Dörr, Ingmar: „§ 8c Abs. 2 KStG tritt nicht in Kraft! “, NWB 2009 S. 3499.

Dörr, Ingmar: „Sanierungsklausel – noch 15 Verfahren anhängig“, NWB 2013 S. 629.

Drüen, Klaus-Dieter: „Die Sanierungsklausel des § 8c KStG als europarechtswidrige Beihilfe“, DStR 2011 S. 289.

Ehrmann, Oliver: „Beihilferechtliche Zulässigkeit des § 8c KStG“, DStR 2011 S. 5.

Englisch, Joachim: „Steuerliche Sonderbelastung als verbotene Beihilfe – eine unionsrechtliche Achillesferse der Kernbrennstoffsteuer“, StuW 2012 S. 318.

Englisch, Joachim: „State Aid and Indirect Taxation“ in State Aid and Tax Law, herausgegeben von Rust, Alexander und Micheau, Claire, Niederlande, 2013 S. 69.

Frenz, Walter: „Das Ineinandergreifen von nationalem Steuerrecht und gemeinschaftlichem Beihilfeverbot am Beispiel einer partiellen Befreiung von der Mineralölsteuer“, DStR 2000 S. 137.

Frenz, Walter/Roth, David: „Steuer- und Abgabebefreiungen als Beihilfen – Aktuelle Rechtsprechung und Entwicklungen (Energiesteuer)“, DStZ 2007 S. 465.

Frenz, Walter: „Handbuch Europarecht“, Band 3, Beihilfe- und Vergaberecht, Heidelberg 2007.

Friedrich, Klaus/Köthe, Grit: „Änderungen des Energie- und Stromsteuerrechts“, DStR 2013 S. 65.

Fritze, Marc/Heithecker, Jan: „Insolvenzplansanierung und EU-Beihilfenrecht“, EuZW 2010 S. 817.

Geisenberger, Ute: „Der Einfluss des Europarechts auf steuerliches Verfahrensrecht“ in Schriftenreihe Europäisches Recht, Politik und Wirtschaft, Band 354, herausgegeben von Schwarze, Jürgen, Freiburg 2010.

Glaser, Andreas: „Verfassungs- und unionsrechtliche Grenzen steuerlicher Lenkung“, StuW 2012 S. 168.

Grube, Friederike: „Der Einfluss des EU-Beihilfenrechts auf das deutsche Steuerrecht“, DStZ 2007 S. 371.

Grube, Friederike: „Gemeinschaftsrecht und soziale Gerechtigkeit im Ertragsteuerrecht“ in 8. und 9. Finanzgerichtstag 2011/2012, Europäische Perspektiven im Steuerrecht, Steuergerechtigkeit und Steuervereinfachung, herausgegeben von Brandt, Jürgen, Köln 2013 S. 113.

Grube, Friederike: „Umsatzbesteuerung von Umsätzen bei Einrichtungen zur ambulanten Pflege kranker und pflegebedürftiger Personen", jurisPR-SteuerR 29/2013 Anm. 6.

Gundel, Jörg: „Die Rückabwicklung von nicht notifizierten, aber schließlich genehmigten Beihilfen vor den nationalen Gerichten: Vorgaben für die Bewehrung des Durchführungsverbots", EWS 2008 S. 161.

Hackemann, Tim/Sydow, Sabine: „Richtungsentscheidung des EuGH in der Rs.C-6/12, P Oy für die Voraussetzungen der Einstufung einer Sanierungsklausel als staatliche Beihilfe; Auswirkungen auf die suspendierte deutsche Sanierungsklausel des § 8c Abs. 1a KStG", IStR 2013, 786.

Heger, Karin: „Die Steuerpflicht des Krankentransports und Rettungsdienstes – Möglichkeiten einer Konkurrentenklage", DStR 2008 S. 807.

Heintzen, Markus: „Die Neufassung des § 42 AO und ihre Bedeutung für grenzüberschreitende Gestaltungen", FR 2009 S. 599.

Helios, Marcus: „Steuerliche Gemeinnützigkeit und EG-Beihilfenrecht" in Schriftenreihe Steuerrecht in Forschung und Praxis, Band 7, Bonn 2004.

Herzig, Norbert: „Sanierungsklausel als unzulässige Beihilfe?", Gastkommentar, DB 2011, Nr. 08 v. 25. 02. 2011.

Hey, Johanna: „Perspektiven der Unternehmensbesteuerung", StuW 2011 S. 131.

Hübschmann/Hepp/Spitaler: „Abgabenordnung/Finanzgerichtsordnung" Kommentar, Loseblattsammlung, Bearbeitungsstand Dezember 2013.

Hüttemann, Rainer: „Steuervergünstigungen wegen Gemeinnützigkeit und europäisches Beihilfenrecht", DB 2006 S. 914.

Hüttemann, Rainer: „Zur Anwendung des ermäßigten Steuersatzes auf Leistungen gemeinnütziger Beschäftigungsgesellschaften", MwStR 2014 S. 115.

Jahndorf, Christian/Oellerich, Ingo: „Bestandskraft von Steuerbescheiden und rückwirkende Durchsetzung von Europarecht", DB 2008 S. 2559.

Jochum, Heike: „Systemfragen zu Mantelkauf und Sanierungsklausel", FR 2011 S. 497.

Kessler, Wolfgang/Spengel, Christoph: „Checkliste potentiell EU-rechtswidriger Normen des deutschen direkten Steuerrechts", Update 2013, DB Beilage zu Heft 4 vom 25. 01. 2013.

Kessler, Wolfgang in blog.handelsblatt.clm/steuerboard/2011/02/01/sanierung-schwer-gemacht.

Kippenberg, Johannes: Anmerkung zum EuG, Beschl. v. 18. 12. 2012 T-205/11, IStR 2013 S. 101.

Klemt, Felix: „Richtungsentscheidung für Kompetenzen in Europa – lässt das Beihilfenrecht die Sanierungsklausel in § 8c Abs. 1a KStG zu?", DStR 2013 S. 1057.

Lang, Joachim in Tipke/Lang, „Steuerrecht", 20. Aufl. 2010, § 9 Rz 61.

Lang, Michael: Gutachten: „Die Auswirkungen des gemeinschaftsrechtlichen Beihilfenrechts auf das Steuerrecht" in Verhandlungen des Siebzehnten Österreichischen Juristentages – ÖJT -, Band IV/1, Wien 2009.

Lang, Michael: Referat: „Die Auswirkungen des gemeinschaftsrechtlichen Beihilfenrechts auf das Steuerrecht" in Verhandlungen des Siebzehnten Österreichischen Juristentages – ÖJT -, Band IV/2, Wien 2009, S. 10.

Lang, Michael: „Seminar J: Steuerrecht, Grundfreiheiten und Beihilfenverbot", IStR 2010 S. 570.

Lang, Michael: „Das Gibraltar-Urteil des EuGH: Neue beihilferechtliche Vorgaben für das Steuerrecht?", ÖStZ 2011, Artikel-Nr. 1070 S. 593.

Lang, Michael: „Europäisches Beihilfenrecht und Besteuerung – am Beispiel des § 8c KStG" in Praxis und Zukunft des deutschen internationalen Steuerrechts, Forum der internationalen Besteuerung, Band 40, herausgegeben von Lüdicke, Jürgen, Köln 2012 S. 85.

Lange, Hans-Friedrich: Anmerkung zum BFH-Beschluss vom 10. Juli 2012 – XI R 22/10 –, BFH/PR 2011 S. 407.

Lehner, Moris: „Internationale Reichweite staatlicher Besteuerungshoheit" in Handbuch des Staatsrechts der Bundesrepublik Deutschland, herausgegeben von Isensee, Josef und Kirchhof, Paul, Band XI, Internationale Bezüge, 3. Aufl., Heidelberg 2013, § 251, S. 1001.

Lehnert, Sabine: „Die Korrektur von gemeinschaftsrechtswidrigen Beihilfen in Form von Steuervergünstigungen" in Europäische Hochschulschriften, Reihe II, Rechtswissenschaft, Band 4811, Frankfurt am Main, 2009.

Lübbig, Thomas/Martin-Ehlers Andrés: „Beihilfenrecht der EU", 2. Aufl., Frankfurt 2009.

Maier, Martina in blog.Handelsblatt.com/rechtsboard/2013/08/05/beihilferecht-neue-EU-Verfahrensordnung.

Musil, Andreas: „Reformbedarf bei der wirtschaftlichen Betätigung gemeinnütziger Körperschaften", DStR 2009 S. 2453.

Nieskens, Hans: „Wettbewerbsverzerrungen durch wirtschaftliche Tätigkeiten der öffentlichen Hand“, UR 2013 S. 739.

Marquart, Christian: „Die Möglichkeit der Verlustverrechnung als selektive Begünstigung sanierungsbedürftiger Unternehmen?“, IStR 2011 S. 445.

Mitschke, Wolfgang: „Aufruf für eine europäische Finanzgerichtsbarkeit“, IStR 2010 S. 466.

Raab, Anton: „Zur Umsatzsteuerfreiheit der von einem Altenwohnheim erbrachten Leistung“, Anm. zum BFH-Urteil vom 19. März 2013, MwStR 2013 S. 413.

Rode, Stefan: „Steuervergünstigungen, Beihilfen und Steuerwettbewerb“, Schriftenreihe Steuerrecht in Forschung und Praxis, Band 27, Hamburg 2006.

Rust, Mathis: „Regionale Steuerautonomie vor dem Europäischen Beihilfenrecht“, Steuerwissenschaftliche Schriften, Band 41, herausgegeben von Feld, Lars; Reimer, Ekkehart und Waldhoff, Christian, Köln 2013.

Schacht, Klaus P./Steffens, Theresa: „Möglichkeiten zur Durchbrechung der Bestandskraft von Steuerbescheiden“, BB 2008 S. 1254.

Schauhoff, Stephan: „Handbuch der Gemeinnützigkeit“, 3. Aufl., München 2010.

Schön, Wolfgang: „Gestaltungsmissbrauch im europäischen Steuerrecht“, IStR 1996, Beihefter zu Heft 2.

Schön, Wolfgang: „Taxation and State Aid Law in the European Union“, Common Market Law Review 36, 1999, S. 911.

Schön, Wolfgang: „Steuerliche Beihilfen“ in „Aktuelle Fragen des EG-Beihilfenrechts“, Beiheft 69 der ZHR, herausgegeben von Koenig, Christian; Roth, Wulf-Henning; Schön, Wolfgang, Heidelberg, 2001 S. 106.

Schön, Wolfgang: „State aid in the area of taxation“, Kapitel 10 im Handbuch „EC State Aid Law“ von Hancher/Ottervanger/Slot, 6. Aufl. 2006.

Schön, Wolfgang: „Sonderlasten: Eine Lücke im europäischen Wettbewerbsrecht?“ in der Festschrift für Mestmäcker, Ernst-Joachim, 2006 S. 439.

Schön, Wolfgang: „Zurück in die Zukunft? Gesellschafter-Fremdfinanzierung im Lichte der EuGH-Rechtsprechung“, IStR 2009 S. 883.

Schön, Wolfgang: „Die Auswirkungen des gemeinschaftsrechtlichen Beihilfenrechts auf das Steuerrecht“ in Verhandlungen des Siebzehnten Österreichischen Juristentages, Band IV/2, Wien 2009 S. 21.

Schuster, Silvia: „Auskunftsanspruch zur Vorbereitung einer Konkurrentenklage“, juris-PR-SteuerR 32/2012 Anm. 1.

Schweitzer, Michael/Hummer, Waldemar: „Europarecht“, 5. Aufl. , Innsbruck/Passau 1996.

Sölch/Ringleb: „Umsatzsteuergesetz“, Kommentar, herausgegeben von Wagner, Wilfried, Loseblattsammlung, Bearbeitungsstand Juli 2013.

Stäbe, Erik: „Rechtsschutz bei gemeinschaftswidrigen Beihilfen vor europäischen und deutschen Gerichten“, Berlin 2001.

Sutter, Franz Philipp: „Das EG-Beihilfenverbot und sein Durchführungsverbot in Steuersachen“, Wien 2004.

Tipke/Kruse: „Abgabenordnung/Finanzgerichtsordnung“, Kommentar, herausgegeben von Tipke, Klaus/Kruse, Heinrich, Wilhelm/Seer, Roman/Brandis, Peter/Drüen, Klaus-Dieter/Loose, Matthias, Loseblattsammlung, Bearbeitungsstand Dezember 2013.

Vellen, Michael: „Steuerbefreiung von Umsätzen eines Altenheims“, UStB 2013 S. 222.

Weerth de, Jan: „Die Sanierungsklausel des § 8c KStG und europäisches Beihilfenrecht“, DB 2010, S. 1205.

Weitemeyer, Birgit: „Verdeckte Gewinnausschüttungen bei der öffentlichen Hand nach dem JStG 2009 und die Schranken des europäischen Beihilfenrechts“, FR 2009 S. 1.

Wernsmann, Rainer: „Das gleichheitswidrige Steuergesetz – Rechtsfolgen und Rechtsschutz“, Dissertation, Berlin 2000.

Wernsmann, Rainer: „Klagearten und Klagebefugnis im Konkurrentenrechtsstreit“, Die Verwaltung, Bd. 36, 2003 S. 67.

Wernsmann, Rainer: „Viel Lärm um nichts? – Die Ökosteuer ist verfassungsgemäß“, NVwZ 2004 S. 819.

Wernsmann, Rainer: „Verhaltenslenkung in einem rationalen Steuersystem“, Tübingen 2005.

Wernsmann, Rainer: „Vorabentscheidungsverfahren“ in „Rechtsschutz im Öffentlichen Recht“ herausgegeben von Ehlers, Dirk/Schoch, Friedrich Berlin, 2009, § 11 S. 219.

Wernsmann, Rainer in „Europarecht“, herausgegeben von Schulze, Reiner/Zuleeg, Manfred/Kadelbach, Stefan, 2. Aufl. 2010, § 30 S. 1653.

Wernsmann, Rainer: „Internationale Doppelbesteuerung als unionsrechtliches Problem – am Beispiel grenzüberschreitender Erbschaften und Schenkungen“ in der Festschrift für Manfred Bengel und Wolfgang Reimann, 2012 S. 371.

Wessels, Nina: „Das Verhältnis des § 42 AO zu gemeinschaftsrechtlichen Beihilferegelungen zur Wirtschaftsförderung am Beispiel der ‚Dublin-Docks-Gesellschaften‘“, DStZ 2004 S. 154.

Vorwort

Die vorliegende Arbeit befasst sich mit dem Einfluss des unionsrechtlichen Beihilfenverbots auf das deutsche Steuerrecht, der in jüngerer Vergangenheit an Bedeutung gewinnt. Untersucht wird insbesondere das Merkmal der Selektivität als wichtigstes Kriterium für die Annahme einer Beihilfe i. S. von Art. 107 Abs. 1 AEUV. Erörtert wird ferner das Beihilfeverfahren einschließlich der Problematik der Rückforderung unzulässiger Beihilfen sowie u.a. das Verhältnis der Rechtsfolgen von gleichzeitig vorliegenden Verstößen gegen das Beihilfenverbot und die Grundfreiheiten. Die Arbeit schließt mit der Darstellung zweier Beispiele zur Frage der Vereinbarkeit von nationalen Bestimmungen mit dem unionsrechtlichen Beihilfeverbot: Während die sog. Sanierungsklausel bereits Gegenstand entsprechender Verfahren bei den europäischen Gerichten ist, ist die Frage, ob auch die nationalen Steuervergünstigungen für gemeinnützige Unternehmen mit dem unionsrechtlichen Beihilfenverbot im Einklang stehen, noch nicht auf demselben Diskussionsstand.

Mein herzlichster Dank gilt meinem hoch verehrten Doktorvater, Herrn Prof. Dr. Rainer Wernsmann, der die Dissertation fachlich hervorragend begleitet und mich immer wieder zur Fortsetzung ermutigt hat. Ihm und dem ebenfalls sehr verehrten Herrn Prof. Dr. Michael Schweitzer danke ich außerdem besonders für die rasche Erstellung des Erst- und Zweitgutachtens.

Auch meinem Lebenspartner, Herrn Dr. Ulrich Heyll, schulde ich innigen Dank für die unablässige rührende Fürsorge, Rücksichtnahme und die Möglichkeit zur Diskussion der Arbeitsthemen.

Gewidmet ist die Arbeit meinen Eltern, die mir großzügig eine umfassende Ausbildung ermöglicht und damit auch den Grundstein für die Dissertation gelegt haben. Ihnen danke ich außerdem besonders herzlich für ständigen Rückhalt während der Abfassung der Arbeit.

München, im Mai 2014 Friederike Grube

A. Einführung

Nach den Verträgen[1] der Europäischen Union (EU) fällt die Steuergesetzgebung insbesondere für die direkten Steuern zwar grundsätzlich in den Zuständigkeitsbereich der EU-Mitgliedstaaten, die ihre Fiskalhoheit seit jeher als Kernbestandteil der staatlichen Souveränität begreifen[2]. Die nationalen Steuergesetze müssen aber mit den unionsrechtlichen Vorgaben im Einklang stehen[3].

I. Harmonisierung der indirekten Steuern

Für die indirekten Steuern enthält Art. 113 des AEUV einen umfassenden Harmonisierungsauftrag, dem u.a. durch die sog. Mehrwertsteuersystemrichtlinie (MwStSystRL)[4] sowie durch die zu den Verbrauchsteuern u.a. verabschiedete

---

1 Vertrag über die Europäische Union - EUV - v. 7. 02. 1992 (BGBl. 1992 II S. 1251) und Vertrag über die Arbeitsweise der Europäischen Union - AEUV - v. 7. 02. 1992 (BGBl II S. 1253), jeweils zuletzt geändert durch den Vertrag v. Lissabon v. 13. 12. 2007, ABl.EU 2007 C 306/1 unter Berücksichtigung der Änderungen durch das Protokoll über die Berichtigung des Vertrags von Lissabon, ABl. EU 2009 C 290/1.

2 Vgl. z.B. EuGH, Urt. v. 20. 10. 2011 C-284/09, *Kommission/Deutschland*, DStR 2011, 2038, IStR 2011, 840 Rz 44; Schlussanträge des GA Jääskinen C-106/09 P und C-107/09 P, *Kommission/Gibraltar*, Slg. 2011, I-11113, Rz 137, 138, 139; Rust, Regionale Steuerautonomie vor dem Europäischen Beihilferecht, 2013, 20 ff.; Blumenberg/Haisch, Die unionsrechtliche Beihilfeproblematik der Sanierungsklausel nach § 8c Abs. 1a KStG, FR 2012, 12, 17; Schön, State aid in the area of taxation, Kapitel 10 im Handbuch "EC State Aid Law" von Hancher/Ottervanger/Slot, 6. Aufl. 2006, unter 2. jeweils m.w.N.

3 Vgl. Im Einzelnen z.B. Schlussanträge des GA Jääskinen C-106/09 P und C-107/09 P, *Kommission/Gibraltar*, Slg. 2011, I-11113, Rz 137, 138, 139; Lehnert, Die Korrektur von gemeinschaftsrechtswidrigen Beihilfen in Form von Steuervergünstigungen, 2008, 22. Vgl. dazu auch Wernsmann, „Internationale Doppelbesteuerung als unionsrechtliches Problem – am Beispiel grenzüberschreitender Erbschaften und Schenkungen" in FS für Manfred Bengel und Wolfgang Reimann, 2012, 371, 373.

4 Richtlinie 2006/112/EG v. 28.11.2006, ABl.EG 2006 L 347/1.

Systemrichtlinie (SystRL)[5] Rechnung getragen wird. Diese Richtlinien bzw. ihre Vorgängerregelungen[6] sind von den EU-Mitgliedstaaten nach Maßgabe von Art. 288 Abs. 3 AEUV umzusetzen und bilden jeweils die Grundlagen der entsprechenden nationalen Steuergesetze. Die Rechtsprechung des Gerichtshofes der Europäischen Union (EuGH) unterstützt insbesondere auf der Basis von Vorabentscheidungsersuchen der nationalen Gerichte gemäß Art. 267 AEUV bzw. Vertragsverletzungsverfahren der EU-Kommission nach Art. 258 AEUV den weiteren Harmonisierungsprozess[7].

II. Harmonisierung der direkten Steuern

Hinsichtlich der direkten Steuern gibt es im AEUV zwar keinen vergleichbaren unmittelbaren Harmonisierungsauftrag. Nach Art. 115 AEUV i.V.m. Art 114 Abs. 2 AEUV ist aber eine Harmonisierung der direkten Steuern – wenn auch unter erschwerten Bedingungen – möglich[8]. Dabei gab es bislang nur wenig Harmonisierungsfortschritte[9]: Im Jahr 1990 wurden nur die sog. Mutter-Tochter-Richtlinie[10] und die Fusionsrichtlinie[11] beschlossen. Es folgte in 2003

5 Richtlinie 92/12/EWG des Rates v. 25. 02. 1992 über das allgemeine System, den Besitz, die Beförderung und die Kontrolle verbrauchsteuerpflichtiger Waren, ABl. EG 1992 L 76/1.

6 Vgl. z.B. die 6. Richtlinie zur Harmonisierung der Rechtsvorschriften der Mitgliedstaaten über die Umsatzsteuern – Gemeinsames Mehrwertsteuersystem: einheitliche steuerpflichtige Bemessungsgrundlage – 77/388/EWG, ABl.EG 1977 L 145/1 – 6. EG-Richtlinie -.

7 Vgl. z.B. EuGH, Urt. v. 15. 11. 2012 C-174/11, *Zimmermann*, BB 2012, 2977.

8 Vgl. hierzu im Einzelnen Wernsmann in „Europarecht" von Schulze/Zuleeg/Kadelbach, 2. Aufl. 2010, § 30, 1653 ff. Rz 21.

9 Vgl. dazu auch Wernsmann, „Internationale Doppelbesteuerung als unionsrechtliches Problem – am Beispiel grenzüberschreitender Erbschaften und Schenkungen" in FS für Manfred Bengel und Wolfgang Reimann, 2012, 371, 373.

10 Richtlinie des Rates über das gemeinsame Steuersystem der Mutter- und Tochtergesellschaften verschiedener Mitgliedstaaten vom 23. 07. 1990 – 90/435/EWG, ABl. EG 1990 L 225/6-9.

11 Richtlinie 90/434/EWG des Rates v. 23. 07. 1990 über das gemeinsame Steuersystem für Fusionen, Spaltungen, die Einbringung von Unternehmensteilen und den Austausch von Anteilen, die Gesellschaften verschiedener Mitgliedstaaten betreffen, ABl. EG 1990 L 225/01.

eine weitere Richtlinie zur Zinsbesteuerung[12]. Schließlich hat die EU-Kommission am 16. März 2011 ein gemeinsames System zur Berechnung der Steuerbemessungsgrundlage von Unternehmen vorgeschlagen, die in der EU tätig sind (sog. Gemeinsame konsolidierte Körperschaftsteuer-Bemessungsgrundlage – GKKB -)[13]. Eine Verabschiedung durch den Rat der Wirtschafts- und Finanzminister (ECOFIN-Rat) steht noch aus. Der EuGH überprüft im Rahmen entsprechender Verfahren[14] insbesondere die Vereinbarkeit der nationalen steuerrechtlichen Bestimmungen im Bereich der direkten Steuern mit den sog. Grundfreiheiten des AEUV[15]. In jüngerer Vergangenheit wird von Seiten des EuGH wiederholt betont, dass die Regelung der direkten Steuern weiterhin in die Zuständigkeit der EU-Mitgliedstaaten fällt und die Grundfreiheiten nur einen äußeren Rahmen vorgeben, den die EU-Mitgliedstaaten bei der Ausgestaltung des nationalen Steuerrechts zu beachten haben[16]. Die Grundfreiheiten erzwingen nach der Rechtsprechung des EuGH keine Harmonisierung der Steuersysteme der EU-Mitgliedstaaten[17].

---

12 Richtlinie 2003/48/EG des Rates v. 3. 6. 2003 im Bereich der Besteuerung von Zinserträgen – ABl. EU 2003 L 157/38.

13 Vorschlag für eine Richtlinie des Rates über eine Gemeinsame konsolidierte Körperschaftsteuer-Bemessungsgrundlage (GKBB) Kom (2011) 121 endg.

14 Vorabentscheidungsersuchen nach Art. 267 AEUV bzw. Vertragsverletzungsverfahren nach Art. 258, 259 AEUV.

15 Dazu gehören die Freiheit des Warenverkehrs (Art. 26 und Art. 34, 35 AEUV), die Freizügigkeit der Arbeitnehmer (Art. 45 AEUV), die Niederlassungsfreiheit (Art. 49 ff. AEUV), die Dienstleistungsfreiheit (Art. 56 AEUV) und die Kapitalverkehrsfreiheit (Art. 63 ff. AEUV); Art. 21 AEUV schützt die allgemeine Freizügigkeit der Unionsbürger; Art. 18 AEUV enthält das subsidiär geltende Diskriminierungsverbot.

16 Vgl. von Danwitz in Deutscher Finanzgerichtstag 8/9 (2011/2012): „Grundfreiheiten und direkte Steuern? Entwicklung, Kohärenz und Konsolidierung der Rechtsprechung des Gerichtshofs", 73, 86; vgl. dazu im Einzelnen auch Schön, Zurück in die Zukunft? Gesellschafter-Fremdfinanzierung im Lichte der EuGH-Rechtsprechung, IStR 2009, 883; Mitschke, Aufruf für eine europäische Finanzgerichtsbarkeit, IStR 2010, 466.

17 EuGH, Urt. v. 12. 2. 2009 C-67/08 *Block*, Slg. 2009, I-883-902 Rz 31; vgl. Schön, Verhandlungen des Siebzehnten Österreichischen Juristentages – ÖJT 2009, Wien, 21, 24.

III. Vereinbarkeit der nationalen Steuervorschriften mit den unionsrechtlichen Vorgaben des Beihilfenverbots

Die steuerrechtlichen Bestimmungen müssen außerdem auch den beihilferechtlichen Vorgaben des Unionsrechts in Art. 107 ff. AEUV[18] genügen[19]. Der EuGH hat bereits frühzeitig geklärt, dass der Begriff der Beihilfe nicht nur positive Leistungen wie direkte Subventionen umfasst, sondern auch Maßnahmen, die in verschiedener Form die von den Unternehmen normalerweise zu tragenden Belastungen mindern und die somit Subventionen nach Art und Wirkung gleichstehen, was insbesondere auch für die Gewährung von Steuervergünstigungen gilt[20]. Lt. Darstellung der EU-Kommission wurden in dem Zeitraum von 2006–2008 bereits 43 % aller Beihilfen nicht als direkte Subventionen, sondern in Form von Steuervergünstigungen gewährt[21].

1. Entwicklung des Beihilfenverbots im Steuerrecht

Das Verbot unerlaubter Beihilfen ist im Steuerrecht seit dem Wirken des italienischen EU-Kommissars Mario Monti bei der EU-Kommission zunehmend

18 Art. 107 AEUV ist an die Stelle von Art. 87 des Vertrages zur Gründung der Europäischen Gemeinschaft (EGV) getreten, der bis zum 30. 11. 2009 gegolten hat.

19 Vgl. z.B. Lang, Gutachten: Die Auswirkungen des gemeinschaftlichen Beihilferechts auf das Steuerrecht, ÖJT Wien 2009, 7 f; Blumenberg/Kring, Europäisches Beihilferecht und Besteuerung, IFSt Schrift Nr. 473, Berlin 2011, 5.

20 EuGH, Urt. v. 23. 2. 1961, 30/59, *De Gezamenlijke Steenkolemijnen*, Slg. 1961, 11 Rz 3 und 43; EuGH, Urt. v. 8. 09. 2011 C-78/08 bis C-80/08, *Paint Graphos*, Slg. 2011, I-7611 Rz 45; EuGH, Urt. v. 15. 11. 2011, C-106/09 P und C-107/09 P, *Gibraltar*, HFR 2012, 102, BFH/NV 2012, 365 Rz 71 m.1.N.; vgl. auch Glaser, Verfassungs- und unionsrechtliche Grenzen steuerlicher Lenkung, StuW 2012, 168, 180, Bekanntmachung der Kommission über die Durchsetzung des Beihilfenrechts durch die einzelstaatlichen Gerichte v. 9. 04. 2009, ABl.EU 2009 C 85/01 Rz 11; Englisch, Steuerliche Sonderbelastung als verbotene Beihilfe – eine unionsrechtliche Achillesferse der Kernbrennstoffsteuer, StuW 2012, 318, 319; Lang, Das Gibraltar-Urteil des EuGH: Neue beihilferechtliche Vorgaben für das Steuerrecht?, ÖStZ 2011, Artikel-Nr. 1070, 593; Lang, „Europäisches Beihilfenrecht und Besteuerung – am Beispiel des § 8c KStG" in: Praxis und Zukunft des deutschen internationalen Steuerrechts, 2012, 85, 86.

21 Vgl. Geisenberger, Der Einfluss des Europarechts auf steuerliches Verfahrensrecht, 32 unter Hinweis auf Kommission, Beihilfenanzeiger Herbst 2009, KOM (2009), 1638, Abbildung 18.

in den Blick geraten. Er hatte sich von Anfang an die Bekämpfung des seines Erachtens schädlichen Steuerwettbewerbs der EU-Mitgliedstaaten zur Aufgabe gemacht[22]. Seinen Bemühungen ist schließlich der Beschluss des ECOFIN-Rates vom 1. Dezember 1997 zum sog. „Maßnahmenpaket zur Bekämpfung des steuerschädlichen Wettbewerbs in der Europäischen Union“[23] zu verdanken, der erst nach jahrelangen zähen Verhandlungen vom Rat der EU zustande kam. Grund für die lange Beratungsdauer war das schwierige Spannungsverhältnis zwischen dem Ziel der EU-Mitgliedstaaten auf der einen Seite, ihre Souveränität auf dem Gebiet der direkten Steuern zu behalten, und dem Anliegen auf der anderen Seite, unerwünschte Effekte der wettbewerbsverzerrenden sog. „dumping-Steuern“ in den einzelnen EU-Mitgliedstaaten zu beseitigen.

Wesentlicher Bestandteil dieses Maßnahmenpakets war insbesondere die Verabschiedung eines Verhaltenskodexes („code of conduct“) zur Bekämpfung des steuerschädlichen Steuerwettbewerbs der EU-Mitgliedstaaten[24]. Ferner enthielt das Maßnahmenpaket eine Aufforderung an die EU-Kommission, Leitlinien zur Anwendung der Beihilfenkontrolle auf dem Gebiet der Unternehmensbesteuerung auszuarbeiten, der die EU-Kommission mit einer entsprechenden Mitteilung bereits im November 1998 nachkam[25]. Einen ersten Untersuchungsbericht verfasste die EU-Kommission im Februar 2004[26]. Zuletzt hat die EU-Kommission im Rahmen ihrer Bestrebungen zur Modernisierung des Beihilfenrechts[27] am 5. Dezember 2012 Vorschläge für die Überarbeitung der beihilferechtlichen Verfahrensverordnung (EG) Nr. 659/1999 und der beihilferechtlichen Ermächtigungsverordnung (EG) Nr. 994/98 bekannt

22 Sog. Monti-Bericht v. Oktober 1996: „Steuern in der Europäischen Union: Bericht über die Entwicklung der Steuersysteme“ (KOM (96) 546).

23 Sog. Monti-Paket v. Oktober 1997, (KOM (97) 495); vgl. Grube, Der Einfluss des EU-Beihilfenrechts auf das deutsche Steuerrecht, DStZ 2007, 371, 372, 373.

24 Vgl. z.B. Blumenberg/Kring, aaO, 5; Grube, DStZ 2007, 371, 373, jeweils m.w.N.

25 Mitteilung der Kommission v. 11.11.1998 über die Anwendung der Vorschriften über staatliche Beihilfen auf Maßnahmen im Bereich der Unternehmensbesteuerung, ABl.EG 1998 C 384/3 sowie Verhaltenskodex für die Durchführung von Beihilfeverfahren ABl.EU 2009 C 136/13.

26 Bericht über die Umsetzung der Mitteilung der Kommission über die Anwendung der Vorschriften über staatliche Beihilfen im Bereich der direkten Unternehmensbesteuerung v. 9. 02. 2004, Com 2004, 434–2004 Report.

27 Vgl. Aktionsplan staatliche Beihilfen – Weniger und besser ausgerichtete Beihilfen – Roadmap zur Reform des Beihilferechts 2005–2009 – Konsultationspapier vorgelegt v. der Kommission v. 7. 06. 2005, KOM (2005) 107 endg. Rz 35 und Rz 57.

gegeben[28], die am 22. Juli 2013 vom Rat der EU-Mitgliedstaaten verabschiedet wurden[29].

2. Mögliche Folgen eines Verstoßes gegen das Beihilfenverbot im Steuerrecht

Die verstärkte Wettbewerbsaufsicht der EU-Kommission[30] im Bereich des Steuerrechts beschäftigt zunehmend auch die nationale steuerrechtliche Fachwelt in Deutschland[31]. Denn die Folgen eines Verstoßes gegen das Beihilfenverbot in Art. 107 AEUV können schwerwiegend sein: Handelt es sich um eine sog. „Neubeihilfe"[32], d.h. um eine Steuervergünstigung, die erst nach dem Beitritt des EU-Mitgliedstaats zur EU verabschiedet wurde[33], kann das allseits gefürchtete[34] sog. Durchführungsverbot i.S. von Art. 108 Abs. 3 Satz 3 AEUV greifen,

---

28 Vorschlag v. 5. 12. 2012 zur Änderung der Verordnung (EG) Nr. 659/1999 des Rates v. 22. 03. 1999 über besondere Vorschriften für die Anwendung von Art. 93 des EG-Vertrags, ABl.EU 2009. L 083/1, 1 – COM/2012/0725 final und Vorschlag v. 5. 12. 2012 zur Änderung der Verordnung (EG) Nr. 994/98 v. 7. 05. 1998 über die Anwendung der Art. 92 und 93 des EG-Vertrags, ABl.EG 1998 L 142/1.

29 U.a. Verordnung (EU) Nr. 733/2013 des Rates v. 22. 07. 2013 zur Änderung der Verordnung (EG) Nr. 994/98 v. 7. 05. 1998 über die Anwendung der Artikel 92 und 93 des Vertrags zur Gründung der Europäischen Gemeinschaft auf bestimmte Gruppen horizontaler Beihilfen, ABl.EU 2013 L 204/11.

30 Vgl. dazu Bekanntmachung der Kommission über die Durchsetzung des Beihilfenrechts durch die einzelstaatlichen Gerichte, ABl.EU 2009 C 85/1, Rz. 14, 15 und im Einzelnen Bode, Steuerliche Begünstigungen als staatliche Beihilfe i.S.d. Art. 107 AEUV-Folgerungen für die Praxis der Fachgerichte, FR 2011, 1034; Lehnert, 24, 25 B.

31 Vgl. z.B. Bode, FR 2011, 1034; Drüen, Die Sanierungsklausel des § 8c KStG als europarechtswidrige Beihilfe, DStR 2011, 289; Englisch, StuW 2012, 318.

32 Vgl. zur Unterscheidung von „Neubeihilfen" und „Altbeihilfen" z.B. EuGH, Urt. v. 9. 09. 2009 T-30/01 bis T-32/01, T-86/02 bis T-88/02, *Diputacion Foral de Alava*, Slg. 2009, II-2919, 3. Leitsatz, Art. 1 der Verordnung über besondere Vorschriften für die Anwendung von Art. 93 des EG-Vertrags, ABl.EG 1999 L 83/1 und Bericht der EU-Kommission v. 9. 02. 2004 C (2004) 434 Rz 51, 52, 53.

33 Deutschland hat als Gründungsmitglied am 25. 03. 1957 die sog. „Römischen Verträge" – den Vertrag zur Gründung der Europäischen Wirtschaftsgemeinschaft (EWG) und den Vertrag zur Gründung der Europäischen Atomgemeinschaft (EURATOM) unterzeichnet, die zum 1. 01. 1958 in Kraft getreten sind – vgl. Information des Centrums für Europäische Politik unter www.cep.eu.

34 Vgl. Sutter, Das EG-Beihilfenverbot und sein Durchführungsverbot in Steuersachen, Schriftenreihe zum internationalen Steuerrecht 2005, 25.

welches die Nichtanwendung der entsprechenden Steuervergünstigung gebietet und ggf. die Rückforderung der entsprechend erlangten Vorteile zur Folge hat[35]. Dies hat für die betroffenen Unternehmen möglicherweise existenzbedrohende Auswirkungen. Gab es die nationale Steuervergünstigung hingegen schon zum Zeitpunkt des EU-Beitritts des jeweiligen EU-Mitgliedstaats bzw. war die Maßnahme bereits von der EU-Kommission genehmigt, geht es um eine sog. „Altbeihilfe", deren weitere Anwendbarkeit davon abhängt, ob die EU-Kommission ein förmliches Prüfverfahren nach Art. 108 AEUV eingeleitet und mit welchem Ergebnis dieses geendet hat[36]. Die EU-Kommission hat mitgeteilt, dass bereits zwei Drittel aller untersuchten Gerichtsverfahren im Bereich des Beihilfenrechts Klagen von Steuerzahlern gegen behauptete wettbewerbsverzerrende steuerliche Belastungen bzw. Klagen von Beihilfeempfängern gegen die Rückforderung von Beihilfen betreffen[37].

3. Zunehmende Bedeutung des Beihilfenverbots im Steuerrecht

In jüngerer Vergangenheit standen in Deutschland zahlreiche steuerrechtliche Vergünstigungen im Verdacht, möglicherweise gegen das unionsrechtliche Beihilfenverbot zu verstoßen[38]: Dies betrifft etwa die sog. „Sanierungsklausel" des § 8c Abs. 1a des Körperschaftsteuergesetzes 2002 (KStG)[39], seitdem die

---

35 Vgl. Art. 14 der Verordnung (EG) Nr. 659/1999 des Rates vom 22. 03. 1999 über besondere Vorschriften für die Anwendung von Artikel 93 des EG-Vertrags, ABl. EG 1999. L 083/1; BFH-Beschluss v. 30. 01. 2009 VII B 180/08, BFHE 224, 372, BFH/NV 2009, 857, HFR 2009, 587 zur Rückforderung von Beihilfen betreffend die Mineralölsteuerbegünstigung für Unterglasanbau.

36 Vgl. dazu Bekanntmachung der Kommission über die Durchsetzung des Beihilfenrechts durch die einzelstaatlichen Gerichte, ABl.EU 2009 C-85/1 Rz 15; BFH, Urt. v. 31. 07. 2013 I R 82/12, BFHE 243, 180, DB 2013, 2898 Rz 33 ff.; Blumenberg/Kring, aaO, 6; Lang, Gutachten: Die Auswirkungen des gemeinschaftlichen Beihilferechts auf das Steuerrecht, Verhandlungen des Siebzehnten Österreichischen Juristentages – ÖJT 2009, Wien, 7.

37 Vgl. Bekanntmachung der Kommission über die Durchsetzung des Beihilfenrechts durch die einzelstaatlichen Gerichte, ABl.EU 2009 C-85/1 Rz 4.

38 Vgl. dazu Kessler/Spengel, Checkliste potenziell EU-rechtswidriger Nomen des deutschen direkten Steuerrechts, Update 2013, DB Beilage 1 zu Heft 4 vom 25. 01. 2013.

39 § 8c Abs.1a KStG eingeführt durch Art. 7 Nr. 1 des Gesetzes zur verbesserten steuerlichen Berücksichtigung von Vorsorgeaufwendungen (Bürgerentlastungsgesetz Krankenversicherung) v. 16.07. 2009, BGBl I 2009, 1959.

EU-Kommission am 26. Januar 2011 entschieden hat, dass insoweit eine Verletzung des Beihilfenverbots vorliegt[40] und dagegen entsprechende Nichtigkeitsklagen beim Gericht der Europäischen Union (EuG) erhoben wurden[41]. Die von der Bundesrepublik Deutschland geführte Nichtigkeitsklage hat das EuG zwar mit Beschluss vom 18. Dezember 2012 inzwischen wegen Versäumung der Klagefrist als unzulässig abgewiesen[42], es sind insoweit aber noch zahlreiche weitere Nich-

---

40 Beschl. der EU-Kommission v. 26.01.2011, 2011/527/EU, berichtigt durch Beschluss v. 15.04.2011, K (2011) 275 ABl.EU 2011 L 235/26; vgl. hierzu FG Münster, Beschl. v. 1. 08.2011 9 V 357/11 K, G, DStR 2011, 1507, EFG 2012, 165; vgl. im Einzelnen Blumenberg/Haisch, Die unionsrechtliche Beihilfeproblematik der Sanierungsklausel nach § 8c Abs.1a KStG, FR 2012, 12; Breuninger/Ernst, Der Beitritt eines rettenden Investors als (stiller) Gesellschafter und der „neue" § 8c KStG, GmbHR 2010, 561; Breuninger/Ernst, § 8c KStG im „Zangengriff" von Europa- und Verfassungsrecht – Sanierungsklausel und Beihilferecht nach Negativentscheidung der EU-Kommission, GmbHR 2011, 673; Drüen, Die Sanierungsklausel des § 8c KStG als europarechtswidrige Beihilfe, DStR 2011, 289; Ehrmann, Beihilferechtliche Zulässigkeit des § 8c Abs. 1a KStG, DStR 2011,5; Fritze/Heithecker, Insolvenzplansanierung und EU-Beihilfenrecht, EuZW 2010, 817; Herzig, Sanierungsklausel als unzulässige Beihilfe?, Gastkommentar, DB 2011, Nr. 08 v. 25. 02. 2011; Hey, Perspektiven der Unternehmensbesteuerung, StuW 2011, 131, 141; Jochum, Systemfragen zu Mantelkauf und Sanierungsklausel, FR 2011, 497; Klemt, Richtungsentscheidung für Kompetenzen in Europa – Beihilferecht und Sanierungsklausel des § 8c KStG – lässt das Beihilferecht die Sanierungsklausel in § 8c Abs. 1a KStG zu?, DStR 2013, 1057; Lang, Europäisches Beihilferecht und Besteuerung – am Beispiel des § 8c KStG in: Praxis und Zukunft des deutschen internationalen Steuerrechts, 2012, 85; Marquart, Die Möglichkeit der Verlustverrechnung als selektive Begünstigung sanierungsbedürftiger Unternehmen?, IStR 2011, 445; de Weerth, Die Sanierungsklausel des § 8c KStG und europäisches Beihilferecht, DB 2010, 1205.

41 Nichtigkeitsklage der Bundesrepublik Deutschland gegen Kommission, EuG T-205/11, ABl.EU 2011 C 186/28 sowie z.B. Nichtigkeitsklage Heitkamp BauHolding GmbH gegen Kommission, EuG T-287/11, ABl.EU 2011 C 238/21-22 und weitere beim EuG anhängige Nichtigkeitsklagen von Unternehmen EuG T-585/11, ABl.EU 2012 C 25/60, EuG T-586/11, ABl.EU 2012 C 25/60, EuG T-614/11, ABl.EU 2012 C 39/16, EuG T-619/11, ABl.EU 2012 C 39/17, EuG T-620/11, ABl.EU 2012 C 39/18, EuG T-621/11, ABl.EU 2012. C 39/19, EuG T-626/11, ABl.EU 2012C 49/26, EuG T-627/11, ABl.EU 2012 C 49/26, EuG T- 628/11 C 49/27, EuG T-629/11, ABl. EU 2012 C 49/28.

42 Über das hiergegen eingelegte Rechtsmittel ist beim EuGH das Verfahren C-102/13 P *Bundesrepublik Deutschland/EU-Kommission* anhängig.

tigkeitsklagen von deutschen Unternehmen anhängig[43]. Außerdem stellt sich die Frage, ob die steuerrechtlichen Vergünstigungen für gemeinnützige Vereinigungen gegen das Beihilfenverbot verstoßen[44]. Ferner hat der EuGH im Zusammenhang mit dem Investitionszulagenrecht geklärt, dass ein Beihilfeempfänger sich auch dann nicht aus Vertrauensschutzgründen auf das Fortbestehen einer Beihilfe verlassen kann, wenn die Beihilfe erst nach der Veröffentlichung des förmlichen Prüfverfahrens der EU-Kommission festgesetzt und ausbezahlt wurde[45]; das Bundesverfassungsgericht (BVerfG) hatte zuvor einen Normenkontrollantrag zur Vereinbarkeit von § 2 Satz 2 Nr. 4 des Investitionszulagengesetzes 1996 (InvZulG 1996)[46] mit dem verfassungsrechtlichen Rückwirkungsverbot in Art. 20 Abs. 3 des Grundgesetzes (GG) als unzulässig verworfen[47]. Der Bundesfinanzhof (BFH) hat ein weiteres Vorabentscheidungsersuchen[48] zu der Frage vorgelegt, unter welchen Voraussetzungen beim gemeinsamen Handeln einer Gruppe natürlicher Personen von verbundenen Unternehmen im Sinne der KMU-Empfehlung 2003[49] auszugehen ist. Auch bei der Einführung sog. „exit-tax" in § 3 Nr. 70 des Einkommensteuergesetzes (EStG) bei den German-REITS waren beihilferechtliche Fragestellungen zu berücksichtigen[50]. Bei den körperschaftsteuerrechtlichen Regelungen des sog. steuerlichen Querverbundes in § 8 Abs. 7 KStG war die Vereinbarkeit mit dem unionsrechtlichen Beihilfenverbot gleichfalls zweifelhaft[51]. In der Literatur wurde außerdem die Frage aufgeworfen,

---

43 EuG, Beschl. v. 18. 12. 2012 T-205/11, IStR 2013, 101; vgl. Dörr, „Sanierungsklausel – noch 15 Verfahren anhängig", NWB 6, 2013, 329; Kippenberg, Anm. zum EuG, Beschl. v. 18. 12. 2012 T-205/11, IStR 2013, 101 m.w.N.

44 Vgl. dazu z. B. BFH, Urt. v. 31. 07. 2013 I R 82/12, BFHE 243,180, DB 2013, 2898; Helios, Steuerliche Gemeinnützigkeit und EG-Beihilfenrecht, 2004; Hüttemann, Steuervergünstigungen wegen Gemeinnützigkeit und europäisches Beihilfenverbot, DB 2006, 914.

45 EuGH, Urt. v. 21. 03. 2013, C-129/12, ABl. EU 2013 C 156/13 nach Vorabentscheidungsersuchen des FG Sachsen-Anhalt, Beschl. v. 27.02.2012 1 K 1303/11, EFG 2012, 1299.

46 § 2 Satz 2 Nr. 4 InvZulG 1996 i.d.F. des Steuerentlastungsgesetzes 1999 v. 19. 12. 1998.

47 BVerfG, Beschl. v. 4.10.2011 BvL 3/08, BFH/NV 2011, 2220.

48 BFH, Beschl. v. 20. 12. 2012 III R 30/11, BFHE 239, 560, BStBl II 2013, 335.

49 Empfehlung der Kommission v. 6. 05. 2003 2003/361/EG, ABl.EU 2003 L 124/36.

50 Vgl. Geisenberger, aaO, 31; Breinersdorfer/Schütz, German Real Estate Investment Trust (G-REIT) – Ein Problemaufriss aus Sicht des Fiskus, DB 2007, 1487, 1495.

51 Vgl. FG Köln, Urt. v. 9. 03. 2010 13 K 3181/05, EFG 2010, 1345, DStZ 2010, 511; Weitemeyer, Verdeckte Gewinnausschüttungen bei der öffentlichen Hand nach dem JStG 2009 und die Schranken des europäischen Beihilfenrechts, FR 2009, 1 ff.

ob die Regelungen zur Vermeidung von Doppelbesteuerung mit dem Beihilfenverbot im Einklang stehen[52], auch wenn diese steuertechnischen Vorschriften nach bisheriger Meinung der EU-Kommission nicht in den Anwendungsbereich von Art. 107 Abs. 1 AEUV fallen[53]. Nach Auffassung des Bundesrechnungshofes liegt bei den ermäßigten Steuersätzen im Umsatzsteuerrecht teilweise ein Verstoß gegen das Beihilfenverbot vor[54], wohingegen die EU-Kommission in ihrem Bericht vom 9. Februar 2004 meint, dass Mehrwertsteuerermäßigungen im Allgemeinen nicht in den Anwendungsbereich des Beihilfenverbots fallen[55]. Schon seit geraumer Zeit ist im Bereich der Verbrauchsteuern die Prüfung der Vereinbarkeit mit dem Beihilfenverbot nicht mehr hinwegzudenken[56]. Zuletzt wurde in der Literatur erörtert, ob die Kernbrennstoffsteuer eine verbotene Beihilfe darstellt[57]. Schließlich wird von Seiten der EU-Kommission derzeit geprüft, ob die in einigen EU-Mitgliedstaaten zugunsten bestimmter Unternehmen erteilten

52 Vgl. z.B. Lang, Gutachten: Die Auswirkungen des gemeinschaftsrechtlichen Beihilferechts auf das Steuerrecht, Verhandlungen des Siebzehnten Österreichischen Juristentages – ÖJT 2009, Gutachten, Wien, Bd. IV/1, 33; Schön, Referate und Diskussionsbeiträge, ÖJT 2009, 43; Geisenberger, aaO, 31.

53 Vgl. Mitteilung der Kommission v. 11.11.1998 über die Anwendung der Vorschriften über staatliche Beihilfen auf Maßnahmen im Bereich der Unternehmensbesteuerung, ABl.EG 1998 C 384/3 Rz 13.

54 Vgl. Bericht des Bundesrechnungshofes über den ermäßigten Steuersatz v. 28. 06. 2010, 34; vgl. zum Anwendungsbereich des ermäßigten Steuersatzes auf Personenbeförderungsleistungen im Nahverkehr auch BFH-Beschl. v. 10. 07. 2012 XI R 22/10, BFH/NV 2012, 1911 Rz 56, 57, 58, HFR 2012, 1283 mit Anm. Grube; nachfolgend EuGH, Urt. v. 27. 02. 2014 C-454/12, C-455/12, *Pro Med Logistik GmbH/ Finanzamt Dresden-Süd u.a*, DB 2014, 581.

55 Bericht der EU-Kommission v. 9.02.2004 aaO, Rz 72; vgl. zur Frage, ob auch Umsatzsteuervorschriften unter das Beihilfenverbot fallen können: Bode, FR 2011, 1034, 1040; Englisch, State Aid and Indirect Taxation in: State Aid and Tax Law 2013, 69 ff. Geisenberger, aaO, 44, 45; Hüttemann, Steuervergünstigungen wegen Gemeinnützigkeit und europäisches Beihilfenverbot, DB 2006, 914, 917; Lang, Gutachten, ÖJT 2009, 32, 33; Rode, Steuervergünstigungen, Beihilfen und Steuerwettbewerb, 2006, 167 ff.

56 Vgl. z.B. Frenz, Das Ineinandergreifen von nationalem Steuerrecht und gemeinschaftlichem Beihilfeverbot am Beispiel einer partiellen Befreiung von der Mineralölsteuer, DStR 2000, 137; Friedrich/Köthe, Änderungen des Energie- und Stromsteuerrechts, DStR 2013, 65; vgl. zur Mineralölsteuerbefreiung auch EuGH, Urt. v. 10. 12. 2013 C-272/12 P, *Europäische Kommission/Irland, Frankreich, Italien*, Slg. 2013 nn.

57 Dies bejahend Englisch, StuW 2012, 318.

sog. verbindlichen Auskünfte die Voraussetzungen einer unerlaubten Beihilfe erfüllen[58]. Aus diesen – nicht abschließenden – Beispielen wird die zunehmende Relevanz des Beihilfenverbots im Steuerrecht deutlich, das möglicherweise auch eine Einschränkung der Fiskalhoheit der EU-Mitgliedstaaten zur Folge hat[59].

Die folgenden Ausführungen widmen sich der Darstellung des allgemeinen Beihilfenverbots und des Beihilfeverfahrens aus dem besonderen Blickwinkel des Steuerrechts. Besondere Schwerpunkte bilden hierbei die Analyse aktuell diskutierter Fragestellungen insbesondere im Zusammenhang mit dem Tatbestandsmerkmal der Spezifität bzw. Selektivität einer begünstigenden Maßnahme nach Art. 107 Abs. 1 AEUV sowie die Problematik der Rückforderung von beihilferechtswidrig gewährten Steuervorteilen. Zur Abrundung werden ferner noch Beispiele aus der nationalen Steuergesetzgebung erörtert, nämlich die Vereinbarkeit der sog. Sanierungsklausel und der steuerrechtlichen Vergünstigungen für gemeinnützige Vereinigungen mit dem unionsrechtlichen Beihilfenverbot in Art. 107 Abs. 1 AEUV.

---

58 Vgl. Bigalke, Cáceres, Süddeutsche Zeitung, „Verbotener Vorteil", 13. 09. 2013, 20.

59 Vgl. z.B. Lang, aaO, in Praxis und Zukunft des deutschen internationalen Steuerrechts, 115 Klemt, DStR 2013, 1057, 1064.

B. Das EU-Beihilfenrecht und das deutsche Steuerrecht

I. Einführung in das allgemeine Beihilfenverbot und das Beihilfeverfahren

1. Regelung in Art. 107 AEUV

a) Verbot unzulässiger Beihilfen in Art. 107 Abs. 1 AEUV

Art. 107 Abs. 1 AEUV verbietet grundsätzlich die Begünstigung bestimmter Unternehmen oder Produktionszweige durch staatliche oder aus staatlichen Mitteln gewährte Beihilfen gleich welcher Art, die den Wettbewerb verfälschen oder zu verfälschen drohen, soweit sie den Handel zwischen den Mitgliedstaaten beeinträchtigen.

b) Legalausnahmen i.S. von Art. 107 Abs. 2 AEUV

Art. 107 Abs. 2 AEUV enthält die sog. „Legalausnahmen", bei denen „per se" die Vereinbarkeit mit dem Gemeinsamen Markt angenommen wird[60].

Dazu gehören insbesondere auch Beihilfen zur Beseitigung von Schäden, die durch Naturkatastrophen entstanden sind (Art. 107 Abs. 2 Buchst. b AEUV).

Die sog. „Teilungsklausel" in Art. 107 Abs. 2 Buchst. c AEUV rechtfertigt nach Auffassung der EU-Kommission und der europäischen Gerichte nicht die von der Bundesrepublik Deutschland im Zusammenhang mit dem Aufbau-Ost gewährte Steuervergünstigungen, weil diese Legalausnahme historisch mit der Grenzziehung von 1948 in Ost- und Westzone zu interpretieren sei und daher die „durch die Teilung verursachten Nachteile" nur solche sein könnten, die Folge der Isolation durch die Grenzziehung seien. Die unterschiedliche Wirtschaftskraft der verschiedenen Regionen habe damit jedoch nichts zu tun, sondern beruhe auf den verschiedenen politisch-wirtschaftlichen Systemen der früheren Bundesrepublik Deutschland und der früheren Deutschen Demokratischen Republik. Der Freistaat Sachsen verlor damit eine gegen die EU-Kommission

60 Vgl. im Einzelnen Blumenberg/Kring, aaO, 19.

geführte Nichtigkeitsklage bei dem damaligen Gericht erster Instanz. Der EuGH bestätigte anschließend diese Entscheidung[61].

c) Ermessensausnahmen in Art. 107 Abs. 3 AEUV

In Art. 107 Abs. 3 AEUV sind die für die Praxis bedeutsameren sog. „Ermessensausnahmen" geregelt, d.h. Ausnahmen, deren Anwendung in das billige Ermessen der EU-Kommission gestellt ist. Die EU-Mitgliedstaaten tragen regelmäßig die Darlegungs- und Beweislast für das Vorliegen der Voraussetzungen einer sog. „Ermessensausnahme"[62].

Inhaltlich betrifft dies etwa Beihilfen zur Förderung der wirtschaftlichen Entwicklung von Gebieten, in denen Unterbeschäftigung herrscht[63], oder Beihilfen zur Förderung der Kultur bzw. zur Erhaltung des kulturellen Erbes etc. Auch die klassischen Kernbereiche der Gemeinnützigkeit wie Wohlfahrtspflege, Bildung, Erziehung und Wissenschaft fallen in den Anwendungsbereich der Ermessensausnahmen[64].

Im Zuge der Finanz- und Wirtschaftskrise hat die EU-Kommission nach Maßgabe von Art. 107 Abs. 3 AEUV Vorgaben in Gestalt von Verwaltungsanweisungen für entsprechende Beihilfen geschaffen. Dazu gehören sog. Gemeinschaftsrahmen, mit deren Hilfe die EU-Kommission die Beihilfekontrolle durch kooperatives Verwaltungshandeln bewältigt[65]. Ferner zählen auch die so bezeichneten Leitlinien dazu, die abstrakt-generelle Verwaltungsanweisungen zur Ermessensausübung der EU-Kommission enthalten; diese sind zwar rechtlich nicht verbindlich für die EU-Mitgliedstaaten, entfalten aber eine tatsächliche

---

61 EuGH, Urt. v. 15. 12. 1999 T-132/96 und T-143/96, *Freistaat Sachsen und VW-Kommission*, Slg. 1999, II-3663.

62 Vgl. Blumenberg/Kring, aaO, 19.

63 Vgl. z.B. die Steuervergünstigungen von Irland im Rahmen des Zentrums für Finanzdienstleistungen in Irland (International Financial Service Centre – IFSC), die die EU-Kommission genehmigt hatte und die Genehmigung zuletzt bis Endes des Jahres 2005 verlängert hat – Abl. EG 1992 C 15/5; vgl. im Einzelnen Wessels, Das Verhältnis des § 42 AO zu gemeinschaftsrechtlichen Beihilferegelungen zur Wirtschaftsförderung am Beispiel der „Dublin-Docks-Gesellschaften", DStZ 2004, 154.

64 Vgl. Hüttemann, DB 2006, 914, 920, 921; Grube, DStZ 2007, 380.

65 Vgl. Mitteilung der Kommission – Vorübergehender Gemeinschaftsrahmen für staatliche Beihilfen zur Erleichterung des Zugangs zu Finanzierungsmitteln in der gegenwärtigen Finanz- und Wirtschaftskrise, ABl.EU 2009 C 83/1; Blumenberg/Kring, aaO, 23; Breuninger/Ernst, GmbHR 2011, 673, 675.

Bindungswirkung dahingehend, dass die EU-Kommission bei Nichtbeachtung der Leitlinien regelmäßig ein beihilferechtliches Prüfverfahren einleiten wird[66].

2. Allgemeine Grundsätze des Beihilfeverfahrens in Art. 108 AEUV und der Ermächtigung in Art. 109 AEUV

Die Einzelheiten des in Art. 108 AEUV vorgesehenen Beihilfeverfahrens sind im Wesentlichen in der Verordnung des Rates vom 22. März 1999 (Verfahrensordnung) geregelt[67], die nunmehr auf Vorschlag der EU-Kommission durch eine neue auf Art. 109 AEUV gestützte und am 22. Juli 2013 vom Rat verabschiedete Verordnung modernisiert wurde[68].

Der EuGH gesteht der EU-Kommission im Rahmen von Art. 108 AEUV einen weiten Ermessensspielraum für ihre Entscheidung zu, bestimmte Beihilfen unter Abweichung vom allgemeinen Beihilfenverbot als mit dem Gemeinsamen Markt für vereinbar zu erklären[69]. Die gerichtliche Überprüfung der Ermessensausübung ist auf die Beachtung der Verfahrens- und Begründungsvorschriften, auf die Kontrolle der sachlichen Richtigkeit der festgestellten Tatsachen und des Fehlens von Rechtsfehlern sowie von offensichtlichen Fehlern bei der Würdigung der Tatsachen und von Ermessensmissbrauch beschränkt[70].

Dabei hindern die Zuständigkeit und die zentrale Rolle der EU-Kommission[71] für die Beurteilung der Vereinbarkeit einer Beihilfe mit den unionsrechtlichen

---

66 Vgl. Blumenberg/Kring, aaO, 23.

67 Verordnung (EG) Nr. 659/1999 des Rates vom 22. 03. 1999 über besondere Vorschriften für die Anwendung von Artikel 93 des EG-Vertrags, ABl EG 1999 L 083/1.

68 Vorschlag der EU-Kommission v. 5. 12. 2012 zur Änderung der Verordnung (EG) Nr. 659/1999 des Rates v. 22. 03. 1999 über besondere Vorschriften für die Anwendung von Art. 93 des EG-Vertrags, ABl.EG 1999 L 083/1 - COM/2012/0725 final; Verordnung (EU) Nr. 734/2013 des Rates v. 22. 07. 2013 zur Änderung der Verordnung (EG) Nr. 659/1999 über besondere Vorschriften für die Anwendung von Art. 93 des EG-Vertrags, ABl.EU 2013 L 204/15.

69 Vgl. z. B. EuGH, Urt. v. 8. 11. 2001 C-143/99, *Adria-Wien Pipeline*, Slg. 2001, I – 8365 Rz 30; EuGH, Urt. v. 15. 12. 2005 C-148/04, *Unicredito Italiano*, Slg. 2005, I-11147, 4. Leitsatz; EuGH, Urt. v. 9. 09. 2009 T-30/01 – T-32/01, T-86/02 bis T-88/02, *Diputacion Foral de Alava*, Slg. 2009, II-2919 7. Leitsatz.

70 Vgl. z.B. EuGH, Urt. v. 15. 12. 2005 C-148/04, *Unicredito Italiano*, Slg. 2005, I-11147, 4. Leitsatz; EuGH, Urt. v. 9. 09. 2009 T-30/01 – T-32/01, T-86/02 bis T-88/02, *Diputacion Foral de Alava*, Slg. 2009, II-2919 7. Leitsatz.

71 Vgl. z. B. EuGH, Urt. v. 10. 12. 2013 C-27/12 P, *Europäische Kommission/Irland, Frankreich, Italien*, Slg. 2013, nn; vgl. auch BFH, Urt. v. 31. 07. 2013 I R 82/12, BFHE 243, 180, DB 2013, 2898 Rz 32.

Vorgaben ein nationales Gericht aber nicht daran, dem EuGH eine Frage nach der Auslegung des Begriffs im Rahmen eines Vorabentscheidungsverfahrens i. S. von Art. 267 AEUV vorzulegen[72]. Denn der EuGH kann dem nationalen Gericht in einem solchen Fall Hinweise zur Auslegung des Unionsrechts geben, aufgrund derer dieses Gericht feststellen kann, ob eine nationale Maßnahme als staatliche Beihilfe im Sinne des Unionsrechts gilt[73]. Insbesondere im Zusammenhang mit der Anwendung des Durchführungsverbots i. S. von Art. 107 Abs. 3 Satz 3 AEUV haben die Gerichte die Rechte des Einzelnen vor einer möglichen Verletzung dieses Verbots durch die staatlichen Stellen zu schützen[74].

II. Die materiellen Voraussetzungen zur Anwendung des Beihilfenverbots in Art. 107 AEUV im Einzelnen

1. Begriff der Beihilfe

Art. 107 AEUV enthält selbst keine Definition des Begriffs der Beihilfe[75]. Auch aus der Mitteilung der EU-Kommission vom 11. November 1998[76] und aus der inzwischen aktualisierten Verfahrensordnung vom 22. März 1999[77] ergibt sich keine Bestimmung dieses Begriffs. Dieser ist daher aus dem Tatbestand der Vorschrift selbst abzuleiten[78]. Danach liegt eine Beihilfe i.S. von Art. 107 AEUV vor,

---

72 Vgl. EuGH, Urt. v. 8. 09. 2011 C-78/08 bis C-80/08, *Paint Graphos,* Slg. 2011, I-761 Rz 34, 35 und 1. Leitsatz; vgl. zur Anwendung des Durchführungsverbots auch BFH, Urt. v. 31. 07. 2013 I R 82/12, BFHE 243, 180, DB 2013, 2898 Rz 41.

73 Vgl. EuGH, Urt. v. 8. 09. 2011 C-78/08 bis C-80/08, *Paint Graphos,* Slg. 2011, I-761 Rz 34, 35 und 1. Leitsatz.

74 Vgl. EuGH, Urt. v. 18. 07. 2013 C-6/12, *P Oy,* IStR 2013, 791, DStR 2013, 1588, Rz 39.

75 Vgl. z.B. Blumenberg/Kring, aaO, 8.

76 Mitteilung der Kommission v. 11.11.1998 über die Anwendung der Vorschriften über staatliche Beihilfen auf Maßnahmen im Bereich der Unternehmensbesteuerung, ABl.EG 1998, C 384/3.

77 Verordnung (EG) Nr. 659/1999 des Rates vom 22. 03. 1999 über besondere Vorschriften für die Anwendung von Artikel 93 des EG-Vertrags, ABl.EG 1999 L 083/1; Verordnung (EU) Nr. 734/2013 des Rates v. 22. 07. 2013 zur Änderung der Verordnung (EG) Nr. 659/1999 über besondere Vorschriften für die Anwendung von Art. 93 des EG-Vertrags, ABl.EU 2013 L 204/15.

78 Vgl. z.B. Frenz, Handbuch Europarecht, Bd. 3, Beihilfe- und Vergaberecht, 2006, 11 Rz 31.

wenn alle darin genannten Kriterien kumulativ erfüllt sind[79]. Dies ist nach der Rechtsprechung des EuGH stets anzunehmen, wenn die Maßnahme durch den Staat oder aus staatlichen Mitteln finanziert wurde, die Begünstigung eines Unternehmens vorliegt, die entsprechende Maßnahme als spezifisch bzw. selektiv zu bewerten ist und geeignet ist, den Handel zwischen den Mitgliedstaaten zu beeinträchtigen und dadurch den Wettbewerb verfälscht oder zu verfälschen droht[80].

Dabei legt der EuGH den Begriff der Beihilfe in ständiger Rechtsprechung weit und objektiv aus. Danach können Beihilfen „gleich welcher Art" mit dem gemeinsamen Markt unvereinbar sein[81]. Der Beihilfenbegriff umfasst alle staatlichen Maßnahmen, die ein Unternehmen regelmäßig zu tragen hat, und die somit, obwohl sie keine Subventionen im strengen Sinne des Wortes darstellen, diesen nach Art und Wirkungen gleichstehen[82].

Im Übrigen hat die EU-Kommission vor kurzem in Aussicht gestellt, den Schlüsselbegriff der staatlichen Beihilfe im Rahmen der angestrebten Modernisierung des Beihilfenrechts bis zum Ende des Jahres 2013 weiter zu präzisieren[83].

2. Die Prüfung der Voraussetzungen des Beihilfenbegriffs i.S. von Art. 107 Abs. 1 AEUV

a) Zurechenbarkeit der Maßnahme und Belastung des Staatshaushalts

Die betreffende Maßnahme muss im weitesten Sinne einem EU-Mitgliedstaat zurechenbar sein[84]. Dabei ist es unerheblich, ob die Beihilfe unmittelbar vom

---

79 Vgl. z.B. Lang, ÖStZ 2011, Artikel-Nr. 1070, 593.

80 Vgl. EuGH, Urt. v. 8. 09. 2011 C-78/08 bis C-80/08, *Paint Graphos*, Slg. 2011, I-7611 Rz 43, 82, 2. Leitsatz, und z.B. Frenz, Handbuch Europarecht, Bd. 3, Beihilfe- und Vergaberecht, 2006, S. 11 Rz. 32, 33, Lang, ÖStZ 2011, Artikel-Nr. 1070, 593, Blumenberg/Kring, aaO, 8,9.

81 Vgl. Mitteilung der Kommission v. 11.11.1998 über die Anwendung der Vorschriften über staatliche Beihilfen auf Maßnahmen im Bereich der Unternehmensbesteuerung, ABl.EG 1998 C 384/3, Rz 9; EuGH, Urt. v. 25. 06. 1970 C-47/69, *Frankreich/Kommission*, Slg. 1970, 487, 488, 494; Blumenberg/Kring, aaO, 8,9.

82 Vgl. z. B. EuGH, Urt. v. 15. 06. 2006 C-393/04 und C-41/05, *Air Liquide Industries Belgium*, Slg. 2006, I-5293, Rz 29 m.w.N.; EuGH, Urt. v. 15. 11. 2011 C-106/09 P und C-107/09 P, *Gibraltar*, HFR 2012, 102, BFH/NV 2012, 365 Rz 71 m.w.N.

83 Mitteilung der EU-Kommission v. 8. 5. 2012 zur Modernisierung des EU-Beihilfenrechts - COM (212) 209 final, 9.

84 Vgl. z.B. Frenz, Handbuch Europarecht, 11 Rz. 32.

Staat oder durch von ihm zur Durchführung der Beihilferegelung errichtete oder damit beauftragte öffentliche oder private Einrichtungen gewährt wird[85]. Dies ist im Bereich des Steuerrechts regelmäßig gegeben, weil die Vergünstigungen im Allgemeinen durch Steuergesetze, Verordnungen, Verwaltungsvorschriften und durch die Praxis der Finanzverwaltung gewährt werden.

Ferner muss die fragliche Maßnahme zu einer Belastung des Staatshaushalts im Wege eines Transfers staatlicher Mittel führen[86]. Diese Voraussetzung ist nach Auffassung der EU-Kommission erfüllt, wenn die normale steuerliche Belastung des Empfängers verringert wurde, weil dem entsprechenden Steuervorteil des Unternehmens stets auch ein entsprechender Einnahmenverlust des Staates bzw. der entsprechenden Gebietskörperschaften gegenübersteht[87].

Dabei ist der Begriff der staatlichen Mittel i.S. von Art. 107 AEUV im Hinblick auf die Situation des Beihilfeempfängers und nicht bezogen auf die wirtschaftlichen oder budgetären Auswirkungen der Beihilfe zu beurteilen[88]. Andernfalls wäre eine Begünstigung dann keine Beihilfe mehr, wenn sie ein Unternehmen zur Niederlassung in einem EU-Mitgliedstaat veranlasst und auf diese Weise zur Steigerung der Steuereinnahmen beiträgt. So lautete beispielsweise die Argumentation der belgischen Behörden bei den belgischen Koordinierungszentren, dass der jeweilige Staatshaushalt nicht belastet worden sei, da die Steuervergünstigungen für in Belgien bzw. in den Niederlanden investierende Unternehmen ausländische Unternehmen angezogen und damit höhere Steuereinnahmen bewirkt hätten[89].

b) Begünstigung des Empfängers

Die gewährte Beihilfe muss nach Art. 107 Abs. 1 AEUV bei den Unternehmen (oder Produktionszweigen) zu einem wirtschaftlichen Vorteil führen, wobei auch eine mittelbare Begünstigung ausreicht. Keine Beihilfen sind somit gegenüber privaten Verbrauchern gewährte Vergünstigungen[90].

---

85 Bekanntmachung der Kommission über die Durchsetzung des Beihilfenrechts durch die einzelstaatlichen Gerichte v. 9. 04. 2009, ABl.EU 2009 C 85/01 Rz 11.

86 Vgl. z.B. Blumenberg/Kring, aaO, 10.

87 Vgl. Bericht der EU-Kommission v. 9. 02.2004, aaO Rz 18.

88 Vgl. Bericht der EU-Kommission v. 9. 02.2004, aaO Rz 19, 20.

89 Vgl. Entscheidung der EU-Kommission v. 17. 02. 2003 über die Beihilferegelung, die Belgien zugunsten von Koordinierungsstellen mit Sitz in Belgien durchgeführt hat, ABl.EG 2003 L 282/25 Rz 101.

90 Vgl. z.B. Blumenberg/Kring, aaO, 11.

Der Beihilfenbegriff umfasst neben den sog. „Leistungssubventionen“ (Geld- und Sachleistungen) auch die sog. „Verschonungssubventionen“ (Steuervergünstigungen, Steuerbefreiungen, steuerliche Sondertarife)[91]. Im steuerlichen Bereich besteht die Begünstigung regelmäßig in der Verminderung der von den Unternehmen im Regelfall zu tragenden Steuerlast[92]. Er erfasst nicht nur eine die Steuer mindernde Ausnahmeregelung zu einem den Steueranspruch begründenden Tatbestand, sondern alle steuerrechtlichen Vorteile.

In ihrer Mitteilung vom 10. November 1998[93] nennt die EU-Kommission in diesem Zusammenhang etwa die Minderung der steuerlichen Bemessungsgrundlage (z.B. durch besondere Steuerabzüge, außergewöhnliche oder beschleunigte Abschreibung und die Möglichkeit zur Bildung steuerfreier Rücklagen), die vollständige oder teilweise Ermäßigung des Steuerbetrages (in Form von Steuerbefreiungen, Steuergutschriften u.s.w.), aber auch Ermessensentscheidungen zugunsten des Steuerpflichtigen, wie die Gewährung von Zahlungsaufschüben, die Aufhebung der Steuerschuld oder außergewöhnliche Vereinbarungen über die Zahlung der Steuerschuld in Raten.

Im Übrigen wird das Erfordernis der Empfängerbegünstigung bereits umgekehrt auch bezogen auf Abgabenbelastungen erweiternd ausgelegt: Danach können auch solche Steuerregeln, welche die Mehrheit der Steuerzahler im Verhältnis zur allgemeinen Regelung begünstigen und sich daher „de facto“ als „Sonderlast“ der übrigen Steuerzahler auswirken, unter das allgemeine Beihilfenverbot fallen. So hat der EuGH erstmals mit Urteil vom 21. Oktober 2003[94] entschieden, dass Abgabenbelastungen den Beihilfentatbestand jedenfalls dann erfüllen können, wenn durch das Abgabenaufkommen eine Beihilfe finanziert wird[95].

---

91 Vgl. z.B. Blumenberg/Kring, aaO, 9.

92 Vgl. Bericht der EU-Kommission v. 9. 02.2004, aaO Rz 16.

93 Vgl. Mitteilung der Kommission v. 11.11.1998 über die Anwendung der Vorschriften über staatliche Beihilfen auf Maßnahmen im Bereich der Unternehmensbesteuerung, ABl.EG 1998 C 384/3 Rz 9.

94 EuGH, Urt. v. 21. 10. 2003 C-261/01, *van Calster*, Slg. 2003 I-12249, 49, 50, 65.

95 Frenz/Roth, Steuer- und Abgabenbefreiungen als Beihilfen, DStZ 2006, 465, 472 ff. m.w.N.; Schön, "Sonderlasten: Eine Lücke im europäischen Wettbewerbsrecht?" in FS für Mestmäcker 2006, 439 ff.

c) Spezifität bzw. Selektivität der Maßnahme

Dieses in der Praxis bedeutsamste Merkmal[96] bei der Prüfung, ob eine Beihilfe i.S. von Art. 107 Abs. 1 AEUV überhaupt vorliegt, setzt die Begünstigung eines bestimmten, abgrenzbaren Kreises von Unternehmen oder Produktionszweigen voraus, die das Gleichgewicht zwischen bestimmten Unternehmen und ihren Wettbewerbern infrage stellt.

aa) Abgrenzung zu einer zulässigen allgemeinen Maßnahme

Die Spezifität einer Maßnahme unterscheidet staatliche Beihilfen von sog. „allgemeinen Maßnahmen“[97], d.h. solchen, die automatisch und unterschiedslos für alle Wirtschaftsteilnehmer in einem EU-Mitgliedstaat gelten[98]. Allerdings wird es wegen der Vielfalt der von den EU-Mitgliedstaaten ergriffenen Maßnahmen immer schwieriger, allgemeine und selektive Maßnahmen voneinander abzugrenzen[99].

Zulässige allgemeine Maßnahmen sind nach Auffassung der EU-Kommission rein steuertechnische Maßnahmen wie z.B. die Festlegung von Steuersätzen, von Vorschriften über Wertminderung und Abschreibung sowie von Bestimmungen zum Verlustvortrag oder Bestimmungen zur Vermeidung der Doppelbesteuerung[100].

So ist zwar die generelle Senkung des Körperschaftsteuersatzes eine allgemeine Maßnahme, soweit sie von allen Unternehmen unabhängig von ihrer Größe, ihrer Branchenzugehörigkeit und ihrem Standort in Anspruch genommen werden kann. Sie kann aber dann eine spezifische und damit selektive Maßnahme

96 Vgl. Blumenberg/Kring, aaO, 12; Grube, DStZ 2007, 376.

97 Vgl. z. B. EuGH, Urt. v. 15. 11. 2011 C-106/09 P und C-107/09 P, *Gibraltar*, HFR 2012, 102, BFH/NV 2012, 365 Rz 73; EuGH, Urt. v. 15. 06. 2006 C-393/04 und C-41/05, *Air Liquide Industries Belgium*, Slg. 2006, I-5293 Rz 32 m.w.N.; EuGH, Urt. v. 19. 09. 2000 C-156/98, *Deutschland/Kommission*, Slg. 2000, I-6857 Rz 22; Blumenberg/Haisch, FR 2012, 12, 16.

98 Vgl. z.B. EuGH, Urt. v. 15. 06. 2006 C-393/04 und C-41/05, *Air Liquide Industries Belgium*, Slg. 2006, I-05293 Rz 32; Schlussanträge des GA Jääskinen C-106/09 P und C-107/09 P, *Gibraltar*, Slg. 2011, I-11113 Rz 140, 141.

99 Vgl. z.B. Schlussanträge des GA Jääskinen C-106/09 P und C-107/09 P, *Gibraltar*, Slg. 2011, I-11113 Rz 178.

100 Vgl. Mitteilung der Kommission v. 11.11.1998 über die Anwendung der Vorschriften über staatliche Beihilfen auf Maßnahmen im Bereich der Unternehmensbesteuerung, ABl.EG 1998 C 384/3 Rz 13.

darstellen, wenn der Körperschaftsteuersatz nur für ausländische Unternehmen gesenkt wird, um einen Standortvorteil zu begründen[101]. Dies gilt beispielsweise für die Steuervorteile, die Irland seinerzeit insbesondere zur Beseitigung der Arbeitslosigkeit von Akademikern für das in 1987 gegründete Zentrum für internationale Finanzdienstleistungen (International Financial Service Centre – IFSC) im ehemaligen Hafengebiet von Dublin – den sog. Dublin Docks – geschaffen hatte: Unternehmen, die sich dort niederließen und bestimmte Voraussetzungen erfüllten, erhielten eine Ermäßigung des Körperschaftsteuersatzes auf 10 %. Außerdem bestand keine Verpflichtung zur Einbehaltung von Quellensteuern auf Zinsen und Dividenden, die an nicht ansässige Personen ausgeschüttet wurden[102].

Allgemeine Maßnahmen sind nach Auffassung der EU-Kommission ferner solche, die ein Ziel der allgemeinen Wirtschaftspolitik verfolgen, indem die mit bestimmten Produktionskosten verbundene Steuerbelastung reduziert wird (z.B. Forschung und Entwicklung, Umweltschutz, Ausbildung und Beschäftigung)[103]. So war beispielsweise eine gesetzliche Regelung Italiens, die u.a. im Wege von Steuererleichterungen den Status der in der Schattenwirtschaft tätigen Unternehmer legalisierte[104], nach Auffassung der EU-Kommission eine allgemeine Maßnahme[105].

Keine allgemeine Maßnahmen sind u.a. gesetzliche Vorschriften, die zwar auf den ersten Blick als allgemeine Regelung erscheinen, aber als Ermessensvorschriften derart unbestimmt sind, dass sie es den Behörden ermöglichen, im Rahmen der Gesetzesanwendung bestimmte Unternehmen oder Produktionszweige zu begünstigen[106]. Bei der Einräumung eines Ermessensspielraums beruht die Gewährung der Begünstigung auf einer Einzelfallentscheidung, die ggf. eine unzulässige Maßnahme darstellen kann[107].

Die Praxis unterscheidet in diesem Zusammenhang verschiedene Fallgruppen:

---

101 Lehnert, aaO, 47.

102 Die EU-Kommission hat diese Maßnahmen genehmigt und die Genehmigung zuletzt bis Ende des Jahres 2005 verlängert – Abl. EG 1992 C 15, 5; vgl. im Einzelnen Wessels, DStZ 2004, 154, Grube, DStZ 2007, 381.

103 Vgl. EuGH, Urt. v. 8. 09. 2011 C-78/08 bis C-80/08, *Paint Graphos,* Slg. 2011, I-761 Rz 34, 35 und 1. Leitsatz.

104 vgl. Lehnert, aaO, 47.

105 Entscheidung der EU-Kommission v. 13. 11. 2001, ABl.EG 2002 C 30/15.

106 Vgl. Lang, aaO, Gutachten ÖJT 2009, 47 m.w.N.

107 Vgl. EuGH, Urt. v. 18. 07. 2013 C-6/12, *P Oy,* IStR 2013, 791, DStR 2013, 1588, Rz 25; Lehnert, aaO, 48, 49.

(1) Materielle Selektivität

Als materiell selektiv gilt eine Maßnahme, wenn sie auf einen oder mehrere Sektoren, auf bestimmte Unternehmensformen, auf Unternehmen einer bestimmten Größe oder auf bestimmte Aktivitäten (z.B. konzerninterne Transaktionen) beschränkt ist[108]. Die materielle Selektivität erfasst damit in erster Linie „klassische" Fälle, bei denen bestimmte Wirtschaftszweige oder Unternehmensformen begünstigt werden[109]. So hatte beispielsweise die Republik Österreich aus ökologischen Gründen eine Stromabgabe eingeführt, zugleich aber weitgehende Ermäßigungen für die große Zahl produzierender Unternehmen gewährt. Der gesamte Dienstleistungssektor war von der vorgesehenen teilweisen Vergütung der Stromabgabe ausgeschlossen. Da der Umweltschutz als Zweck der Maßnahme galt, der Energieverbrauch im Dienstleistungssektor jedoch nach Auffassung des EuGH genauso zu bewerten war wie der Energieverbrauch im produzierenden Sektor, entschied der EuGH, dass es sich insoweit um eine unzulässige selektive Steuervergünstigung handelte[110]. Im Vergleich zu den österreichischen Regelungen enthalten die nationalen deutschen Vorschriften im Rahmen der sog. „Ökosteuer" zwar auch Steuervergünstigungen ausschließlich für das produzierende Gewerbe[111] und begegnen daher angesichts der Entscheidung des EuGH in der Rechtssache *„Adria-Wien Pipeline"*[112] ebenfalls unionsrechtlichen Bedenken. Im Gegensatz zur in Österreich geltenden Regelung profitieren aber neben dem produzierenden Gewerbe auch die Land- und Forstwirte teilweise von den Steuervergünstigungen, die im Übrigen im Vergleich zur österreichischen Regelung im Verhältnis zu den Dienstleistern nicht so erheblich – und auch sehr differenziert ausgestaltet – waren. Die entsprechenden Bestimmungen sind nach der Rechtsprechung des BVerfG verfassungsgemäß[113].

Ferner können Regelungen auch dann als materiell selektiv gelten, wenn sie formal nicht auf bestimmte Sektoren oder Unternehmensformen beschränkt sind, aber die Zahl der möglichen Begünstigten durch die vorgesehenen Fördervoraussetzungen – etwa Beschränkung auf Unternehmen

---

108 Vgl. Blumenberg/Kring, aaO, 12.

109 Vgl. Bericht der EU-Kommission v. 9. 02.2004, aaO Rz 26.

110 EuGH, Urt. v. 8.11.2001 C-143/99, *Adria-Wien Pipeline*, Slg. 2001, I-8365 Rz 49 ff.

111 vgl. dazu im Einzelnen Wernsmann, „Viel Lärm um nichts? – Die Ökosteuer ist verfassungsgemäß", NVwZ 2004, 819.

112 EuGH, Urt. v. 8.11.2001 C-143/99, *Adria-Wien Pipeline*, Slg. 2001, I-8365 Rz 49 ff.1.

113 BVerfG, Urt. v. 20. 04. 2004 1 BvR 1748/99, NvWZ 2004, 846 und 1 BvR 905/00, BVerfGE 110, 274, BVerfG, Beschl. v. 20. 04. 2004 1 BvR 610/00, BVerfGK 3, 178; vgl. dazu im Einzelnen Wernsmann, NVwZ 2004, 819.

einer bestimmten Größe oder Maßgeblichkeit des Zeitpunkts der Unternehmensgründung – tatsächlich eingeschränkt wird[114]. Darunter fällt beispielsweise die gesetzliche Regelung in Rumänien, wonach eine Steuerermäßigung für Investitionen oberhalb eines Volumens von 50 Millionen US-$ eingeführt wurde, obwohl bekannt war, dass es im ganzen Land nur eine einzige Investition dieser Größenordnung durch einen koreanischen Autohersteller gab[115].

(2) Geographische Selektivität

Zu dieser Fallgruppe gehören insbesondere Bestimmungen, die nicht im gesamten Gebiet eines EU-Mitgliedstaats anwendbar sind – etwa sektorale oder regionale Beihilfen[116]. Dabei wird die regionale Selektivität einer steuerlichen Maßnahme im Verhältnis zum normalen Steuersatz beurteilt, d.h. dem Satz, der in dem geographischen Gebiet gilt, das den Bezugsrahmen bildet[117]. In diesem Zusammenhang ist es nicht erforderlich, dass der Bezugsrahmen mit der Landesgrenze des betreffenden EU-Mitgliedstaats übereinstimmt[118]. Wenn die Maßnahme nicht als selektiv gelten soll, muss die Region institutionell, prozedural und wirtschaftlich autonom sein[119]. Dazu zählen beispielsweise die im Zusammenhang mit dem sog. „Aufbau-Ost" in der Bundesrepublik Deutschland gewährten und überwiegend von der EU-Kommission genehmigten Steuervergünstigungen, deren Anwendung auf die östlichen Bundesländer und Teile des Landes Berlin begrenzt ist[120]. Demgegenüber wurde der ermäßigte Steuersatz, den die Regionalverwaltung der Azoren im Rahmen ihrer verfassungsmäßig anerkannten Finanzautonomie eingeführt hatte, als unzulässige regional selektive Maßnahme beurteilt: Dabei handelte es sich um eine allein auf den Azoren anwendbare Herabsetzung des vom nationalen Gesetzgeber festgesetzten auf dem portugiesischen Festland anwendbaren Einkommensteuersatzes. Die

---

114 Vgl. Bericht der EU-Kommission v. 9. 02.2004, aaO Rz 26, 27, 28.

115 Easson, EC Tax Journal 1997, 63; vgl. Grube, DStZ 2007, 376.

116 Vgl. Bericht der EU-Kommission v. 9. 02.2004, aaO Rz 30 ff., und zur Anwendung der Leitlinien für Regionalbeihilfen Rz 41 ff.; vgl. Lang, Gutachten, ÖJT 2009, 36, 37, 38.

117 Vgl. z.B. Schlussanträge des GA Jääskinen C-106/09 P und C-107/09 P, *Gibraltar*, Slg. 2011, I-11113 Rz 54.

118 Vgl. Blumenberg/Kring, aaO, 12.

119 Vgl. z.B. Schlussanträge des GA Jääskinen C-106/09 P und C-107/09 P, *Gibraltar*, Slg. 2011, I-11113 Rz 57, 58 m.w.N.

120 Vgl. zur Gewährung von Investitionszulagen die Investitionszulagengesetze (InvZulG).

EU-Kommission bejahte insoweit die geographische Selektivität der Maßnahme, die ihres Erachtens nicht gerechtfertigt war[121]. Die hiergegen erhobene Nichtigkeitsklage der Republik Portugal blieb ohne Erfolg[122].

bb) Streit um Inhalt und Reihenfolge der Prüfung der Selektivität einer Maßnahme

Nach herkömmlicher Auffassung folgt die Prüfung der Selektivität einer Maßnahme einem dreistufigen Aufbau[123]:

Um festzustellen, ob die von einem EU-Mitgliedstaat ergriffene Maßnahme eine Ausnahme von der Anwendung des allgemein geltenden Steuersystems zugunsten bestimmter Unternehmen darstellt, ist danach zunächst zu ermitteln, welche allgemeine Regelung gilt, d.h. wie der Sachverhalt in der Regel im Steuersystem des jeweiligen EU-Mitgliedstaats behandelt würde (erste Stufe). Daraus ergibt sich die Feststellung (zweite Stufe), ob die Maßnahme eine Ausnahme von der allgemeinen Regelung darstellt. Schließlich ist zu prüfen (dritte Stufe), ob Ausnahme oder die systeminternen Differenzierungen „durch die Natur oder den inneren Aufbau" des Steuersystems gerechtfertigt seien, d. h., ob sie sich unmittelbar aus den Grund- oder Leitprinzipien des betreffenden EU-Mitgliedstaats ergeben könnten.

Diese Prüfungsfolge ist allerdings umstritten[124]. So wird auch die Meinung vertreten, dass die Selektivitätsprüfung lediglich aus zwei Teilen besteht[125]:

Danach sei zuerst zu prüfen, ob eine selektive Maßnahme vorliege. Anschließend sei zu untersuchen, ob die selektive Maßnahme gerechtfertigt sei. Im ersten Schritt sei zu ermitteln, ob bestimmte Unternehmen gegenüber anderen

---

121 Entscheidung der EU-Kommission v. 11. 12. 2002, ABl. EG 2003 L 150/52.

122 Vgl. EuGH, Urt. v. 6. 09. 2006 C-88/03, *Portugal/Kommission*, Slg. 2006, I-17115.

123 Vgl. EuGH, Urt. v. 8. 09. 2011 C-78/08 bis C-80/08, *Paint Graphos,* Slg. 2011, I-7611 Rz 49; Mitteilung der Kommission v. 11.11.1998 über die Anwendung der Vorschriften über staatliche Beihilfen auf Maßnahmen im Bereich der Unternehmensbesteuerung, ABl.EG 1998 C 384/3 Rz 15, 16; Finanzgericht Münster, Beschl. v. 1. 08. 2011 9 V 357711 K,G, DStR 2011, 1507, EFG 2012, 165 unter II.2.b. aa (4) (a); Drüen, DStR 2011, 289,290; Blumenberg/Haisch, FR 2012, 12, 14; Blumenberg/Kring, aaO, 13, 14, 15; Breuninger/Ernst, GmbHR 2011, 673, 676; Cloer/ Vogel, Offshore-Vergünstigungen im EU-Fokus, IWB 2012, 35, 37; Ehrmann, DStR 2011, 5, 7; Marquart, IStR 2011, 445, 447.

124 Vgl. z.B. Schlussanträge des GA Jääskinen C-106/09 P und C-107/09 P *Gibraltar*, Slg. 2011, I-11113 Rz 184–186.

125 Vgl. Lang, aaO, Gutachten, ÖJT 2009, 24, 25.

Unternehmen durch steuerrechtliche Regelungen anders – und zwar besser – behandelt würden. Die in Frage stehenden Regelungen – die günstige und die weniger günstige – seien einander gegenüber zu stellen. Eine Begünstigung bestimmter Unternehmen oder ganzer Wirtschaftszweige sei nur dann als selektiv zu beurteilen, wenn sich die insoweit unterschiedlich behandelten Unternehmen „in einer vergleichbaren tatsächlichen und rechtlichen Situation befinden“[126]. Dabei gehe es gar nicht notwendigerweise darum, eine Normalbelastung und eine Abweichung festzustellen[127]. Denn wenn der Prüfungsmaßstab von einer Vorentscheidung darüber abhängig gemacht werde, welche Vorschrift als Regel und welche als Ausnahme anzusehen sei, trage dies nicht zu einem Gewinn an Rationalität bei, sondern dazu, dass bei einer Festlegung der Regel „Wertungen unter der Hand“ vorgenommen und „mit dem Schein der Rationalität bemäntelt“ würden[128]. Im Ergebnis gehe es bei der Selektivitätsprüfung somit um eine „gleichheitsrechtliche Prüfung“[129]: Entscheidend sei, ob sich die nach den steuerrechtlichen Bestimmungen unterschiedlich behandelte Unternehmen letztlich „in einer vergleichbaren tatsächlichen und rechtlichen Situation befinden“[130]. Allerdings sei nicht jede Differenzierung verboten. Denn Unternehmen, die sich nicht einmal in einem potentiellen Wettbewerbsverhältnis zueinander befänden, könnten unterschiedlich behandelt werden. Im Falle unterschiedlicher Rechtsfolgen sei es unerheblich, ob die günstigere Vorschrift die größere oder die kleinere Zahl der sich in einer vergleichbaren Situation befindlichen Unternehmen treffe[131].

cc) Entscheidung des EuGH in der Rechtssache *„Gibraltar“*

Der EuGH hat sich nunmehr in seiner jüngsten Rechtsprechung m.E. im Ergebnis der Auffassung angeschlossen, wonach die Selektivitätsprüfung abweichend

126 Vgl. EuGH, Urt. v. 8.11.2001 C-143/99 *Adria Wien Pipeline*, Slg. 2001, I-8365, Rz 41; vgl. Lang, Gutachten, ÖJT 2009, 25.

127 Vgl. Lang, Seminar J: Steuerrecht, Grundfreiheiten und Beihilfeverbot, IStR 2010, 570, 577; Lang, Gutachten ÖJT 2009, 25 entgegen EuGH, Urt. v. 6. 09. 206 C-88/03, *Portugal/Kommission*, Slg. 2006, I-7115 Rz 56.

128 Vgl. Lang, Gutachten, ÖJT 2009, 25 m.w.N.

129 Vgl. Lang, Gutachten, ÖJT 2009, 26 m.w.N.

130 EuGH, Urt. v. 8.11.2001 C-143/99 *Adria Wien Pipeline*, Slg. 2001, I-8365 Rz 41; vgl. Lang, Gutachten, ÖJT 2009, 26.

131 Vgl. Lang, Gutachten, ÖJT 2009, 26.

von der herkömmlichen Betrachtung keinen Vergleich der „normalen“ steuerlichen Belastung und einer Ausnahme hiervon verlangt[132]:

Der EuGH war in einem grundlegenden Fall aufgerufen, eine Entscheidung des EuG über die Vereinbarkeit einer vom Vereinigten Königreich Großbritannien bei der EU-Kommission angemeldeten beabsichtigten Körperschaftsteuerreform der Regierung von Gibraltar zu überprüfen. Diese Reform hatte insbesondere die Aufhebung des alten Steuersystems und die Einführung von drei Steuern zum Gegenstand, die für alle Unternehmen in Gibraltar gelten sollten[133]: Danach waren eine Eintragungsgebühr für Unternehmen, eine Lohnsummensteuer und eine Gewerbegrundbenutzungssteuer[134] geplant. Die Besonderheit dieses Steuersystems bestand darin, dass es eine Begrenzung der Gesamtsteuerschuld aus Lohnsummensteuer und der Gewerbegrundbenutzungssteuer auf höchstens 15 % des Gewinns vorsah[135]. Daraus ergab sich eine Zahlungspflicht für Lohnsummensteuer und Gewerbegrundbenutzungssteuer nur im Gewinnfall und ein Höchstsatz von 15 % bezogen auf den Gewinn.

Das EuG erklärte die negative Entscheidung der EU-Kommission aus dem Jahr 2004[136], wonach es sich bei der geplanten Steuerreform in Gibraltar um eine unzulässige Beihilfe handele, in den von der Regierung von Gibraltar und von Großbritannien angestrengten Klageverfahren für nichtig[137]. Das EuG war insbesondere der Meinung, die Beurteilung der Selektivität einer Maßnahme setze zwingend voraus, dass eine allgemeine oder „normale“ Regelung des Steuersystems, das in dem geographischen Gebiet des maßgeblichen Bezugsrahmens gelte, im Vorfeld festgestellt und geprüft werde. Anschließend sei festzustellen, ob die Maßnahme eine Ausnahme von der allgemeinen Regelung bilde, indem sie zwischen Wirtschaftsteilnehmern unterscheide, die sich im Hinblick auf das mit der Steuerregelung des betreffenden Mitgliedstaats verfolgte Ziel in einer vergleichbaren tatsächlichen und rechtlichen Situation befänden. Auf der dritten Stufe sei zu prüfen, ob die Ausnahmeregelung aus der Natur und dem inneren Aufbau der Lastenregelung ergebe[138]. Die EU-Kommission habe es im Streitfall u.a. unterlassen, die Prüfung auf der genannten zweiten Stufe durchzuführen.

---

132 EuGH, Urt. v. 15. 11. 2011 C-106/09 P und C-107/09 P, *Gibraltar*, HFR 2012, 102, BFH/NV 2012, 365 Rz 85 ff.

133 Vgl. Lang, ÖStZ 2011/1070, 593; Cloer/ Vogel, IWB 2012, 35, 36.

134 Sog. „business property occupation tax“ – BPOT.

135 Vgl. Lang, ÖStZ 2011/1070, 593, 594; Cloer/Vogel, IWB 2012, 35, 36.

136 Europäische Kommission, Entscheidung v. 30. 03. 2004, C (2004) 29.

137 EuG, Urt. v. 18. 12. 2008 T-211/04, Slg. 2008 II-3745.

138 EuG, Urt. v. 18. 12. 2008 T-211/04, Slg. 2008 II-3745 Rz 141, 143, 144, 145.

Gegen das Urteil des EuG legten die Europäische Kommission und das Königreich Spanien Rechtsmittel ein[139]. Der für das Verfahren zuständige Generalanwalt Jääskinen vertrat in seinem Schlussantrag nach einer Erörterung der unterschiedlichen Standpunkte zur Prüfungsfolge der Selektivität noch die Auffassung, dass die „Normalbesteuerung" und die etwaige Abweichung hiervon zu untersuchen sei[140].

Der EuGH hob die Entscheidung des EuG auf und wies die Nichtigkeitsklagen der Regierung von Gibraltar und des Vereinigten Königreichs von Großbritannien ab. Er führte abweichend vom EuG aus, dass die Rechtsetzungstechnik der EU-Mitgliedstaaten in diesem Zusammenhang nicht entscheidend sein könne, da es nach ständiger Rechtsprechung des EuGH[141] allein auf die Wirkung der staatlichen Maßnahme ankomme[142]. Die Einstufung eines Steuersystems als „selektiv" hänge nicht davon ab, „dass dieses so konzipiert ist, dass die Unternehmen, denen möglicherweise eine selektive Begünstigung zukommt, grundsätzlich denselben steuerlichen Belastungen unterliegen wie die sonstigen Unternehmen, dass sie aber von Ausnahmevorschriften profitieren, so dass die selektive Begünstigung im Unterschied zwischen der normalen steuerlichen Belastung und der Belastung der erstgenannten Unternehmen erblickt werden kann[143]." Denn ein solches Verständnis des Kriteriums der Selektivität setze voraus, dass eine Steuerregelung, um als selektiv eingestuft werden zu können, nach einer bestimmten Regelungstechnik konzipiert sei. Dies hätte zur Folge, dass nationale Steuervorschriften der Beihilfenkontrolle von vorneherein nur deshalb entzogen seien, weil sie auf einer anderen Regelungstechnik beruhten, obwohl sie rechtlich und/oder tatsächlich dieselben Wirkungen entfalteten[144]. Die von der EU-Kommission getroffene Entscheidung sei daher im Ergebnis zutreffend.

---

139 Vgl. dazu im Einzelnen Cloer/ Vogel, IWB 2012, 35, 36.

140 Vgl. Schlussanträge des GA Jääskinen C-106/09 P und C-107/09 P, *Gibraltar*, Slg. 2011, I-11113, Rz 184, 185, 186,187, 188, 189, 190; Lang, ÖStZ 2011/1070, 593, 595.

141 EuGH, Urt. v. 2. 07. 1974, C-173/73, *Italien/Kommission*, Slg. 1974, 709, Rz 26 und 28; EuGH, Urt. v. 13. 02. 3003, C-409/00, *Spanien/Kommission*, Slg. 2003, I-1487, Rz 46; vgl. auch Lang, Gutachten, ÖJT 2009, 23 m.w.N.

142 EuGH, Urt. v. 15. 11. 2011 C-106/09 P und C-107/09 P, *Gibraltar*, HFR 2012, 102, BFH/NV 2012, 365 Rz 87.

143 EuGH, Urt. v. 15. 11. 2011 C-106/09 P und C-107/09 P, *Gibraltar*, HFR 2012, 102, BFH/NV 2012, 365 Rz 87.

144 EuGH, Urt. v. 15. 11. 2011 C-106/09 P und C-107/09 P, *Gibraltar*, HFR 2012, 102, BFH/NV 2012, 365 Rz 92.

dd) Folgerungen aus dem EuGH-Urteil in der Rechtssache *„Gibraltar"* für die Selektivitätsprüfung

Diese neue Rechtsprechung des EuGH hat nunmehr m.E. für den Rechtsanwender zur Folge, dass bei der Selektivitätsprüfung entscheidend auf die Wirkung einer staatlichen Maßnahme abzustellen ist, wobei die Regelungstechnik eines Mitgliedstaates – Grundregel und Ausnahme hiervon – in den Hintergrund rückt. Dies bedeutet, dass bei einer eher materiell-rechtlichen Prüfung zwei Prüfschritte im Mittelpunkt stehen: Es wird nicht mehr die „Normalbesteuerung" des Sachverhalts und die entsprechende Ausnahme gesucht, sondern es werden die in tatsächlicher und rechtlicher Hinsicht vergleichbaren Unternehmen ermittelt[145]. Im Rahmen dieser Prüfungsstufe ist demnach festzustellen, ob bestimmte Unternehmen gegenüber anderen Unternehmen durch steuerliche Regelungen anders – und zwar besser – behandelt werden[146]. Wäre hiernach der Beihilfecharakter einer Maßnahme dem Grunde nach zu bejahen, schließt sich die Prüfung an, ob die fragliche Maßnahme möglicherweise durch die Natur oder den inneren Aufbau des Systems bedingt und daher gerechtfertigt sein könnte[147].

d) Rechtfertigung einer Maßnahme, die „prima facie" selektiv erscheint

Eine staatliche Beihilfe liegt nicht vor, wenn die Maßnahme durch die Art oder den Sinn und Zweck des Systems gerechtfertigt ist[148]. Dies ist nach der Rechtsprechung des EuGH der Fall, wenn der betreffende Mitgliedstaat nachweisen kann, dass die Maßnahme unmittelbar auf den Grund- oder Leitprinzipien seines Steuersystems beruht; dabei ist zu unterscheiden zwischen den mit einer bestimmten Steuerregelung verfolgten Zielen, die außerhalb dieser Regelung

145 Vgl. Lang, ÖStZ 2011/1070, 593,598; Klemt, DStR 2013, 1057,1058, 1060; EuGH, Urt. v. 15. 11. 2011 C-106/09 P und C-107/09 P, *Gibraltar*, HFR 2012, 102, BFH/NV 2012, 365 Rz 101.

146 Lang, Gutachten, ÖJT 2009, 24,25 m.w.N.

147 Vgl. EuGH, Urt. v. 15. 11. 2011 C-106/09 P und C-107/09 P, *Gibraltar*, HFR 2012, 102, BFH/NV 2012, 365 Rz 145; EuGH, Urt. v. 6. 9. 2006 C-88/03, *Portugal/Kommission*, Slg. 2006, I-17115, Rz 52; Cloer, Vogel, IWB 2012, 35, 37.

148 Vgl. Bericht der EU-Kommission v. 9. 02. 2004, aaO Rz 34; EuGH, Urt. v. 15. 11. 2011 C-106/09 P und C-107/09 P, *Gibraltar*, HFR 2012, 102, BFH/NV 2012, 365 Rz 145; EuGH, Urt. v. 6. 09. 2006 C-88/03, *Portugal/Kommission*, Slg. 2006, I-17115 Rz 52; Cloer/Vogel, IWB 2012, 35, 37; vgl. auch Lang, Gutachten, ÖJT 2009, 26 m.w.N.

liegen, und den dem Steuersystem selbst inhärenten Mechanismen, die zur Erreichung dieser Ziele erforderlich sind[149].

Der Begriff der Rechtfertigung ist in diesem Zusammenhang indes nicht technisch im Sinne einer Rechtfertigung zu sehen, sondern als eine Tatbestandseinschränkung[150]. Die EU-Mitliedstaaten sind aufgerufen, in entsprechenden beihilferechtlichen Prüfverfahren das Vorliegen etwaiger Rechtfertigungsgründe vorzutragen und ggf. auch nachzuweisen[151].

Allerdings bereitet eine zuverlässige Aussage über zulässige Rechtfertigungen in der Praxis nach wie vor erhebliche Schwierigkeiten[152]. Die EU-Kommission hat in ihrem Bericht vom Februar 2004[153] u.a. folgende Rechtfertigungen anerkannt:

aa) Eigenheiten bestimmter Wirtschaftszweige oder Transaktionen

Eine abweichende steuerrechtliche Behandlung lässt sich in Ausnahmefällen systemimmanent mit den Eigenheiten bestimmter Wirtschaftszweige oder besonderer Transaktionen begründen. Es obliegt dem EU-Mitgliedstaat, den Nachweis zu führen, dass die Ausnahme durch den Sinn und Zweck des Systems gerechtfertigt ist[154]. In den EU-Mitgliedstaaten Niederlanden und Dänemark waren beispielsweise Steuerbefreiungen und -erleichterungen vorgesehen, die für landwirtschaftliche Nutzflächen gewährt wurden und von den allgemeinen Grundsteuervorschriften abwichen[155]. Die EU-Kommission folgte in diesen Fällen der Argumentation der EU-Mitgliedstaaten, dass die Vergünstigungen angesichts der besonderen Bedeutung des Grundeigentums in der Landwirtschaft gerechtfertigt seien. Demgegenüber haben es etwa das Vereinigte Königreich

---

149 EuGH, Urt. v. 6. 9. 2006 C-88/03, *Portugal/Kommission*, Slg. 2006 I-17115 Rz 52; EuGH, Urt. v. 8. 09. 2011 C-78/08 bis C-80/08, *Paint Graphos,* Slg. 2011, I-7611, Rz 75; Lang, Gutachten, ÖJT 2009, 27.

150 Vgl. Lehnert, aaO, 51.

151 EuGH, Urt. v. 29. 04. 2004, *Niederlande/Kommission*, C-159/01, Slg. 2004 I-4461 Rz 43; EuGH, Urt. v. 6. 9. 2006 C-88/03, *Portugal/Kommission*, Slg. 2006 I-17115 Rz 82, 83; EuGH, Urt. v. 15. 11. 2011 C-106/09 P und C-107/09 P, *Gibraltar*, HFR 2012, 102, BFH/NV 2012, 365 Rz 146, 147; Beschl. der EU-Kommission v. 26. 01. 2011, 2011/527/EU, berichtigt durch Beschluss v. 15.04.2011, K (2011) 275 ABl.EU 2011 L 235/26 Rz 82; vgl. auch Blumenberg/Kring, aaO, 15; Sutter, aaO, 104 ff., 118.

152 Vgl. z.B. Lehnert, aaO, 51.

153 Vgl. Bericht der EU-Kommission v. 9. 02.2004, aaO Rz 35 ff.

154 Vgl. Marquart, IStR 2011, 445, 447.

155 Vgl. Beihilfen Nr. M 20/2000 (Niederlande) und N 53/99 (Dänemark); http://europa.eu.int/comm.

von Großbritannien und die Regierung von Gibraltar schon versäumt, für die in Gibraltar seinerzeit vorgesehene Körperschaftsteuerreform überhaupt etwaige Rechtfertigungsgründe vorzutragen[156].

bb) Grundsatz der Steuerneutralität

Ein weiterer von der EU-Kommission anerkannter Rechtfertigungsgrund ist der Grundsatz der Steuerneutralität: So hatte der EU-Mitgliedstaat Italien beispielsweise eine Befreiung von Umwandlungsteuer für Unternehmen der Daseinsvorsorge eingeführt, die sich ursprünglich überwiegend in staatlicher Hand befanden und nun in Privatunternehmen umgewandelt wurden. Dabei ging es lediglich um eine formwechselnde Umwandlung ohne Steigerung der jeweiligen Erträge oder der Ertragsfähigkeit, die wegen der besonderen Ausgangslage keinem Investor möglich gewesen wäre. Dies war nach Auffassung der EU-Kommission vor dem Hintergrund der Steuerneutralität gestattet[157].

cc) Argumente der EU-Mitgliedstaaten, die keine Rechtfertigung begründen

(1) Stärkung der Wettbewerbsfähigkeit bestimmter Unternehmen

Das von einem EU-Mitgliedstaat vorgetragene Argument, dass die Wettbewerbsfähigkeit bestimmter Unternehmen zu stärken sei, ist nach Auffassung der EU-Kommission unbeachtlich[158].

(2) Anwendung objektiver Kriterien ohne Ermessensspielraum

Gleiches gilt für die Behauptung, der selektive Charakter einer Maßnahme ergebe sich aus der Anwendung objektiver Kriterien, die den Behörden keinen Ermessensspielraum ließen[159].

Als Beispiel lässt sich in diesem Zusammenhang die Entscheidung der EU-Kommission über die niederländische Regelung zugunsten internationaler Finanzierungstätigkeiten nennen[160]: Hierbei handelte es sich um eine

---

156 EuGH, Urt. v. 15. 11. 2011 C-106/09 P und C-107/09 P, *Gibraltar*, HFR 2012, 102, BFH/NV 2012, 365 Rz 149, 150, 151.

157 Entscheidung der EU-Kommission v. 5. 06. 2002 ABl.EG 2003 L 77/21.

158 Vgl. Bericht der EU-Kommission v. 9. 02.2004, aaO Rz 38 ff.

159 Vgl. Bericht der EU-Kommission v. 9. 02.2004, aaO Rz 38.

160 Vgl. Bericht der EU-Kommission v. 9. 02.2004, aaO Rz 41.

Maßnahme, die internationalen Unternehmen die Möglichkeit bot, steuerfreie Risikorücklagen zu bilden. Die Inanspruchnahme dieser Steuervergünstigung setzte aber die Ausübung der Finanzierungstätigkeiten von Konzernen voraus, die in mindestens vier verschiedenen Ländern oder in zwei verschiedenen Kontinenten ansässig waren. Die EU-Kommission räumte zwar ein, dass mit einer internationalen Geschäftstätigkeit besondere Risiken verbunden seien, die eine Ausnahmeregelung rechtfertigen könnten. Diese Risiken seien aber für Konzerne, die nur in zwei verschiedenen Ländern oder auf einem Kontinent ansässig seien, nicht geringer[161].

Auch in der Rechtssache „Adria-Wien-Pipeline" hatte der EuGH entschieden, dass das vom Gesetzgeber gewählte Unterscheidungskriterium, wonach produzierende Unternehmen gegenüber dienstleistenden Unternehmen begünstigt waren, zwar objektiven Charakter habe, aber nicht durch das „Wesen" oder den „allgemeinen Zweck" des Besteuerungssystems gerechtfertigt sei[162].

(3) Hinweis auf das im Ertragsteuerrecht geltende Prinzip der Leistungsfähigkeit

Dieses das deutsche Ertragsteuerrecht prägende aus Art. 3 Abs. 1 des Grundgesetzes (GG) abgeleitete Prinzip besagt, dass jeder Steuerpflichtige entsprechend seiner finanziellen Leistungsfähigkeit gleichmäßig zur Finanzierung der allgemeinen Staatsaufgaben heranzuziehen ist[163]. In der Literatur wurde insbesondere im Zusammenhang der Vereinbarkeit der sog. Sanierungsklausel in § 8c Abs. 1a KStG mit Art. 107 Abs. 1 AEUV vermehrt auf dieses Prinzip hingewiesen, weil danach grundsätzlich ein Verlustvortrag möglich sein müsse, während die EU-Kommission zu Unrecht den Untergang des Verlusts als Regelfall ansehe[164].

---

161 Entscheidung der EU-Kommission v. 17. 02. 2003, ABl. EG 2003 L 180/52 Rz 84.

162 EuGH, Urt. v. 8.11.2001 C-143/99, *Adria Wien Pipeline*, Slg. 2001, I-8365; vgl. auch EuGH, Urt. v. 8. 09. 2011 C-78/08 bis C-80/08, *Paint Graphos*, Slg. 2011, I-7611 Rz 74; Lehnert, aaO, 53.

163 Vgl. dazu im Einzelnen Wernsmann, Verhaltenslenkung in einem rationalen Steuersystem, 2005, § 16, Das Leistungsfähigkeitsprinzip als bereichsspezifische Ausprägung des allgemeinen Gleichheitssatzes im Steuerrecht, 261, 267 ff.; vgl. auch Lehner, Internationale Reichweite staatlicher Besteuerungshoheit in: Handbuch des Staatsrechts der Bundesrepublik Deutschland, Band XI, Internationale Bezüge, 3. Aufl., 2013, § 251, Rz 81.

164 Blumenberg/Haisch, FR 2012, 12, 14, 15; Breuninger/Ernst, GmbHR 2010, 561, 562, Breuninger/Ernst, GmbHR 2011, 673, 682; Drüen, DStR 2011, 289, 291; vgl. Lang in Tipke/Lang, Steuerrecht, 20. Aufl. 2010, § 9 Rz 61 ff., m.w.N.; kritisch Lang, aaO in: Praxis und Zukunft des deutschen internationalen Steuerrechts, Köln 2012, 94, 95.

Allerdings wird der argumentative Hinweis auf das Leistungsfähigkeitsprinzip auf der Prüfungsebene der Rechtfertigung einer Maßnahme in der Literatur teilweise auch „als wenig hilfreich“ beschrieben[165]. Denn dieses Prinzip kenne zahlreiche unterschiedliche Ausformungen[166], die im Einzelnen den EU-Mitgliedstaaten zu viele Spielräume ließen[167]. Diese Argumentation ist bei abstrakter Betrachtung m.E. zutreffend, schließt aber zugleich nicht aus, dass das Leistungsfähigkeitsprinzip bei der Prüfung des selektiven Vorteils einer Maßnahme zu Recht eine maßgebliche Rolle spielen kann[168].

e) Beeinträchtigung des Wettbewerbs und des Handels zwischen den EU-Mitgliedstaaten

Dieses einheitlich zu prüfende Kriterium ist weit auszulegen[169]: Eine Handelsbeeinträchtigung ist bereits dann zu bejahen, wenn eine von einem Mitgliedstaat gewährte Beihilfe die Stellung eines Unternehmens gegenüber anderen Wettbewerbern im innergemeinschaftlichen Handel verstärkt, wobei es nicht erforderlich ist, dass das von der Maßnahme begünstigte Unternehmen selbst an dem innergemeinschaftlichen Handel teilnimmt[170].

Dies gilt unabhängig von der Bedeutung einer Beihilfe, der geringen Größe des Beihilfeempfängers, seines äußerst geringen Anteils am Binnenmarkt, dem Fehlen einer Exporttätigkeit und der Tatsache, dass das Unternehmen fast seine gesamte Produktion aus der Gemeinschaft – bzw. jetzt der EU – ausführt[171].

---

165 Vgl. z.B. Lang, Gutachten, ÖJT 2009, 28 m.w.N.; Lang, aaO in: Praxis und Zukunft des deutschen internationalen Steuerrechts, Köln 2012, 94, 95; Sutter, aaO, 108 ff.

166 Vgl. Wernsmann, Verhaltenslenkung in einem rationalen Steuersystem, 2005, § 16, Das Leistungsfähigkeitsprinzip als bereichsspezifische Ausprägung des allgemeinen Gleichheitssatzes im Steuerrecht, 269.

167 Vgl. z.B. Lehnert, aaO, S. 51.

168 Vgl. zu § 8c Abs. 1a KStG: Blumenberg/Haisch, FR 2012, 12, 14, 15; Breuninger/Ernst, GmbHR 2010, 561, 562 und Breuninger/Ernst, GmbHR 2011, 673, 682; Drüen, DStR 2011, 289, 291; vgl. Lang in Tipke/Lang, Steuerrecht, 20. Aufl. 2010, § 9 Rz 61 ff., m.w.N.

169 Vgl. z.B. Lang, aaO, Gutachten, ÖJT 2009, 51, 52; Blumenberg/Kring, aaO, 15.

170 Vgl. EuGH, Urt. v. 15. 06. 2006 C-393/04 und C-41/05, *Air Liquide Industries Belgium*, Slg. 2006, I-05293 Rz 33, 34, 35; EuGH, Urt. v. 14. 09. 1994, C-278/92, C-279/92, C-280/92, *Spanien/Kommission*, Slg. 1994 I – 04103 Rz 39, 40; Frenz, DStR 2000, 137, 140.

171 Vgl. EuGH, Urt. v. 15. 06. 2006 C-393/04 und C-41/05, *Air Liquide Industries Belgium*, Slg. 2006, I-05293, Rz 36; vgl. Mitteilung der Kommission v. 11.11.1998 über die

Eine Beeinträchtigung des Wettbewerbs und des Handels zwischen den Mitgliedstaaten ist nach Auffassung der EU-Kommission[172] stets gegeben, wenn es sich bei den Beihilfeempfängern oder einigen von ihnen um multinationale Unternehmen handelt, die in nicht reglementierten Sektoren tätig sind. Als Beispiel wäre hier die Entscheidung der EU-Kommission über die Förderung von Finanzierungsaktivitäten in den Niederlanden zu nennen: Die fragliche Beihilfe stärkte die finanzielle Position der Unternehmen, die zu multinationalen Konzernen gehören, von denen die meisten auf dem innergemeinschaftlichen Markt tätig sind[173].

Es ist aber zu berücksichtigen, dass sich das Beihilfenverbot im Steuerrecht nicht auf grenzüberschreitende steuerliche Wettbewerbsverzerrungen bezieht, sondern lediglich auf Sondertatbestände im innerstaatlichen Steuersystem eines EU-Mitgliedstaats[174]. Die bestehenden Steuersysteme der EU-Mitgliedstaaten werden vielmehr von der EU als gegeben hingenommen[175]; das Beihilfenrecht dient nur dazu, diesen „Status quo" festzuschreiben und ein systemwidriges Ausbrechen zugunsten spezieller Wirtschaftsbranchen zu vermeiden[176]. Nur individuelle Änderungen in den Steuergesetzen der Mitgliedstaaten sollen beseitigt werden. Im Rahmen des Beihilfenrechts findet mithin kein grenzüberschreitender Vergleich der Steuersysteme statt[177]: Wenn beispielsweise der EU-Mitgliedstaat A, in dem ein Körperschaftsteuersatz von 40 % gilt, diesen für bestimmte Unternehmen auf 30 % absenkt, so ist unter Beihilfegesichtspunkten unerheblich, ob der Körperschaftsteuersatz im EU-Mitgliedstaat B nur 25 % beträgt. Diesen Grundsatz hat die EU-Kommission auch nochmals in ihrem Bericht vom Februar 2004[178] betont: Hiernach hält sie in Übereinstimmung mit der Rechtsprechung der europäischen Gerichte daran fest, dass die Existenz vergleichbarer und konkurrierender Steuervorschriften in anderen

---

Anwendung der Vorschriften über staatliche Beihilfen auf Maßnahmen im Bereich der Unternehmensbesteuerung, ABl.EG 1998 C 384/3 Rz 11 m.w.N. ; z.B. Blumenberg in „Handbuch der internationalen Steuerplanung", 2. Aufl. 2004, 1735, 1796; Blumenberg/Kring, aaO, 15.

172 Vgl. Bericht der EU-Kommission v. 9. 02. 2004 aaO C(2004) 434 Rz 22.

173 Entscheidung der EU-Kommission v. 17. 02. 2003, ABl.EG 2003 L 52 Rz 84.

174 Vgl. Blumenberg/Kring, aaO, 15 m.w.N.

175 z.B. EuGH, Urt. v. 12. 02. 2009 C-67/08, *Block*, Slg. 2009, I-883 Rz 31; vgl. dazu Wernsmann, Erbrecht und Vermögensnachfolge in Festschrift für Manfred Bengel und Wolfgang Reimann, 2012, 371.

176 Vgl. Blumenberg/Kring, aaO, 15 m.w.N.

177 Vgl. Blumenberg/Kring, aaO, 16 m.w.N.

178 Vgl. Bericht der EU-Kommission v. 9. 02. 2004 aaO C(2004) 434 Rz 66, 67.

EU-Mitgliedstaaten nicht als Begründung für die Gewährung von Steuerbeihilfen dienen kann. Jede Beihilferegelung muss hiernach im Zusammenhang mit der Steuerregelung des betreffenden EU-Mitgliedstaats analysiert werden[179].

Insgesamt gesehen wird dieses Kriterium so großzügig interpretiert, dass es in der Praxis keine große Bedeutung einnimmt[180].

f) Zwischenergebnis

Sollte die Prüfung der im Einzelnen aufgezeigten Voraussetzungen ergeben, dass eine Maßnahme eine Beihilfe i.S. von Art. 107 Abs. 1 AEUV darstellt, kann diese gleichwohl zulässig sein, wenn sie aufgrund ihrer besonderen Zweckbestimmung nach Art. 107 Abs. 2 AEUV mit dem Binnenmarkt vereinbar ist oder gemäß Art. 107 Abs. 3 AEUV von der EU-Kommission für mit dem Binnenmarkt vereinbar erklärt wird[181]. Die EU-Mitgliedstaaten müssen auch insoweit den entsprechenden Nachweis führen[182].

III. Das sog. Beihilfeverfahren

1. Einführung

a) Rechtsgrundlagen

Der Rat hat im Jahr 1999 auf der Grundlage von Art. 109 AEUV eine sog. „Verfahrensverordnung" (im Folgenden VVO) erlassen, in der die maßgeblichen Bestimmungen für die Anwendung der Art. 107 AEUV und Art. 108 AEUV enthalten sind und die der Rat mit Beschluss vom 22. Juli 2013 aktualisiert hat[183]. Dieses Regelwerk wird ergänzt durch eine von der

179 Vgl. auch Entscheidung der EU-Kommission v. 7. 02. 2003 über die Koordinierungsstellen mit Sin in Belgien, ABl.EG 2003 L 282 Rz. 101.

180 Vgl. Lang, Gutachten, ÖJT 2009, 52, 53.

181 Bericht der EU-Kommission v. 9. 02. 2004 aaO C(2004) 434 Rz 67; vgl. z.B. Beschl. der EU-Kommission v. 26. 01. 2011, 2011/527/EU, berichtigt durch Beschluss v. 15.04.2011, K (2011) 275 ABl.EU 2011 L 235/26 Rz 106 ff.

182 Vgl. Beschl. der EU-Kommission v. 26. 01. 2011, 2011/527/EU, berichtigt durch Beschluss v. 15.04.2011, K (2011) 275 ABl.EU 2011 L 235/26 Rz 106 m.w.N.

183 Verordnung (EG) Nr. 659/1999 des Rates vom 22. 03. 1999 über besondere Vorschriften für die Anwendung von Artikel 93 des EG-Vertrags, ABl.EG L 083 v. 27. 03. 1999; Verordnung (EU) Nr. 734/2013 des Rates v. 22. 07. 2013 zur Änderung der

EU-Kommission hierzu verabschiedete sog. „Durchführungsverordnung“[184], die am 30. Januar 2008 erweitert und modifiziert wurde[185]. Wesentlicher Bestandteil dieser Änderung ist die ab dem 1. Juli 2008 geltende Verpflichtung der EU-Mitgliedstaaten, die sog. interaktive Anmeldung für staatliche Beihilfen zu nutzen. Dies bedeutet, dass sämtliche Anmeldeunterlagen sowie der diesbezügliche Schriftverkehr nun auf Standardnotifizierungsformularen über von der EU-Kommission bereit gestellte IT-Kommunikationskanäle auszutauschen sind[186].

Zur Verbesserung der verfahrenstechnischen Zusammenarbeit mit den EU-Mitgliedstaaten hat die nach Art. 108 AEUV für die Beihilfenkontrolle zuständige EU-Kommission ferner einen Verhaltenskodex[187] aufgestellt, in dem auch auf die praktische Möglichkeit von „Vorabkontakten“ hingewiesen wird. Im Zusammenhang mit der Wachstumsstrategie der EU „Europa 2020“ hat die EU-Kommission darüber hinaus mitgeteilt, dass sie auch eine umfassende Modernisierung des EU-Beihilfenrechts anstrebt[188], wozu insbesondere eine Erneuerung der VVO in Bezug auf die Behandlung von Beschwerden und die Verarbeitung von Marktinformationen gehört[189]. Dementsprechend hat die EU-Kommission am 5. Dezember 2012[190] Vorschläge für die Überarbeitung der VVO und der

Verordnung (EG) Nr. 659/1999 über besondere Vorschriften für die Anwendung von Art. 93 des EG-Vertrags, ABl.EU 2013 L 204/15.

184 Verordnung Nr. 794/2004 der Kommission v. 21. 04. 2004 zur Durchführung der VO (EG) Nr. 659/1999 des Rates über besondere Vorschriften für die Anwendung von Artikel 93 des EG-Vertrages, ABl.EG 2004 L 140.

185 Verordnung (EG) Nr. 271/2008 der Kommission v. 30. 01. 2008 zur Änderung der Verordnung (EG) Nr. 794/2004 zur Durchführung der Verordnung (EG) Nr. 659/1999 des Rates über besondere Vorschriften für die Anwendung von Artikel 93 des EG-Vertrags, ABl.EG 1999 L 82/1.

186 Vgl. dazu im Einzelnen Büsching/Homann/Wiese, Das Europäische Beihilfenrecht, 4. Fassung 2012, www.berlin.de, 15 ff.

187 Verhaltenskodex für die Durchführung von Beihilfeverfahren v. 16. 06. 2009, ABl. EG 2009 C 136/13.

188 Mitteilung der Kommission v. 8. 05. 2012 COM (2012) 209 final.

189 Mitteilung der Kommission v. 8. 05. 2012 COM (2012) 209 final, 9.

190 Vorschlag v. 5. 12. 2012 zur Änderung der Verordnung (EG) Nr. 659/1999 des Rates v. 22. 03. 1999 über besondere Vorschriften für die Anwendung von Art. 93 des EG-Vertrags, ABl.EG L 083 v. 27. 03. 1999, 1 – COM/2012/0725 final und Vorschlag v. 5. 12. 2012 zur Änderung der Verordnung (EG) Nr. 994/98 v. 7. 05. 1998 über die Anwendung der Art. 92 und 93 des EG-Vertrags, ABl.EG 1998 L 142/1.

beihilferechtlichen Ermächtigungsverordnung[191] bekannt gegeben, die am 22. Juli 2013 vom Rat verabschiedet wurden[192].

b) Eckpunkte des Beihilfeverfahrens

Die Beihilfeverfahren verlaufen entsprechend der Darstellung der EU-Kommission nach den genannten Rechtsgrundlagen über drei sog. „Hauptachsen"[193]:

aa) Anmeldung der geplanten Beihilfemaßnahmen durch die EU-Mitgliedstaaten

Die EU-Mitgliedstaaten sind grundsätzlich dazu verpflichtet, alle geplanten neuen Beihilfemaßnahmen bei der EU-Kommission anzumelden. Die Maßnahmen dürfen erst nach Genehmigung der EU-Kommission durchgeführt werden.

bb) Beschwerden von Beteiligten

Der EU-Kommission obliegt es außerdem, alle Beschwerden von Beteiligten zu prüfen und binnen angemessener Frist darüber zu entscheiden.

cc) Fortlaufende Kontrolle bestehender Beihilferegelungen

Schließlich überprüft die EU-Kommission fortlaufend alle in den EU-Mitgliedstaaten bestehenden Beihilferegelungen und schlägt ihnen insoweit je nach Bedarf zweckdienliche Maßnahmen vor, falls sie dies aufgrund der fortschreitenden Entwicklung des Binnenmarkts für erforderlich hält[194].

---

191 Verordnung (EG) Nr. 994/98 v. 7. 05. 1998 über die Anwendung der Art. 92 und 93 des EG-Vertrags, ABl.EG 1998 L 142/1.

192 Verordnung (EU) Nr. 733/2013 des Rates v. 22. 07. 2013 zur Änderung der Verordnung (EG) Nr. 994/98 v. 7. 05. 1998 über die Anwendung der Artikel 92 und 93 des Vertrags zur Gründung der Europäischen Gemeinschaft auf bestimmte Gruppen horizontaler Beihilfen, Abl.EU 2013 L 204/11 und Verordnung (EU) Nr. 734/2013 des Rates v. 22. 07. 2013 zur Änderung der Verordnung (EG) Nr. 659/1999 über besondere Vorschriften für die Anwendung von Art. 93 des EG-Vertrags, ABl.EU 2013 L 204/15.

193 Vgl. Begründung des Vorschlags der EU-Kommission v. 5. 12. 2012 in FN. 170, eur-lex.europa.eu.

194 Vgl. Begründung des Vorschlags der EU-Kommission v. 5. 12. 2012 in FN. 170, eur-lex.europa.eu.

2. Einzelheiten des Beihilfeverfahrens

Die EU-Kommission führt entweder eine präventive Kontrolle neu anzumeldender Beihilfen oder eine fortlaufende Prüfung bestehender Beihilfen durch[195].

a) Präventive Kontrolle geplanter Beihilfen

Beabsichtigt ein EU-Mitgliedstaat die Einführung oder Umgestaltung einer Beihilfe, ist er nach Art. 108 Abs. 3 Satz 1 AEUV verpflichtet, die EU-Kommission so rechtzeitig davon zu unterrichten, dass diese sich dazu äußern kann. Dies erfolgt über die Notifizierung[196] einer Maßnahme[197] auf einem entsprechenden Standardnotifizierungsformular[198].

Nach Anmeldung der Maßnahme findet das sog. Vorprüfungsverfahren statt[199]. Innerhalb von zwei Monaten teilt die EU-Kommission dem betreffenden EU-Mitgliedstaat mit, dass die Maßnahme entweder keine Beihilfe darstellt[200] bzw. mit dem Gemeinsamen Markt vereinbar ist[201], oder, dass ein sog. Hauptprüfungsverfahren eingeleitet wird[202]. Bei Untätigkeit der EU-Kommission bis zum Ablauf der – nach Art. 4 Abs. 5 VVO verlängerbaren – Zweimonatsfrist gilt die Maßnahme als genehmigt[203].

Nach Einleitung des Hauptprüfverfahrens[204] erhalten auch die anderen EU-Mitgliedstaaten Gelegenheit, sich binnen einer Frist von höchstens einem

---

195 Vgl. zur Unterscheidung „neuer“ und „bestehender“ Beihilfen z.B. EuGH, Urt. v. 9. 09. 2009 T-30/01 bis T-32/01, T-86/02 bis T-88/02, *Diputacion Foral de Alava*, Slg. 2009, II-2919, 3. Leitsatz; Art. 1 der Verordnung über besondere Vorschriften für die Anwendung von Art. 93 des EG-Vertrags, ABl.EG 1999 L 83/; Bericht der EU-Kommission v. 9. 02. 2004 C (2004) 434 Rz 51, 52, 53.

196 Vgl. Blumenberg/Kring, aaO, 25, 26; Grube, DStZ 2007, 377, Geisenberger, aaO, 49.

197 Art. 2 VVO.

198 Büsching/Homann/Wiese, Das Europäische Beihilfenrecht, 4. Fassung 2012, www.berlin.de, 15 ff. nach Maßgabe der Verordnung (EG) Nr. 271/2008 der Kommission v. 30. 01. 2008 zur Änderung der Verordnung (EG) Nr. 794/2004 zur Durchführung der Verordnung (EG) Nr. 659/1999 des Rates über besondere Vorschriften für die Anwendung von Artikel 93 des EG-Vertrags, ABl.EG 1999 L 82/1.

199 Art 4 VVO.

200 Art. 4 Abs. 2 VVO, vgl. Blumenberg/Kring, aaO, 26; Grube, DStZ 2007, 377.

201 Art. 4 Abs. 3 VVO.

202 Art. 4 Abs. 4 VVO.

203 Art. 4 Abs. 6 VVO.

204 Art. 6 VVO.

Monat zu den entsprechenden Beihilfemaßnahmen zu äußern. Das Hauptprüfverfahren ist nicht fristgebunden; es endet mit einer sog. Positiv- oder Negativentscheidung der EU-Kommission[205], in der entweder die Vereinbarkeit oder die Unvereinbarkeit der Maßnahme mit dem Gemeinsamen Markt festgestellt wird. Nach Art. 7 Abs. 4 VVO kommt auch die Genehmigung der Maßnahme unter Auflagen oder Bedingungen in Frage.

Im Fall der Unvereinbarkeit einer Maßnahme mit dem Gemeinsamen Markt[206] gibt die EU-Kommission dem betreffenden EU-Mitgliedstaat auf, die geplante Regelung nicht – oder nur unter Auflagen – in Kraft zu setzen bzw. eine bestehende Maßnahme innerhalb einer gewissen Frist aufzuheben oder umzugestalten und bereits gewährte Beihilfen nach Art. 14 VVO zurückzufordern[207].

Ein Beispiel für eine derartige Negativentscheidung der EU-Kommission gegenüber der Bundesrepublik Deutschland war die Entscheidung der EU-Kommission vom 30. September 2009, wonach § 8c Abs. 2 KStG[208] eine mit dem Unionsrecht unvereinbare Beihilfe darstellte[209].

Hintergrund dieser Entscheidung war, dass die mit der Unternehmenssteuerreform 2008 eingeführte Verlustabzugsbeschränkung für Körperschaften in § 8c KStG sich im Zuge der Wirtschafts- und Finanzkrise zu einem erheblichen Restrukturierungshindernis entwickelte. Als dauerhafte Ausnahme von der Verlustvernichtungsregelung hatte der Gesetzgeber im sog. MoRaKG vom 12. August 2008[210] die Einführung einer neuen Regelung in § 8c Abs. 2 KStG vorgesehen. Deren Ziel bestand darin, den Einstieg von Venture-Capital-Investoren bei jungen, innovativen Unternehmen in der sog. Start-Up-Phase nicht an dem Wegfall der steuerlichen Verluste der erworbenen Zielgesellschaft scheitern zu lassen. Das Inkrafttreten dieser bei der EU-Kommission bereits angemeldeten Regelung stand unter dem Vorbehalt der Genehmigung der EU-Kommission nach Art. 3 der Verfahrensordnung. Die EU-Kommission eröffnete am 28. Januar 2009 das förmliche Hauptprüfverfahren und gab am 30. September 2009 ihre Entscheidung bekannt, wonach § 8c Abs. 2 KStG eine mit dem Gemeinsamen

---

205 Art. 7 VVO, vgl. Blumenberg/Kring, aaO, 26.

206 Art. 7 Abs. 5 VVO.

207 Art. 11 Abs. 2, Art. 14 VVO.

208 § 8c Abs. 2 KStG i.d. F. des Gesetzes zur Modernisierung der Rahmenbedingungen für Kapitalbeteiligungen – MoRaKG – v. 12. 08. 2008, BGBl I, 1672, BStBl I, 854.

209 Vgl. dazu im Einzelnen Dörr, „§ 8c Abs. 2 KStG tritt nicht in Kraft!“, NWB 2009, 3499.

210 § 8c Abs. 2 KStG i.d. F. des Gesetzes zur Modernisierung der Rahmenbedingungen für Kapitalbeteiligungen – MoRaKG – v. 12. 08. 2008, BGBl I, 1672, BStBl I, 854.

Markt unvereinbare Beihilfe sei, weil der Wagniskapitalbranche selektiv ein steuerlicher Vorteil gewährt worden sei, der anderen Investmentgesellschaften, die keine Wagniskapitalgesellschaften seien, vorenthalten worden sei. Dementsprechend ist diese Bestimmung zu keiner Zeit in Kraft getreten[211].

b) Fortlaufende Kontrolle bestehender Beihilfen

Nach Art. 108 Abs. 1 AEUV werden bestehende Beihilfen von der EU-Kommission fortlaufend und in Zusammenarbeit mit den EU-Mitgliedstaaten überprüft. Auf diese Weise stellt die EU-Kommission fest, ob Anlass für die Einleitung eines Hauptprüfverfahrens besteht[212].

Während der Durchführung des Vor- bzw. Hauptprüfverfahrens durch die EU-Kommission ist die Durchführung der Beihilfemaßnahme verboten[213]. Bei Missachtung dieses sog. „stand-still"-Gebots ist die Beihilfe rechtswidrig. Erst durch die Genehmigung seitens der EU-Kommission wird die jeweilige Maßnahme unionsrechtlich legitimiert, d.h. der betreffende EU-Mitgliedstaat darf die Beihilfe gewähren, die begünstigten Unternehmen dürfen die Beihilfe behalten[214].

In der Bundesrepublik Deutschland waren insbesondere die nach dem Ende der deutschen Teilung für Unternehmen in den neuen Bundesländern und in Berlin gewährten Steuervergünstigungen in Gestalt von Investitionszulagen Gegenstand der laufenden Kontrolle bestehender Beihilfen durch die EU-Kommission[215]. Die Investitionszulage unterstützt unternehmerische Erstinvestitionen in bestimmten Betrieben des verarbeitenden Gewerbes, bei produktionsnahen Dienstleistungen und bei Beherbergungsleistungen, wobei kleine und mittlere Unternehmen doppelt so hoch gefördert werden wie Großbetriebe[216].

So hat die EU-Kommission beispielsweise gegenüber der Bundesrepublik Deutschland die Genehmigung für das Investitionszulagengesetz 2007

---

211 Vgl. auch Kessler, blog.handelsblatt.clm/steuerboard/2011/02/01/sanierung-schwer-gemacht/.

212 Vgl. Blumenberg/Kring, aaO, 27, Grube, DStZ 2007, 378.

213 Sog. „Sperrwirkung" bzw. „stand-still"-Gebot in Art. 108 Abs. 3 Satz 3 AEUV.

214 Vgl. Blumenberg/Kring, aaO, 27.

215 Vgl. Grube, DStZ 2007, 378.

216 Vgl. z.B. Mitteilung der Industrie- und Handelskammer Schwerin zur Förderung durch Investitionszulage unter www.ihkzuschwerin.de.

(InvZulG 2007)[217] erteilt[218]. Es handelte sich dabei um eine Ermessensentscheidung im Rahmen von Art. 107 Abs. 3 Buchst. c AEUV[219]. Neben der Beibehaltung der bisherigen Fördersätze wurden im InvZulG 2007 die Förderbedingungen an geänderte EU-Vorgaben angepasst, insbesondere an die neuen Leitlinien für staatliche Beihilfen mit regionaler Zielsetzung, die seit dem Jahr 2007 gelten[220]. Ein weiterer Anpassungsbedarf ergab sich aus der Verordnung über die Anwendung der Beihilfebestimmungen auf regionale Investitionsbeihilfen der EU-Mitgliedstaaten[221]. Die entsprechende neue nationale Fördergebietskarte für den Zeitraum 2007–2013, die eine Aufteilung des Landes Berlin in ein C-Fördergebiet und ein D-Fördergebiet vorsieht, hatte die EU-Kommission gleichfalls genehmigt[222]. Im D-Fördergebiet des Landes Berlin ist eine investitionszulagenrechtliche Förderung nicht mehr möglich.

Ein weiteres Beispiel für die laufende Kontrolle bestehender Beihilfen durch die EU-Kommission ist das Investitionszulagengesetz 2010[223]. Nach den gesetzlichen Vorgaben wird die Investitionszulage Ende des Jahres 2013 auslaufen.

c) Freistellungen von Genehmigungsverfahren

aa) Gruppenfreistellungen

Aus Gründen der Verwaltungsvereinfachung sind bestimmte Gruppen von Beihilfen sektorübergreifend („horizontal") vom Notifizierungsverfahren nach Art. 108 Abs. 3 AEUV ausgenommen (sog. „Gruppenfreistellungen")[224].

---

217 Investitionszulagengesetz 2007 v. 15. 07. 2006, BGBl 2006, 1614.

218 Genehmigung der EU-Kommission v. 6. 12. 2006, Anlage zur Mitteilung im BMF-Schreiben v. 19. 12. 2006 - IV C 3 - InvZ 1000 - 159/06.

219 Seinerzeit Vorgängerregelung in Art. 87 Abs. 3 Buchst. c EG.

220 „Leitlinien der Gemeinschaft zur Anwendung der Art. 87 und Art. 88 EG auf Sofort- und/oder Umstrukturierungsbeihilfen für Unternehmen in Schwierigkeiten", ABl.EU 2006 C 54/13.

221 Verordnung Nr. 1638 der EU-Kommission v. 24. 10. 2006 über die Anwendung der Art. 87 und Art. 88 EG auf regionale Investitionsbeihilfen der EU-Mitgliedstaaten, Abl.EU 2006 L 302/29.

222 Genehmigung der EU-Kommission v. 8.11.2006, ABl.EU 2006 C 295/6.

223 Investitionszulagengesetz 2010 v. 11. 12. 2008, BGBl I 2008, 2350.

224 Vgl. Blumenberg/Kring, aaO, 21, 22.

Dies umfasst Beihilfen zugunsten kleiner und mittlerer Unternehmen (sog. KMU-Beihilfen), der Forschung und Entwicklung, Umweltschutzmaßnahmen sowie zugunsten Beschäftigung und Ausbildung[225].

Am 22. Juli 2013 hat der Rat die sog. Ermächtigungsverordnung[226] verabschiedet, die die EU-Kommission dazu ermächtigt, Gruppenfreistellungsverordnungen zu erlassen, die Beihilfen mit geringen Auswirkungen auf den EU-Binnenmarkt von der Pflicht zur vorherigen Anmeldung bei der EU-Kommission und dem beihilferechtlichen Prüfverfahren ausnehmen. Dazu gehören z.B. Innovationsbeihilfen, Maßnahmen zur Bewältigung von Naturkatastrophen, zur Erhaltung der biologischen Meeresschätze, zur Erhaltung des Sports etc.[227]. Denn auch wenn beispielsweise Maßnahmen zur Bewältigung von Naturkatastrophen zum Katalog der sog. Legalausnahmen des Art. 107 Abs. 2 Buchst. a AEUV gehören können, entbindet dies grundsätzlich nicht von der formellen Notifizierungspflicht, welche die Einhaltung der Erlaubnisvoraussetzungen sichern soll[228].

bb) De-minimis-Beihilfen

Eine weitere Ausnahme sind die sog. „de-minimis-Beihilfen“, die aufgrund ihrer Geringfügigkeit nicht geeignet sind, sich auf den Wettbewerb und den Handel im EU-Binnenmarkt auszuwirken[229]. Derartige Beihilfen fallen von vorneherein nicht in den Anwendungsbereich des Art. 107 Abs. 1 AEUV und sind daher keine echten „Freistellungen“. Voraussetzung ist grundsätzlich, dass der Gesamtbeihilfehöchstbetrag 200 000 € innerhalb von drei Jahren ab

---

225 Verordnung (EG) Nr. 994/1998 des Rates v. 7. 05. 1998, ABl.EG 1998 L 142/1; Blumenberg/Kring, aaO, 21.

226 Verordnung (EU) Nr. 733/2013 des Rates v. 22. 07. 2013 zur Änderung der Verordnung (EG) Nr. 994/98 v. 7. 05. 1998 über die Anwendung der Artikel 92 und 93 des Vertrags zur Gründung der Europäischen Gemeinschaft auf bestimmte Gruppen horizontaler Beihilfen, ABl.EU 2013 L 204/11.

227 Vgl. Art. 1 Abs. 1 Buchst. a der Verordnung (EU) Nr. 733/2013 des Rates v. 22. 07. 2013 zur Änderung der Verordnung (EG) Nr. 994/98 v. 7. 05. 1998 über die Anwendung der Artikel 92 und 93 des Vertrags zur Gründung der Europäischen Gemeinschaft auf bestimmte Gruppen horizontaler Beihilfen, Abl.EU 2013 L 204/11, vgl. z.B. auch Stellungnahme des Deutschen Industrie- und Handelskammertages v. 28. 06. 2013 unter www.dihk.de.

228 Vgl. z. B. Penner in „Europäisches Beihilferecht“, Kommentar von Birnstiel/Bungenberg/Heinrich, 2013, Kapitel 1, Rz 1013 m.w.N.

229 Vgl. hierzu Verordnung (EG) Nr. 1998/2006 v. 28. 12. 2008, ABl.EG 2008 L 379/1.

Erstanwendung nicht übersteigt. Für steuerrechtliche Vergünstigungen hat die „de-minimis"-Regelung keine Bedeutung, da eine Beihilfe in ihrer Gesamtheit an der „de-minimis-Grenze" zu messen ist, also nicht jede Steuervergünstigung isoliert berechnet wird[230].

Die EU-Kommission hat am 20. März 2013 den Entwurf einer überarbeiteten „de-minimis"-Verordnung vorgelegt, die nach Beratung am 19. Dezember 2013[231] verabschiedet wurde. Die Verordnung ist am 1. Januar 2014 in Kraft getreten und gilt bis zum Ablauf des Jahres 2020[232].

3. Ergänzungen der Regelungen durch die am 22. Juli 2013 vom Rat verabschiedeten Änderungen der VVO[233]

Die Änderungen nach Maßgabe von Art. 109 AEUV verfolgen das Ziel, die Wirksamkeit der Beihilfenkontrolle zu steigern. Dies soll mit einer Verbesserung der Bearbeitung von Beschwerden sowie der effizienten Einholung zuverlässiger Marktinformationen stattfinden.

a) Formalisierung des Beschwerdeverfahrens

Die bislang an keine Formvorschriften gebundene Beschwerdemöglichkeit[234] einzelner Marktteilnehmer wird durch die Einführung eines entsprechenden

230 EuGH, Urt. v. 15. 12. 2005, C-148/04 *Unicredito Italiano Spa*, Slg. 2005, I-11137 Rz 69, Blumenberg/Kring, aaO, 21 m.w.N.; Geisenberger, aaO, 49 m.w.N.

231 Vgl. http://ec.europa.eu/competition/state_aid/legislation/de_minimis_regulation_de.pdf.

232 Vgl. hierzu bereits Aufforderung zur Stellungnahme zum Entwurf einer Verordnung der Kommission über die Anwendung der Artikel 107 und 108 des Vertrags über die Arbeitsweise der Europäischen Union auf De-minimis-Beihilfen, ABl.EU 2013 C 229/1; vgl. auch Mitteilung des Forschungsinstituts für Wirtschaftsverfassung vom 26. 03. 2013 unter www.fiw-online.de.

233 Vorschlag v. 5. 12. 2012 zur Änderung der Verordnung (EG) Nr. 659/1999 des Rates v. 22. 03. 1999 über besondere Vorschriften für die Anwendung von Art. 93 des EG-Vertrags, ABl.EG 1999 L 083/1 – COM/2012/0725 final; Verordnung (EU) Nr. 734/2013 des Rates v. 22. 07. 2013 zur Änderung der Verordnung (EG) Nr. 659/1999 über besondere Vorschriften für die Anwendung von Art. 93 des EG-Vertrags, ABl. EU 2013 L 204/15.

234 Vgl. EuGH, Urt. v. 29. 09. 2011, T-442/07, *Ryanair v. Commission*, noch unveröffentlicht, Rz 33.

Formblattes und bestimmter Mindestanforderungen an die Beschwerdeschrift i. S. von Art. 20 Abs. 2 VVO in ein förmliches Verfahren überführt.

b) Zusammenarbeit mit Gerichten der EU-Mitgliedstaaten

Bedeutsam ist in diesem Zusammenhang insbesondere auch die stärkere Einbeziehung der nationalen Gerichte in die Beihilfenkontrolle der EU-Kommission. Die EU-Kommission hatte bereits im Jahr 2009 im Rahmen einer Mitteilung der Organe und Einrichtungen der EU eine Bekanntmachung über die Durchsetzung des Beihilfenrechts durch die nationalen Gerichte erlassen[235]. Auf diese Weise sollten die Gerichte und die Beteiligten über die bestehenden Rechtsschutzinstrumente in Kenntnis gesetzt und die Zusammenarbeit der EU-Kommission mit den nationalen Gerichten verbessert werden. Nun ist in einem neuen Art. 23a Abs. 1 der VVO geregelt, dass die nationalen Gerichte einen Auskunftsanspruch gegenüber der EU-Kommission u.a. hinsichtlich der Anwendung der Beihilfevorschriften haben. Im Gegenzug wird der EU-Kommission in einem neuen Art. 23a Abs. 2 der VVO ein Recht dahingehend eingeräumt, als unparteiischer „amicus curiae" schriftliche oder mündliche Stellungnahmen gegenüber den einzelnen Gerichten abzugeben. Dadurch soll die EU-Kommission die Möglichkeit erhalten, die Gerichte der Mitgliedstaaten auf Fragen aufmerksam zu machen, die für die einheitliche Anwendung des EU-Beihilfenrechts innerhalb des EU-Binnenmarktes von Bedeutung sind. Die nationalen Gerichte sollen an die Stellungnahmen der EU-Kommission nicht gebunden sein; auch das Recht der nationalen Gerichte zur Durchführung eines Vorabentscheidungsersuchens nach Art. 267 AEUV bleibt hiervon unberührt.

c) Effiziente Einholung von Marktinformationen

Die EU-Kommission knüpft in diesem Zusammenhang an den bereits im Jahr 2009 verabschiedeten Verhaltenskodex für die EU-Mitgliedstaaten für die Durchführung von Beihilfeverfahren an[236]. Darin ist bereits vorgesehen, dass die EU-Kommission die Beteiligten im Rahmen eines anhängigen Prüfverfahrens

---

235 Bekanntmachung der Kommission über die Durchsetzung des Beihilfenrechts durch die einzelstaatlichen Gerichte, ABl.EU 2009 C 85/1.

236 Verhaltenskodex für die Durchführung von Beihilfeverfahren, ABl.EU 2009 C 136/4.

zu einer Stellungnahme auffordern können[237]. Nun ist in Art. 6a VVO eine Ausweitung und Kodifizierung dieses Rechts verankert worden:

Danach wird der EU-Kommission die Befugnis eingeräumt, im Anschluss an Einleitung eines förmlichen Prüfverfahrens auch von anderen Rechtspersonen als den in Verfahren wegen angemeldeter oder rechtswidriger Beihilfen betroffener EU-Mitgliedstaaten im Wege eines einfachen Auskunftsersuchens oder eines Beschlusses Auskünfte anfordern zu können. Dies betrifft insbesondere Unternehmen, Unternehmensvereinigungen und EU-Mitgliedstaaten. Sollte keine Auskunft erteilt werden oder die erteilte Auskunft unvollständig sein, ist in Art. 6b VVO ein Recht der EU-Kommission geregelt, Geldbußen von bis zu 1 % des Gesamtumsatzes oder Zwangsgelder von bis zu 5 % des durchschnittlichen Tagesumsatzes für jeden Arbeitstag des Verzugs zu verhängen, wobei insoweit in den neuen Art. 15a und Art. 15b der Verordnung Verjährungsfristen vorgesehen sind.

Ferner ist die EU-Kommission in einem neuen Art. 20a VVO ermächtigt worden, einzelne Wirtschaftszweige als solche in verschiedenen EU-Mitgliedstaaten zu untersuchen.

d) Stellungnahme

Im Hinblick auf das vom unionsrechtlichen Beihilfenverbot angestrebte Ziel der Beseitigung von Wettbewerbsverzerrungen durch die Gewährung rechtswidriger Beihilfen ist diese Änderung der VVO grundsätzlich uneingeschränkt zu begrüßen. Durch die weitergehenden Informationsverpflichtungen der Wirtschaftsteilnehmer und der EU-Mitgliedstaaten gegenüber der EU-Kommission wird der Einfluss der betroffenen EU-Mitgliedstaaten auf das Beihilfeverfahren indes im Verhältnis zur EU-Kommission begrenzt[238]. Dies mag im Hinblick darauf, dass es sich bei der EU-Kommission um eine reine Verwaltungsbehörde handelt, die über die gewählten Regierungen der EU-Mitgliedstaaten lediglich mittelbar demokratisch legitimiert ist, durchaus kritisch gesehen werden. Allerdings dient diese Stärkung der Position der EU-Kommission im Rahmen der Wettbewerbskontrolle durch die Beschränkung der nationalen Interessen der einzelnen EU-Mitgliedstaaten zugegebenermaßen

237 Verhaltenskodex für die Durchführung von Beihilfeverfahren, ABl. EU 2009 C 136/4 Rz 34.

238 Vgl. z.B. Martina Maier in blog.Handelsblatt.com/rechtsboard/2013/08/05/beihilferecht-neue-eu-verfahrensordnung.

klar der Beseitigung von unzulässigen Wettbewerbsverzerrungen innerhalb der EU und damit dem Ziel der Erreichung eines gut funktionierenden EU-Binnenmarktes.

Auch die beabsichtigten Stellungnahmen der EU-Kommission in Verfahren nationaler Gerichte begegnen m.E. keinen grundlegenden Bedenken, weil die im nationalen Recht der Bundesrepublik Deutschland verankerte verfassungsrechtliche Garantie der Unabhängigkeit der Justiz in Art. 97 Abs. 1 GG insofern gewahrt ist, als die nationalen Gerichte an die entsprechenden Stellungnahmen der EU-Kommission nicht gebunden sind. Nach der am 22. Juli 2013 erfolgten Verabschiedung dieser Verordnung durch den Rat der EU-Mitgliedstaaten müssen die für die Gerichte geltenden nationalen Verfahrensordnungen im Hinblick auf die Berechtigung der EU-Kommission zur Abgabe entsprechender Stellungnahmen in den Verfahren sowie den Umfang ihrer Beteiligung m.E. ergänzt werden.

Von größerer Bedeutung sind nach meinem Dafürhalten die Maßnahmen zur effizienteren Einholung von Marktinformationen. Denn die Verhängung von Geldbußen oder Zwangsgeldern gegenüber Unternehmen, Verbänden oder EU-Mitgliedstaaten, die nach Ansicht der EU-Kommission ggf. auch nur unvollständig auf entsprechende Auskunftsersuchen geantwortet haben, könnte im Einzelfall gegen das unionsrechtlich als allgemeiner Rechtsgrundsatz garantierte Übermaßverbot als Bestandteil des Verhältnismäßigkeitsgrundsatzes verstoßen und erscheint insoweit m.E. möglicherweise bedenklich. Dies könnte insbesondere zum Tragen kommen, falls betroffene Unternehmen bzw. Verbände nach Auffassung der EU-Kommission lediglich unvollständige Antworten abgegeben haben und hängt insbesondere davon ob, in welcher konkreten Höhe in derartigen Konstellationen Geldbußen oder Zwangsgelder gegenüber den betroffenen Unternehmen bzw. Verbänden verhängt werden. Allerdings ist in diesem Zusammenhang zu berücksichtigen, dass der Unionsgesetzgeber mit der Fassung der Verordnung diesen Bedenken bereits dadurch Rechnung getragen hat, dass er in Art. 6a Abs. 1 und Art. 6b Abs. 3 der VVO der EU-Kommission ausdrücklich die Beachtung des auch im Unionsrecht geltenden Grundsatzes der Verhältnismäßigkeit auferlegt hat. Die Praxis wird zeigen, ob die EU-Kommission diesen Vorgaben im Einzelfall hinreichend Rechnung trägt.

4. Rückforderung von rechtswidrig gewährten Beihilfen

a) Einführung

Bei rechtswidrig gewährten neuen Beihilfen trifft die EU-Kommission regelmäßig gegenüber dem betreffenden EU-Mitgliedstaat eine sog. „Rückforderungsentscheidung" nach Art. 14 Abs. 1 Satz 1 VVO. Dies bedeutet, dass der betreffende EU-Mitgliedstaat dann auch zur Rückforderung und das begünstigte Unternehmen zur Rückgewähr der Beihilfe verpflichtet sind.

Der EuGH hat insoweit aber geklärt, dass das Unionsrecht vom nationalen Gericht nicht stets verlangt, die Rückzahlung der gesamten rechtswidrigen Beihilfe anzuordnen; vielmehr kann sich die Beseitigung der Auswirkungen der Rechtswidrigkeit einer Beihilfe ggf. auch auf Zinszahlungen beschränken[239]. In dem vom EuGH entschiedenen Fall war die unter Verstoß gegen das Durchführungsverbot gewährte Beihilfe nur formell, nicht aber materiell rechtswidrig, weil die EU-Kommission zwischenzeitlich eine positive Beihilfeentscheidung getroffen hatte[240].

Eine Rückforderung scheidet von vorneherein aus bei sog. bestehenden Beihilfen, d.h. solchen Maßnahmen, die vor dem EU-Beitritt des jeweiligen EU-Mitgliedstaats bestanden haben, oder bei Beihilfen, die von der EU-Kommission bereits genehmigt wurden, da diese nicht vom Anwendungsbereich des Art. 14 Abs. 1 Satz 1 VVO erfasst sind.

Ferner kommt eine Rückforderung nach Art. 14 Abs. 1 Satz 2 VVO nicht in Betracht, wenn dies gegen einen allgemeinen Grundsatz des Unionsrechts verstoßen würde, wozu insbesondere die Prinzipien des Vertrauensschutzes, der Rechtssicherheit und der Verhältnismäßigkeit gehören[241].

Es gibt keine unionsrechtlichen Vorgaben zum Verfahren der Rückforderung. Art. 14 Abs. 3 VVO, der selbst nicht als entsprechende Rechtsgrundlage in Betracht kommt[242], verweist insoweit auf das nationale Recht der

---

239 Vgl. EuGH, Urt. v. 12. 02. 2008 C-199/06, *Centre d'exportation du livre francais,* Slg. 2008, I-00469 Rz 46, 52.

240 Vgl. im Einzelnen Blumenberg/Kring, aaO, 28; Gundel, Die Rückabwicklung von nicht notifizierten, aber schließlich genehmigten Beihilfen vor den nationalen Gerichten: Vorgaben für die Bewehrung des Durchführungsverbots, EWS 2008, 161.

241 Vgl. z.B. EuGH, Urt. v. 20. 09. 1990 C-5/89, *Deutschland/Kommission,* Slg. 1990, I-3437 Rz 13; EuGH, Urt. v. 15. 12. 2005 C-148/04, *Unicredito Italiano,* Slg. 2005, I-11137; EuGH, Urt. v. 10. 12. 2013 C-272/12 P, *Europäische Kommission/Irland, Frankreich, Italien,* Slg. 2013, nn, Rz 53.

242 Vgl. dazu im Einzelnen Geisenberger, aaO, 77, 78.

EU-Mitgliedstaaten[243]. In diesem Zusammenhang ist von den EU-Mitgliedstaaten aber in erster Linie der sog. Grundsatz des „effet utile“ zu berücksichtigen, wonach die Anwendung nationalen Rechts weder die Tragweite noch die Wirksamkeit des Unionsrechts beeinträchtigen darf[244]. Nach der Rechtsprechung des EuGH haben die EU-Mitgliedstaaten daher bei der Rückforderung der Beihilfe kein Ermessen[245].

Nachfolgend wird untersucht, nach welchen verfahrensrechtlichen Vorgaben im deutschen Steuerrecht eine Rückforderung rechtswidrig gewährter Beihilfen grundsätzlich in Betracht kommt und welche Bedeutung die Prinzipien des Vertrauensschutzes, der Rechtssicherheit und der Verhältnismäßigkeit bei der gebotenen Abwägung gegenüber dem öffentlichen Interesse innerhalb der Rückforderungsentscheidung des nationalen EU-Mitgliedstaats im Nachgang zu einer entsprechenden Negativentscheidung der EU-Kommission haben.

b) Rechtsgrundlagen im deutschen Steuerrecht

Im deutschen Steuerrecht kann eine Korrektur bereits gewährter Steuervergünstigungen grundsätzlich nur nach Maßgabe der einschlägigen steuerrechtlichen Verfahrensvorschriften stattfinden, die in der Abgabenordnung (AO) enthalten sind. Dabei ist umstritten, ob im nationalen Recht überhaupt Vorschriften existieren, die eine entsprechende Berichtigung erlauben[246]. Sind die in entsprechenden Voraussetzungen einer verfahrensrechtlichen Änderungsvorschrift aber erfüllt, kann die Erstattung der Steuervergünstigung wegen Wegfalls des rechtlichen Grundes nach § 37 Abs. 2 AO erfolgen.

---

243 Vgl. z.B. EuGH, Urt. v. 21. 09. 1983 C-205/82, *Deutsche Milchkontor u.a.*, Slg. 1983, 02633, 3. Leitsatz, Rz 17, 25; EuGH, Urt. v. 20. 03. 1997 C-24/95, *Alcan*, Slg. 1997,I-1591, 1. Leitsatz; vgl. dazu auch Schweitzer/Hummer, Europarecht, 5. Aufl. 1996, Rz 1318.

244 Ständige Rechtsprechung, vgl. EuGH, Urt. v. 20. 03. 1997 C-24/95, *Alcan*, Slg. 1997, I-1591 Rz 24 vgl. Blumenberg/Kring, aaO, 29.

245 EuGH, Urt. v. 20. 03. 1997 C-24/95, *Alcan*, Slg. 1997, I-1591, Rz 34; Blumenberg/Kring, aaO, 29.

246 Vgl. dazu Geisenberger, aaO, 168.

aa) Verfahrensrechtliche Korrekturmöglichkeiten bei noch nicht bestandskräftiger Steuerfestsetzung

(1) § 165 Abs. 1 Satz 1 AO bzw. § 164 Abs. 2 AO

Nach § 165 Abs. 1 Satz 1 AO[247] kann die Steuer vorläufig festgesetzt werden, soweit ungewiss ist, ob die Voraussetzungen für die Entstehung der Steuer eingetreten sind. In dem entsprechenden Steuerbescheid sind Umfang und Grund der Vorläufigkeit anzugeben (§ 165 Abs. 1 Satz 3 AO). Diese Bestimmung ermöglicht es der Finanzverwaltung, etwa im Falle eines anhängigen Genehmigungsverfahrens bei der EU-Kommission die entsprechende Steuervergünstigung vorläufig festzusetzen[248]. Falls die EU-Kommission ggf. eine Negativentscheidung trifft, die später bestandskräftig wird, kann die Finanzverwaltung die entsprechende Steuerfestsetzung nach § 165 Abs. 2 AO zu Lasten des Beihilfeempfängers ändern.

Daneben (§ 165 Abs. 3 AO) oder anstelle der vorläufigen Festsetzung der Steuervergünstigung kann die Finanzverwaltung den entsprechenden Steuerbescheid auch nach § 164 Abs. 1 AO unter den Vorbehalt der Nachprüfung stellen. Solange der Vorbehalt wirksam ist, kann die Steuerfestsetzung gemäß § 164 Abs. 2 AO aufgehoben oder geändert werden.

Die Anwendung dieser Vorschriften begegnet indes unionsrechtlichen Bedenken[249], weil sie es der Finanzverwaltung in einem schwebenden Genehmigungsverfahren nach nationalem Recht ermöglicht, die Steuervergünstigung zwischenzeitlich festzusetzen und zu gewähren. Denn diese Verfahrensweise steht im Widerspruch zu dem unionsrechtlichen Durchführungsverbot nach Art. 108 Abs. 3 Satz 3 AEUV, das den EU-Mitgliedstaaten vor einer abschließenden Entscheidung der EU-Kommission die Durchführung der Beihilfemaßnahme gerade nicht gestattet[250].

Deshalb ist es m.E. aus unionsrechtlichen Gründen wohl nur zulässig, nach Maßgabe dieser Vorschriften in einem schwebenden Genehmigungsverfahren die Steuervergünstigung zunächst nicht zu gewähren und erst nach einer entsprechenden bestandskräftigen Positiventscheidung der EU-Kommission diese entsprechend festzusetzen und zu gewähren[251]. Die Frage der Rückforderung der

---

247 Vgl. dazu im Einzelnen Seer in Tipke/Kruse, AO, § 165 Rz. 7 ff.

248 Vgl. dazu Lehnert, aaO, 175, 177.

249 Vgl. Lehnert, aaO, 175, 177.

250 Vgl. Geisenberger, aaO, 49, 52, 53, Lehnert, aaO, 177.

251 Vgl. Lehnert, aaO, 177.

Steuervergünstigung würde sich bei einer derartigen Verfahrensweise von vorneherein nicht stellen.

(2) Schlichte Änderung nach § 172 Abs. 1 Satz 1 Nr. 2a AO

In der Praxis dürfte in diesem Zusammenhang die Anwendung von § 172 Abs. 1 Satz 1 Nr. 2a AO als Korrekturvorschrift bei einer zunächst positiven Festsetzung der Steuerfestsetzung kaum in Betracht kommen, weil die Anwendung dieser Vorschrift einen entsprechenden Antrag bzw. die ausdrückliche oder stillschweigende Zustimmung des Steuerpflichtigen innerhalb der Rechtsbehelfsfrist voraussetzt. Mit einer nachträglichen Korrektur der Steuerfestsetzung zu seinen Lasten ist ein bis dahin begünstigter Steuerpflichtiger im Regelfall jedoch nicht einverstanden[252].

bb) Verfahrensrechtliche Korrekturmöglichkeiten bei bestandskräftiger Steuerfestsetzung

(1) Keine Änderung wegen neuer Tatsachen nach § 173 Abs. 1 Nr. 1 AO

Danach sind Steuerbescheide aufzuheben oder zu ändern, soweit Tatsachen oder Beweismittel nachträglich bekannt werden, die zu einer höheren Steuer führen. Die Anwendung dieser Bestimmung auf hier etwa in Betracht kommende nachträglich ergangene Negativentscheidungen der EU-Kommission oder diese bestätigende Urteile des EuG bzw. EuGH begegnet mehreren Bedenken:

Teilweise wird m.E. zu Recht infrage gestellt, ob es sich bei einer Negativentscheidung der EU-Kommission bzw. einem Urteil der europäischen Gerichte überhaupt um eine „Tatsache" i.S. dieser Vorschrift handelt. Tatsachen sind Lebensvorgänge, die insgesamt oder teilweise eine gesetzlichen Steuertatbestand oder das einzelne Merkmal eines solchen Tatbestands erfüllen[253]. Die Negativentscheidung der EU-Kommission bzw. entsprechende Urteil der europäischen Gerichte dürften eher auf der Ebene der rechtlichen Würdigung und nicht auf tatsächlichem Gebiet anzusiedeln sein[254]. Allerdings können vorgreifliche Rechtsverhältnisse aus anderen Rechtsgebieten als Tatsache zu qualifizieren sein,

252 Vgl. Geisenberger, aaO, 100 ff., 107; Lehnert, aaO, 182.

253 Ständige Rechtsprechung, vgl. z. B. BFH-Urteile v. 19. 02. 2013 IX R 24/12, BStBl II 2013, 484, unter II.1, und v. 13. 05. 2004 IV R 11/02, BFH/NV 2004, 1400; vgl. auch Geisenberger, aaO, 118 m.w.N.

254 So auch Blumenberg/Kring, aaO, 30 m.w.N.; ebenso für das Parallelproblem verfassungsgerichtlicher Entscheidungen Wernsmann, Das gleichheitswidrige Steuergesetz – Rechtsfolgen und Rechtsschutz 1999, 23.

wozu auch die Entscheidung der EU-Kommission über die Vereinbarkeit einer Beihilfe mit dem Gemeinsamen Markt gehören würde[255].

Sollte man das Vorliegen einer Tatsache in diesem Sinne bejahen[256], scheitert die mögliche Anwendung des Berichtigungstatbestandes nach § 173 Abs. 1 Nr. 1 AO aber spätestens daran, dass es sich um keine „neue" Tatsache i. S. dieser Vorschrift handelt. Denn eine Tatsache ist nur „neu", wenn sie ursprünglich[257] bereits vorhanden war[258], aber erst später bekannt geworden ist. Die entsprechende Negativentscheidung der EU-Kommission bzw. die Nachfolgerechtsprechung der europäischen Gerichte war indes ursprünglich nicht schon vorhanden, sondern ist erst später entstanden[259].

(2) § 175 Abs. 1 AO nicht einschlägig

Im Schrifttum wird zum Teil die Anwendung von § 175 Abs. 1 Nr. 1 AO bejaht[260], wonach ein Steuerbescheid auch bei Änderung eines bindenden Grundlagenbescheides erlassen aufgehoben oder geändert werden kann. Es bedarf indessen eines derartig übermäßig hohen Begründungsaufwandes, um etwa in einer Negativentscheidung der EU-Kommission einen Grundlagenbescheid i. S. von § 171 Abs. 10 AO sehen zu können, dass dies kaum in Betracht kommen dürfte[261].

Bei der Prüfung von § 175 Abs. 1 Nr. 2 AO, wonach eine Berichtigung des Steuerbescheides bei Vorliegen eines rückwirkenden Ereignisses möglich ist, wird m.E. zu Recht angeführt, dass höchstrichterliche Entscheidungen grundsätzlich keine rückwirkenden Ereignisse in diesem Sinne sind[262]. Vor diesem Hintergrund erscheint es einleuchtend, dass auch Negativentscheidungen der EU-Kommission bzw. diese bestätigende Rechtsprechung der europäischen Gerichte nicht in den Anwendungsbereich dieser Vorschrift fallen[263].

255 Vgl. Lehnert, aaO, 184, 185; Loose in Tipke/Kruse, AO, § 173 Rz 4 ff.

256 Vgl. Geisenberger, aaO, 131; Lehnert, aaO, 184, 185.

257 Zum Zeitpunkt des Erlasses des Steuerbescheides bzw. der Einspruchsentscheidung, vgl. Geisenberger aaO, 132 m.w.N.

258 Vgl. für das Parallelproblem verfassungsgerichtlicher Entscheidungen Wernsmann, Das gleichheitswidrige Steuergesetz – Rechtsfolgen und Rechtsschutz 1999, 23.

259 So Geisenberger, aaO, 135; Lehnert, aaO, 187.

260 So Geisenberger, aao, 135 ff., 155; Lehnert, aaO, 195, 196.

261 So im Ergebnis auch Blumenberg/Kring, aaO, 30.

262 Wernsmann, Das gleichheitswidrige Steuergesetz – Rechtsfolgen und Rechtsschutz 1999, 23.

263 So Blumenberg/Kring, aaO, 30 unter Hinweis auf die ständige Rechtsprechung: z.B. BFH-Urteil v. 12. 5. 2009, IX R 45/08, BStBl II 2009, 891 unter II.2 m.w.N.; vgl. Lehnert, aaO, 197–200.

(3) Keine Anwendung von § 130 AO

Ferner wird in der Literatur zum Teil erwogen, § 130 AO für die Berichtigung beihilferechtswidriger Steuerfestsetzungen heranzuziehen und die Anwendbarkeit entsprechend bejaht[264].

Diese Vorschrift ist aber m.E. aus systematischen Gründen von vorneherein nicht anwendbar, weil sie nur für Bescheide gilt, die keine Steuerbescheide mit entsprechenden Steuerfestsetzungen sind. Dies ergibt sich ausdrücklich aus § 172 Abs. 1 Nr. 2d AO, der dieses „Konkurrenzverhältnis" insoweit gesetzlich vorgibt. Für Steuerbescheide beschränken sich die Änderungsmöglichkeiten indes auf §§ 164, 165, 172 ff. AO[265].

cc) Zusammenfassende Stellungnahme

Aus den vorstehenden Ausführungen ergibt sich, dass die nationalen Verfahrensvorschriften nicht unmittelbar zur Korrektur beihilfewidriger Steuerfestsetzungen mit entsprechenden Steuervergünstigungen herangezogen werden können mit der Folge, dass auch § 37 Abs. 2 AO für die Rückforderung der Steuervergünstigung nicht anwendbar sein dürfte.

Um dennoch der unionsrechtlich eindeutigen Vorgabe der Rückforderung beihilferechtswidriger Steuervergünstigungen zu genügen, wird zum Teil in der Literatur vorgeschlagen, die nationalen Änderungsvorschriften unionsrechtskonform auszulegen oder entsprechend anzuwenden[266]. Wegen des Eingriffscharakters von steuerrechtlichen Vorschriften, dem entsprechenden Gesetzesvorbehalt und dem verfassungsrechtlichen Bestimmtheitsgebot[267] im Rahmen des Rechtsstaatsprinzips nach Art. 20 Abs. 3 GG erscheint dies angesichts des klaren entgegenstehenden Wortlauts der Vorschriften aber bedenklich.

---

264 Vgl. Geisenberger, aaO, 98; Jahndorf/Oellerich, Bestandskraft von Steuerbescheiden und rückwirkende Durchsetzung von Europarecht, DB 2008, 2559, 2565; Schacht/Steffens, Möglichkeiten zur Durchbrechung der Bestandskraft von Steuerbescheiden, BB 2008, 1254, 1257; Lehnert, aaO, 161–165.

265 Vgl. Wernsmann in Hübschmann/Hepp/Spitaler, AO/FGO, Vorbemerkungen zu §§ 130–133 AO Rz 43; so im Ergebnis auch Blumenberg/Kring, aaO, 30.

266 Vgl. z. B. Blumenberg/Kring, aaO, 30 zu § 130 AO m.w.N.; Geisenberger, aaO, 97 zu § 37 Abs. 2 AO, 167 zu § 175 Abs. 1 Nr. 2 AO.

267 Vgl. z. B. BFH-Urteil v. 15. 01. 2013 VIII R 22/10, BStBl II 2013, 526, II.2.b.bb.(2).

Daher ist es überzeugender, den Gesetzgeber zu veranlassen, eine entsprechende Änderungsvorschrift auf nationaler Ebene zu formulieren[268]; nur dies hätte m.E. die erforderliche Rechtssicherheit und Rechtsklarheit zur Folge und würde zugleich den eindeutigen unionsrechtlichen Vorgaben Rechnung tragen.

Die gleichfalls erörterte Lösung, eine verfahrensrechtliche Ermächtigung für die Rückforderung auf Unionsebene zu schaffen[269], kann schon deshalb nicht überzeugen, weil die Verfahrensvorschriften in diesem Bereich bislang im Rahmen der sog. Verfahrensautonomie der EU-Mitgliedstaaten[270] als deren eigene Angelegenheiten gelten[271]. „Ohne Not“ sollte diese Zuständigkeit nicht an die EU abgegeben werden, auch wenn dies m.E. im Rahmen einer entsprechenden Änderung des Art. 14 Abs. 3 VVO auf der Grundlage der Ermächtigung in Art. 109 AEUV geregelt werden könnte.

Wie auch aus den nachstehenden Ausführungen erkennbar wird, „behilft“ sich die Praxis insbesondere der nationalen Gerichte derzeit mit dem schlichten Hinweis auf den unbedingten Anwendungsvorrang des Unionsrechts, der zwingend die Rückforderung unionsrechtswidriger Steuervergünstigungen gebietet[272]. Dies entspricht den Vorgaben des EuGH, wonach die in Art. 14 Abs. 3 VVO vorgesehene Anwendung des nationalen Rechts die unionsrechtlich vorgeschriebene Rückforderung nicht praktisch unmöglich machen darf[273]. Daraus folgt, dass trotz Fehlens klarer verfahrensrechtlicher nationaler Vorgaben für eine Änderung bestandskräftiger Steuerfestsetzungen und der anschließenden Rückforderung entsprechenden Klageverfahren betroffener Steuerbürger insoweit wegen des zwingenden Vorrangs des Unionsrechts im Regelfall der Erfolg versagt bleibt.

Auch wenn auf diese Weise den eindeutigen unionsrechtlichen Vorgaben im Ergebnis letztlich Rechnung getragen wird, kann die geschilderte unsichere

---

268 So Geisenberger, aaO, 168, 169.

269 Vgl. z.B. Blumenberg/Kring, aaO, 30 m.w.N.

270 Vgl. dazu im Einzelnen Wernsmann in „Europarecht“ von Schulze/Zuleeg/Kadelbach, 2. Aufl. 2010, § 30, 1653 ff. Rz 123.

271 Vgl. Art. 14 Abs. 3 VVO und z.B. EuGH, Urt. v. 21. 09. 1983 C-205/82, *Deutsche Milchkontor u.a.*, Slg. 1983, 02633, 3. Leitsatz, Rz 17, 25; EuGH, Urt. v. 20. 03. 1997 C-24/95, *Alcan*,Slg. 1997,I-1591, 1. Leitsatz.

272 Vgl. z. B. BFH, Beschl. v. 30. 01. 2009 VII B 180/08, BFHE 224, 372, BFH/NV 2009, 857.

273 Vgl. z.B. EuGH, Urt. v. 21. 09. 1983 C-205/82, *Deutsche Milchkontor u.a.*, Slg. 1983, 02633 Rz 19; EuGH, Urt. v. 20. 09. 1990 C-5/89, *Deutschland/Kommission*, Slg. 1990, I-3437 Rz 19; EuGH, Urt. v. 14. 01. 1997, C-169/95, *Spanien/Kommission*, Slg. 1997 I-00135; EuGH, Urt. v. 20. 03. 1997 C-24/95, *Alcan*, Slg. 1997,I-1591, 1. Leitsatz.

Rechtslage auf nationaler Ebene wegen des Fehlens entsprechender klarer Verfahrensvorschriften nicht befriedigen und sollte deshalb alsbald vom Gesetzgeber geändert werden.

c) Einfluss der Prinzipien des Vertrauensschutzes, der Rechtssicherheit und der Verhältnismäßigkeit auf die Rückforderungsentscheidung

Im Rahmen der Rückforderungsentscheidung ist durch die jeweils zuständige nationale Behörde eines Mitgliedstaats regelmäßig eine Abwägung des öffentlichen Interesses an der Rückforderung einer rechtswidrigen Steuervergünstigung gegenüber dem Anspruch des Beihilfeempfängers auf Wahrung des Vertrauensschutzes, der Verhältnismäßigkeit und der Rechtssicherheit vorzunehmen, worauf der Betroffene sich regelmäßig beruft[274].

aa) Darstellung und Analyse der Rechtsprechung des EuGH

Die Prinzipien des Vertrauensschutzes, der Rechtssicherheit und der Verhältnismäßigkeit sind im nationalen Verfassungsrecht als Bestandteil des Rechtsstaatsprinzips in Art. 20 Abs. 3 GG verankert[275] und gelten darüber hinaus als allgemeine Rechtsgrundsätze des Unionsrechts[276].

Nach der Rechtsprechung des EuGH[277] widerspricht es zwar nicht der Rechtsordnung der Union, wenn das nationale Recht im Rahmen der Rückforderung das berechtigte Vertrauen und die Rechtssicherheit schützt. Ein beihilfebegünstigtes Unternehmen darf aber auf die Ordnungsmäßigkeit der Beihilfe grundsätzlich nur dann vertrauen, wenn diese unter Einhaltung des

---

274 Vgl. z.B. Blumenberg/Kring, aaO, 37 m.w.N.

275 Vgl. z.B. BVerfG, Beschl. v. 17. 02. 2000 2 BvR 1210/98, EuGRZU 2000, 175, IStR 2000, 253.

276 Vgl. z.B. EuGH, Urt. v. 21. 09. 1983 C-205/82, *Deutsche Milchkontor u.a.*, Slg. 1983, 02633, 3. Leitsatz, Rz 30; EuGH, Urt. v. 15. 12. 2005 C-148/04, *Unicredito Italiano*, Slg. 2005, I-11137.

277 Vgl. z.B. EuGH, Urt. v. 21. 09. 1983 C-205/82, *Deutsche Milchkontor u.a.*, Slg. 1983, 02633, Rz 19; EuGH, Urt. v. 20. 09. 1990 C-5/89, *Deutschland/Kommission*, Slg. 1990, I-3437, Rz 19; EuGH, Urt. v. 14. 01. 1997, C-169/95, *Spanien/Kommission*, Slg. 1997 I-00135; EuGH, Urt. v. 20. 03. 1997 C-24/95, *Alcan*, Slg. 1997, I-1591, 1. Leitsatz; EuGH, Urt. v. 10. 12. 2013 C-272/12 P, *Europäische Kommission/Irland, Frankreich, Italien*, Slg. 2013 nn, Rz 53.

vorgesehenen unionsrechtlichen Verfahrens gewährt worden ist[278]. Denn nach der Rechtsprechung des EuGH ist es einem sorgfältigen Gewerbetreibenden regelmäßig möglich, sich zu vergewissern, dass dieses Verfahren eingehalten wurde, selbst wenn der betreffende Staat für die Rechtswidrigkeit des Beihilfebewilligungsbescheids in einem solchen Umfang verantwortlich ist, dass seine Rücknahme als Verstoß gegen Treu und Glauben erscheint.

Die nationale Behörde ist unionsrechtlich selbst dann verpflichtet, den Bewilligungsbescheid für eine rechtswidrige Beihilfe zurückzunehmen, wenn sie die nach nationalem Recht im Interesse der Rechtssicherheit dafür bestehende Ausschlussfrist hat verstreichen lassen[279]. Dasselbe gilt, wenn eine nationale Vorschrift die aufschiebende Wirkung eines Rechtsbehelfs anordnet, die der unionsrechtlich gebotenen sofortigen Rückforderung der Beihilfe entgegenstehen könnte[280].

An dieser Rechtsprechung hält der EuGH bis heute grundsätzlich fest[281]. Er weist in diesem Zusammenhang zum wiederholten Mal darauf hin, dass die Rückforderung einer ohne Einhaltung des entsprechenden Verfahrens gewährten Beihilfe für den begünstigten Wirtschaftsteilnehmer eine vorhersehbare Gefahr darstellt, so dass keine Berufung auf den Vertrauensschutz möglich ist, um sich der Rückzahlung zu entziehen[282]: Andernfalls hätten die Begünstigten die rechtswidrigen Beihilfen endgültig erlangt, was die unionsrechtliche Kontrolle staatlicher Beihilfen wirkungslos machen würde.

Daher soll sich der Empfänger einer rechtswidrigen Beihilfe auch nicht ausnahmsweise auf Umstände berufen können, aufgrund deren sein Vertrauen in die Ordnungsmäßigkeit der Beihilfe geschützt wäre[283]. Nur im Einzelfall sind ganz „außergewöhnliche Umstände“ denkbar, die einer Rückforderung einer rechtswidrig erlangten Beihilfe entgegenstehen können[284]. Ein derartiger Umstand liegt

---

278 Vgl. EuGH, Urt. v. 20. 03. 1997 C-24/95, *Alcan*, Slg. 1997, I-1591 Leitsatz.

279 Vgl. EuGH, Urt. v. 20. 03. 1997 C-24/95, *Alcan*, Slg. 1997, I-1591 Leitsatz.

280 Vgl. EuGH v. 5. 10. 2006 C-232/05, *Kommission/Frankreich*, Slg. 2006 I-10071, 2., 3. und 4. Leitsatz, Rz 52, 53.

281 Vgl. EuGH, Urt. v. 11. 11. 2004 C-183/02 P und C-187/02 P, *Demesa und Territorio Historico de Alava*, Slg. 2004, I-10609, Rz 445, 45; EuGH, Urt. v. 15. 12. 2005 C-148/04, *Unicredito Italiano*, Slg. 2005, I-11137, 6. Leitsatz, EuGH, Urt. v. 8. 12. 2011 C-81/10 P, *France Télécom SA*, ABl. EU 2012 C 32/6 Rz 59.

282 Vgl. EuGH, Urt. v. 15. 12. 2005 C-148/04,*Unicredito Italiano*, Slg. 2005, I-11137, 6. Leitsatz.

283 Vgl. EuGH, Urt. v. 15. 12. 2005 C-148/04,*Unicredito Italiano*, Slg. 2005, I-11137, 6. Leitsatz.

284 Vgl. EuGH, Urt. v. 21. 09. 1983 C-205/82, *Deutsche Milchkontor u.a.*, Slg. 1983, 02633 Rz 33; EuGH, Urt. v. 20. 09. 1990 C-5/89, *Deutschland/Kommission*, Slg.

aber nicht vor, wenn eine Positiventscheidung der EU-Kommission gerichtlich mit Erfolg angefochten und für nichtig erklärt wurde, weil der Beihilfeempfänger in einem solchen Fall keine Gewissheit über die Rechtmäßigkeit der Beihilfe haben kann[285]. Ein Beihilfeempfänger kann sich auch dann nicht aus Vertrauensschutzgründen auf das Fortbestehen einer Beihilfe verlassen, wenn die Beihilfe erst nach der Veröffentlichung der Einleitung eines förmlichen Prüfverfahrens seitens der EU-Kommission festgesetzt und ausbezahlt wurde[286].

Da die Aufhebung einer rechtswidrigen Beihilfe und deren Rückforderung die logische Folge der Feststellung ihrer Rechtswidrigkeit darstellt, kann die Rückforderung zum Zweck der Herstellung der früheren Lage grundsätzlich nicht als eine Maßnahme betrachtet werden, die außer Verhältnis zu den Zielen der Vertragsbestimmungen über staatliche Beihilfen steht[287].

Schließlich verstößt die Rückforderung einer rechtswidrigen Beihilfe auch nicht gegen den Grundsatz der Rechtssicherheit, wenn die Höhe des Rückzahlungsbetrages lediglich auf einer Schätzung beruht[288].

Diese vom EuGH aufgestellten Rechtsgrundsätze lassen deutlich erkennen, dass bei der gebotenen Interessenabwägung im Rahmen der Rückforderungsentscheidung das öffentliche Interesse an der Rückforderung einer unter Verstoß gegen das Unionsrecht gewährten Beihilfe regelmäßig Vorrang gegenüber den Prinzipien des Vertrauensschutzes, der Verhältnismäßigkeit und der Rechtssicherheit hat, die von den betroffenen Beihilfeempfängern regelmäßig bemüht werden. Nur in ganz besonders gelagerten Einzelfällen erscheint es überhaupt denkbar, dass aus diesen Gründen ausnahmsweise von einer Rückforderung abgesehen werden darf. Dies ist nach Auffassung der EU-Kommission

---

1990, I-3437 Rz 16; EuGH, Urt. v. 12. 02. 2008 C-199/06, *Centre d'exportation du livre francais,* Slg. 2008, I-00469, 1. Leitsatz; EuGH, Urt. v. 9. 09. 2009 T-30/01 bis T-32/01, T-86/02 bis T-88/02, T-87/02, *Diputacion Foral de Alava,* Slg. 2009, II-2919, Leitsatz 14.

285 Vgl. EuGH, Urt. v. 12. 02. 2008 C-199/06, *Centre d'exportation du livre francais,* Slg. 2008, I-00469 Rz 65.

286 Vgl. EuGH, Urt. v. 21. 03. 2013, C-129/12, ABl EU 2013 C 156/13 auf ein Vorabentscheidungsersuchen das FG des Landes Sachsen-Anhalt, Beschl. v. 27. 02. 2012 1 K 1303/11, EFG 2012, 1299.

287 Vgl. EuGH, Urt. v. 14. 01. 1997, C-169/95, *Spanien/Kommission,* Slg. 1997 I-00135, 9. Leitsatz, EuGH, Urt. v. 15. 12. 2005 C-148/04, *Unicredito Italiano,* Slg. 2005, I-11137, 7. Leitsatz.

288 EuGH, Urt. v. 8. 12. 2011 C-81/10 P, *France Télécom SA,* ABl. EU 2012, Nr. C 32, 6 Rz 100, 105.

beispielsweise dann vorstellbar, wenn vergleichbare Steuermaßnahmen in anderen EU-Mitgliedstaaten nicht als Beihilfe qualifiziert worden sind[289].

bb) Darstellung und Analyse der Rechtsprechung des BVerfG

Die Prinzipien des Vertrauensschutzes, der Verhältnismäßigkeit und der Rechtssicherheit kommen in der Bundesrepublik Deutschland im Rahmen des allgemeinen Rechtsstaatsprinzips nach Art. 20 Abs. 3 GG Verfassungsrang zu[290]. Die Frage, ob sich der betroffene Beihilfeempfänger im Hinblick auf die spätere Rückforderung von Steuervergünstigungen auch auf andere Grundrechte berufen kann – wie etwa Art. 3, Art. 12 oder Art. 14 GG – wird in der Literatur überwiegend verneint[291] und hat auch in der hierzu ergangenen Rechtsprechung des BVerfG ersichtlich keinen Niederschlag gefunden.

Die grundsätzliche Möglichkeit, gegenüber einer Rücknahme oder einem Widerruf begünstigender Verwaltungsakte Vertrauensschutz geltend zu machen, also eine Abwägung der einander entgegenstehenden Allgemein- und Individualinteressen herbeizuführen, gehört nach ständiger Rechtsprechung des BVerfG vielmehr zu den im Rechtsstaatsprinzip verfassungskräftig verankerten Geboten[292].

Auch nach der Rechtsprechung des BVerfG kann sich der Betroffene gegenüber der Rückforderung einer bereits gewährten nationalen Beihilfe nicht auf den verfassungsrechtlich garantierten Vertrauensschutz berufen, wenn er die formelle Unionsrechtswidrigkeit der Beihilfe wegen mangelnder Notifizierung erkennen konnte[293].

Das BVerfG hat im Übrigen eine Richtervorlage nach Art. 100 Abs. 1 Satz 1 GG als unzulässig verworfen[294], in der die Frage der Verfassungswidrigkeit der rückwirkenden Versagung einer Investitionszulage wegen einer Verletzung des Vertrauensschutzprinzips in Gestalt des Rückwirkungsverbots aufgeworfen worden war[295]. Das BVerfG hat insoweit entschieden, dass ein konkretes

---

289 Vgl. hierzu im Einzelnen Geisenberger, aaO, 58.

290 Vgl. z.B. BVerfG, Beschl. v. 17. 02. 2000 2 BvR 1210/98, EuGRZ 2000, 175, IStR 2000, 253.

291 Vgl. z.B. Geisenberger, aaO, 174, 175 m.w.N.

292 Vgl. z. B. BVerfG, Beschl. v. 16. 12. 1981, 1 BvR 898/79, BVerfGE 59, 128 Rz 58.

293 BVerfG, Beschl. v. 17. 02. 2000 2 BvR 1210/98 IStR 2000, 253; BVerfG, Beschl. v. 3. 07. 2001 1 BvR 382/01, HFR 2001, 905 Rz 11.

294 BVerfG, Beschl. v. 4. 10. 2011 1 BvL 3/08, BVerfGE 129, 186.

295 FG des Landes Sachsen-Anhalt, Beschl. v. 20. 12. 2007 1 K 290/01, EFG 2008, 1220.

Vorabentscheidungsersuchen an das BVerfG unzulässig ist, wenn das vorlegende Gericht nicht geklärt hat, ob das von ihm als verfassungswidrig beurteilte Gesetz in Umsetzung eines dem nationalen Gesetzgeber durch das Unionsrecht verbleibenden Gestaltungsspielraums ergangen ist. Das vorlegende Gericht müsse hier ggf. ein Vorabentscheidungsverfahren nach Art. 267 Abs. 1 AEUV einleiten[296].

Aus der überschaubaren Rechtsprechung des BVerfG zur Rückforderung von Steuervergünstigungen ergibt sich damit gleichfalls, dass der betroffene Beihilfeempfänger sich bei der Erkennbarkeit der Rechtswidrigkeit der gewährten Beihilfeentscheidung nicht auf das Vertrauensschutzprinzip stützen kann. Die Rechtsprechung des BVerfG steht damit im Einklang mit den vom EuGH aufgestellten Grundsätzen zum Unionsrecht. In diesem Zusammenhang ist zu berücksichtigen, dass auch das BVerfG wegen des Anwendungsvorrangs des Unionsrechts im Zusammenhang mit der Gewährung von Vertrauensschutz bei der Rückforderung von beihilferechtswidrigen Steuervergünstigungen die strengen Vorgaben in der Rechtsprechung des EuGH beachten wird, sofern der unantastbare Kerngehalt der Verfassungsidentität gewahrt bleibt[297].

cc) Darstellung und Analyse der Rechtsprechung des BFH

Der BFH hat im Zusammenhang mit der von der EU-Kommission[298] als unzulässige Beihilfe qualifizierten Mineralölsteuerbegünstigung[299] für den Unterglasanbau entschieden, dass bei einer nicht gerichtlich angefochtenen bestandskräftigen Negativentscheidung der EU-Kommission weder das nationale verfassungsrechtlich garantierte Rückwirkungsverbot noch das unionsrechtliche Vertrauensschutzprinzip einer entsprechenden Rückforderung entgegenstehen[300].

296 BVerfG, Beschl. v. 4. 10. 2011 1 BvL 3/08, BVerfGE 129, 186, vgl. nachfolgend Vorabentscheidungsersuchen das FG des Landes Sachsen-Anhalt, Beschl. v. 27. 02. 2012 1 K 1303/11, EFG 2012, 1299 und EuGH, Urt. v. 21. 03. 2013 C-129/12, ABl. EU 2013 C 156/13.

297 Vgl. dazu z.B. BVerfG, Urt. v. 30. 06. 2009 2 BvE 2/08, 2 BvE 5/08, 2 BvR 1010/08, 2 BvR 1022/08, 2 BvR 1259/08, 2 BvR 182/09, *Lissabon-Vertrag*, BVerfGE 123, 267.

298 EU-Kommission v. 11. 03. 2008 K (2008) 860, ABl.EU 2008 L 238/10.

299 § 25 Abs. 3a Satz 1 Nr. 1.4. Mineralölsteuergesetz – MinÖStG – 1993.

300 BFH, Beschl. v. 30. 01. 2009 VII B 180/08, BFHE 224, 372,BFH/NV 2009, 857; BFH, Beschl. v. 30. 01. 2009 VII B 181/08, nv-juris.

Zum etwaigen Eingreifen des verfassungsrechtlichen Rückwirkungsverbots führt der BFH aus[301], dass bei der gebotenen Interessenabwägung von der Zulässigkeit einer solchen Rückwirkung auszugehen sei. Denn es sei im Interesse der Bundesrepublik Deutschland, ein Vertragsverletzungsverfahren und ggf. die Verhängung eines Pauschalbetrages oder Zwangsgeldes dadurch zu verhindern, dass dem Unionsrecht der Vorrang vor den mit dem Gemeinsamen Markt unvereinbaren nationalen Vorschriften eingeräumt werde. Darüber hinaus sei das öffentliche Interesse der Europäischen Union an der Durchsetzung der unionsrechtlichen Wettbewerbsordnung hinlänglich zu berücksichtigen. Die Rückgängigmachung der unionsrechtswidrigen Beihilfegewährung sei angesichts dieser Umstände zwingend geboten.

Auch der unionsrechtliche Grundsatz des Vertrauensschutzes stehe einer Rückforderung der gemeinschaftsrechtswidrigen Beihilfe nicht entgegen[302]. Unter Berufung auf die einschlägige Rechtsprechung des EuGH[303] bestätigt der BFH insoweit die Auffassung, wonach es einem sorgfältigen Gewerbetreibenden regelmäßig möglich ist, sich zu vergewissern, dass dieses Verfahren eingehalten wurde.

Schließlich stehe insoweit auch der Eintritt der Festsetzungsverjährung nach § 169 Abs. 1 Satz 1 AO i.V.m. § 169 Abs. 2 Satz 1 Nr. 1 AO der Rückforderung der Beihilfe nicht entgegen. Denn nationale Verfahrensvorschriften müssten nach der Rechtsprechung des EuGH[304] unangewendet bleiben, wenn ihre Beachtung zu einer erheblichen Verzögerung der Rückforderung einer Beihilfe und damit zu einer Perpetuierung des unzulässigen Wettbewerbsvorteils führen würde.

Der BFH knüpft mit diesen Entscheidungen auch an die bereits ergangene Rechtsprechung zur Gewährung von Investitionszulagen an: Der BFH hatte insoweit bereits geklärt, dass es nicht gegen das verfassungsrechtlich garantierte Rückwirkungsverbot verstößt, wenn die EU-Kommission eine Investitionszulage in einer bestimmten Höhe im Rahmen einer bestandskräftigen Entscheidung für unionsrechtswidrig erklärt hat und dem Antragsteller daher eine Investitionszulage entgegen der ursprünglichen Planung des Gesetzgebers nur in einer

---

301 BFH, Beschl. v. 30. 01. 2009 VII B 180/08, BFHE 224, 372,BFH/NV 2009, 857, unter II.2.a, b.

302 BFH, Beschl. v. 30. 01. 2009 VII B 180/08, BFHE 224, 372,BFH/NV 2009, 857 unter II.3.

303 Vgl. EuGH, Urt. v. 14. 01. 1997, C-169/95, *Spanien/Kommission,* Slg. 1997, I-00135 10. Leitsatz; EuGH, Urt. v. 20. 03. 1997 C-24/95, *Alcan,* Slg. 1997, I-1591, 1. Leitsatz.

304 Vgl. EuGH v. 5. 10. 2006 C-232/05, *Kommission/Frankreich,* Slg. 2006, I-10071, 2., 3. und 4. Leitsatz, Rz 52, 53.

niedrigeren Höhe gewährt wurde[305]. Selbst wenn in einem solchen Fall eine sog. echte Rückwirkung anzunehmen sei, sei diese aus zwingenden Gründen des Gemeinwohls – hier dem Vorrang des Unionsrechts – gerechtfertigt[306]. Die Bundesrepublik Deutschland sei an die bestandskräftige Entscheidung der EU-Kommission gebunden[307]. Ein verfassungsrechtlich schützenswertes Vertrauen in die Gewährung einer höheren Investitionszulage ist hiernach jedenfalls dann nicht gegeben, wenn eine rückwirkende Absenkung der Beihilfe nur verhältnismäßig geringe finanzielle Auswirkungen hat und deshalb nicht ersichtlich ist, dass die betreffenden Investitionen durch die erwartete höhere Beihilfe veranlasst worden sein könnten[308].

Aus der Rechtsprechung des BFH wird gleichfalls deutlich, dass er im Regelfall dem öffentlichen Interesse an der Rückforderung einer rechtswidrigen Beihilfe Vorrang gegenüber den Individualrechtsschutz dienenden Prinzipien des Vertrauensschutzes, der Rechtssicherheit und der Verhältnismäßigkeit einräumt. Der BFH hat dabei deutlich bekundet, dass er das öffentliche Interesse des EU-Mitgliedstaats an einer Vermeidung von Zwangsgeldern und Schadensersatzansprüchen durch die EU und an einer Wiederherstellung des unionsrechtsgemäßen Zustandes für überragend wichtig hält[309].

IV. Das Verhältnis des Beihilfenverbots zu den unionsrechtlichen Grundfreiheiten

1. Einführung

Das Beihilfenverbot, das sich in erster Linie gegen staatliche, den Wettbewerb verzerrende Subventionen wendet[310], soll auch maßgeblich die Entfaltung der Grundfreiheiten sichern[311]. Dabei haben beide Regelungsbereiche eine unterschiedliche Zielsetzung: Während das Beihilfenverbot es den Mitgliedstaaten ganz allgemein untersagt, bestimmten Unternehmen steuerliche Vergünstigungen

305 BFH, Urt. v. 12. 10. 2000 III R 35/95, BFHE 193, 204, BStBl II 2001, 499.

306 BFH, Urt. v. 12. 10. 2000 III R 35/95, BFHE 193, 204, BStBl II 2001, 499 unter II.1.c.

307 BFH, Urt. v. 12. 10. 2000 III R 35/95, BFHE 193, 204, BStBl II 2001, 499 unter II.2.

308 BFH, Urt. v. 12. 10. 2000 III R 35/95, BFHE 193, 204, BStBl II 2001, 499 3. Leitsatz und unter II.3.

309 Vgl. auch Blumenberg/Kring, aaO, 37, 38.

310 Vgl. Rust, aaO, 261.

311 Vgl. Frenz, Handbuch Europarecht, Band 3, 4; Blumenberg/Kring, aaO, 16.

zu gewähren – was auch die entsprechende Benachteiligung von Inländern verbietet – , gestatten die Grundfreiheiten keine grundsätzliche Benachteiligung von Steuerausländern im Verhältnis zu Steuerinländern[312]. Beide Regelungsbereiche sind indes parallel anwendbar[313] und können zu Überschneidungen führen: Kommt etwa durch eine Begünstigung inländischer Erzeugnisse eine Beeinträchtigung des grenzüberschreitenden Warenverkehrs in Betracht, können die Freiheit des Warenverkehrs und das Beihilfenverbot zu prüfen sein[314]. Im Interesse eines möglichst umfassenden Schutzes ist anzunehmen, dass sich die beiden Regelungsbereiche ergänzen[315].

Die EU-Kommission hat für sich bereits seit langem geklärt, dass sie keinesfalls Beihilfen genehmigen wird, die gegen die unionsrechtlichen Grundfreiheiten verstoßen[316].

Wie eingangs ausgeführt, müssen aber auch die Gerichte, Verwaltungen und die Gesetzgeber der EU-Mitgliedstaaten nicht nur das Beihilfenverbot und dabei insbesondere das sog. „stand-still" – Gebot in Art. 108 Abs. 3 AEUV[317], sondern auch die Einhaltung der unionsrechtlichen Grundfreiheiten[318] beachten[319].

Nachfolgend wird anhand einschlägiger Rechtsprechung des EuGH untersucht, welche Grundsätze bei der Annahme eines Verstoßes gegen die

---

312 Vgl. Blumenberg/Kring, aaO, 16; vgl. zu den Wirkungen der Grundfreiheiten im Einzelnen Wernsmann in „Europarecht" von Schulze/Zuleeg/Kadelbach, 2. Aufl. 2010, § 30, 1653 ff. Rz 75 ff.

313 Vgl. z.B. Annahme eines Verstoßes gegen die Niederlassungsfreiheit und das Beihilfenverbot durch EuGH, Urt. v. 19. 09. 2000 C-156/98, *Deutschland/Kommission*, Slg. 2000, I-6857, BStBl II 2002, 47; z.B. Prüfung eines Verstoßes gegen das Beihilfenverbot sowie gegen das allgemeine Diskriminierungsverbot, die Niederlassungsfreiheit und die Kapitalverkehrsfreiheit durch EuGH, Urt. v. 10. 01. 2006 C-222/04, *Cassa di Risparmio di Firenze u.a.*, Slg. 2006 I-00289.

314 Vgl. Frenz, Handbuch Europarecht, Band 3, 5.

315 Vgl. Rust, aaO, 262; Blumenberg/Kring, aaO, 17.

316 Mitteilung der Kommission v. 11.11.1998 über die Anwendung der Vorschriften über staatliche Beihilfen auf Maßnahmen im Bereich der Unternehmensbesteuerung, ABl.EG 1998 C 384/3 Rz 29.

317 Vgl. BFH, Urt. v. 31. 07. 2013 I R 82/12 nn, Rz 33 ff.

318 Dazu gehören die Freiheit des Warenverkehrs (Art. 26 und Art. 34, 35 AEUV), die Freizügigkeit der Arbeitnehmer (Art. 45 AEUV), die Niederlassungsfreiheit (Art. 49 ff. AEUV), die Dienstleistungsfreiheit (Art. 56 ff. AEUV) und die Kapitalverkehrsfreiheit (Art. 63 ff. AEUV); Art. 21 AEUV schützt die allgemeine Freizügigkeit der Unionsbürger; Art. 18 AEUV enthält das subsidiär geltende Diskriminierungsverbot.

319 Vgl. Blumenberg/Kring, aaO, 16.

Grundfreiheiten und das Beihilfenverbot zu beachten sind[320] und welche Konsequenzen dies im Einzelfall haben kann.

2. Grundsätze des EuGH in der Rechtssache *Presidente del Consiglio dei Ministri*[321]

Der EuGH hatte im Rahmen eines Vorabentscheidungsersuchens die Gelegenheit, sich mit der Vereinbarkeit einer auf Sardinien eingeführten Steuerregelung mit der Freiheit des Dienstleistungsverkehrs und dem Beihilfenverbot zu befassen.

a) Sachverhalt des Vorabentscheidungsersuchens[322]

Gegenstand des Vorabentscheidungsersuchens des italienischen Verfassungsgerichtshofs, der Corte costituzionale, war ein Rechtsstreit zwischen dem Presidente del Consiglio die Ministri und der Region Sardinien zu einer von dieser eingeführten Steuer. Diese Steuer sollte von Unternehmern mit steuerlichem Sitz außerhalb der Region Sardiniens erhoben werden und erfasste Betreiber, die zu touristischem Zweck Landungen von zum privaten Personentransport verwendeten Luftfahrzeugen und Freizeitbooten durchführten. Die Steuer sollte nach der in den Jahren 2006 bis 2008 geltenden Regelung alle Transportbetreiber erfassen, die außerhalb der Region Sardiniens ansässig waren, also in anderen italienischen Regionen und außerhalb Italiens[323]. Das vorlegende Gericht wollte vom EuGH nunmehr geklärt wissen, ob diese Regelung gegen die Dienstleistungsfreiheit verstößt und zugleich eine – mangels Notifikation – unzulässige Beihilfe darstellt.

b) Entscheidung des EuGH und wesentliche Rechtsgrundsätze

Der EuGH bejahte den Verstoß gegen die Dienstleistungsfreiheit und entschied auch, dass es sich um eine unzulässige – von der EU-Kommission nicht genehmigte – Beihilfe handelte.

---

320 Vgl. Rust, aaO, 261 ff.

321 EuGH, Urt. v. 17. 11. 2009 C-169/08 *Presidente del Consiglio dei Ministri*, Slg. 2009, I-10821.

322 Vgl. auch Rust, aaO, 271; Lang, IStR 2010, 570, 571.

323 EuGH, Urt. v. 17. 11. 2009 C-169/08 *Presidente del Consiglio dei Ministri*, Slg. 2009, I-10821; vgl. auch Lang, IStR 2010, 570, 571.

aa) Zum Verstoß gegen die Freiheit des Dienstleistungsverkehrs

(1) Die erbrachten Leistungen fallen begrifflich unter die Dienstleistungsfreiheit

Zunächst klärt der EuGH, ob die streitbefangenen Leistungen begrifflich von der Dienstleistungsfreiheit erfasst sind. Dabei muss es sich nach ständiger Rechtsprechung des EuGH um Leistungen handeln, die in der Regel gegen ein Entgelt erbracht werden, das die wirtschaftliche Gegenleistung für die Leistung darstellt und zwischen dem Erbringer und dem Empfänger der Leistung vereinbart wird[324].

Im Streitfall betrifft die regionale Landungssteuer zwar nicht die Transportunternehmen, die ihre Tätigkeit in der betreffenden Region ausüben, sondern die Betreiber von Transportmitteln, die sich in das Gebiet der jeweiligen Region begeben. Der Umstand allein, dass diese Steuer nicht auf Beförderungsleistungen erhoben wird, bedeutet indes nicht, dass kein Zusammenhang zum freien Dienstleistungsverkehr gegeben ist[325]. Denn obwohl sich aus der ständigen Rechtsprechung ergibt, dass Art. 50 Abs. 3 EG[326] (nun Art. 57 Abs. 3 AEUV) nur die aktive Dienstleistungsfreiheit ausdrücklich anspricht, umfasst diese auch die Freiheit der Dienstleistungsempfänger – insbesondere der Touristen –, sich zur Inanspruchnahme der Dienstleistungen in einen anderen EU-Mitgliedstaat zu begeben, in dem sich der Leistende aufhält[327]. Da die jeweilige Landung zur Folge hat, dass den Transportmittelbetreibern und den Touristen eine Vielzahl von auf Flughäfen und in Häfen erbrachten Dienstleistungen zugute kommen, weist die regionale Landungssteuer einen Bezug zu diesen Leistungen auf[328]. Im Übrigen betrifft die Landungssteuer für Freizeitboote auch die Bootsbetreiber, die ihre Boote entgeltlich Dritten überlassen. Schließlich kann die Landungssteuer die

---

324 EuGH, Urt. v. 17. 11. 2009 C-169/08 *Presidente del Consiglio dei Ministri*, Slg. 2009, I-10821 Rz 23 m.w.N.

325 EuGH, Urt. v. 17. 11. 2009 C-169/08 *Presidente del Consiglio dei Ministri*, Slg. 2009, I-10821 Rz 24 unter Bezugnahme auf den Schlussantrag der Generalanwältin Kokott v. 2. 07. 2009 C-169/08, Slg. 2009, I-10821 Rz 34.

326 Vertrag über die Gründung der Europäischen Gemeinschaft in der bis zum 30. 11. 2009 geltenden Fassung (EG).

327 EuGH, Urt. v. 17. 11. 2009 C-169/08 *Presidente del Consiglio dei Ministri*, Slg. 2009, I-10821 Rz 25; EuGH, Urt. v. 11. 09. 2007 C-76/05 *Schwarz und Gootjes-Schwarz*, Slg. 2007, I-6849 Rz 36.

328 EuGH, Urt. v. 17. 11. 2009 C-169/08 *Presidente del Consiglio dei Ministri*, Slg. 2009, I-10821 Rz 26 unter Bezugnahme auf den Schlussantrag der Generalanwältin Kokott v. 2. 07. 2009 C-169/08, Slg. 2009, I-10821 Rz 37.

Möglichkeit der in Sardinien ansässigen Unternehmen beeinträchtigen, ihre Abfertigungsdienstleistungen Personen anzubieten, die in anderen Regionen ansässig sind, bzw. sich auch negativ auf Unternehmen auswirken, die in Sardinien Freizeitboote unterhalten und in anderen EU-Mitgliedstaaten ansässig sind[329].

(2) Einschränkung der Freiheit des Dienstleistungsverkehrs

Die Anwendung der Bestimmungen zur Landungssteuer hat außerdem zur Folge, dass die betroffenen Dienstleistungen wegen der zusätzlichen Kosten für Abfertigungsleistungen für alle Steuerpflichtigen mit steuerlichem Sitz außerhalb der Region Sardiniens und solchen Steuerpflichtigen, die in anderen EU-Mitgliedstaaten ansässig sind, teurer sind als die für die in diesem Gebiet ansässigen Betreiber erbrachten Dienstleistungen[330].

Der Einwand der Region Sardiniens, die Gebietsansässigen und die Gebietsfremden befänden sich von vorneherein nicht in einer vergleichbaren Situation, so dass kein Verstoß gegen die Dienstleistungsfreiheit vorliege, führt zu keinem anderen Ergebnis. Die Region Sardiniens trägt hierzu vor, die Landungssteuer müsse aus Umweltschutzgründen von den Gebietsfremden erhoben werden, weil diese ansonsten als „Trittbrettfahrer" gegenüber den Gebietsansässigen ungerechtfertigt begünstigt würden, die ihrerseits mit ihren allgemeinen Beiträgen und insbesondere der Einkommensteuer ihren Beitrag auch zum Schutz der Umwelt leisteten[331].

Zwar hat der EuGH im Zusammenhang mit den direkten Steuern entschieden, dass sich Gebietsfremde und Gebietsansässige wegen der objektiven Unterschiede hinsichtlich der Einkunftsquelle, der persönlichen Steuerkraft oder der Berücksichtigung ihrer persönlichen Lage und ihres Familienstands nicht in einer vergleichbaren Situation befinden[332].

---

329 EuGH, Urt. v. 17. 11. 2009 C-169/08 *Presidente del Consiglio dei Ministri*, Slg. 2009, I-10821 Rz 28.

330 EuGH, Urt. v. 17. 11. 2009 C-169/08 *Presidente del Consiglio dei Ministri*, Slg. 2009, I-10821 Rz 31, 32.

331 EuGH, Urt. v. 17. 11. 2009 C-169/08 *Presidente del Consiglio dei Ministri*, Slg. 2009, I-10821 Rz 33.

332 Vgl. EuGH-Urteil v. 14.02.1995 C-279/93 *Schumacker*, Slg. 2008, I-7735, Rz 59; EuGH-Urteil v. 16. 10. 2008 C-527/06 *Renneberg*, Slg. 2008 I-7735 Rz 59; vgl. auch Grube, Gemeinschaftsrecht und soziale Gerechtigkeit im Ertragsteuerrecht, 8. und 9. Deutscher Finanzgerichtstag (2011, 2012), 113, 117.

Bei der Prüfung der Vergleichbarkeit der Situationen der Steuerpflichtigen sind aber die spezifischen Merkmale der Steuer zu berücksichtigen[333]. Der EuGH führt hierzu aus, dass die streitbefangene Steuer aufgrund der Landung der zum privaten Transport bestimmten Luftfahrzeuge und der Freizeitboote erhoben wird und nicht wegen der finanziellen Situation der betroffenen Steuerpflichtigen[334]. Der Umstand, dass die in Sardinien steuerpflichtigen Personen mit ihren Abgaben und Einkommensteuern zu den Umweltschutzmaßnahmen ihrer Region beitragen, ist hinsichtlich der Landungssteuer unerheblich. Denn die Landungssteuer und die anderen von den sardischen Steuerpflichtigen entrichteten Steuern, die ganz allgemein der Deckung des Haushalts und damit der Finanzierung sämtlicher regionaler Maßnahmen dienen, sind nicht gleichartig und dienen nicht denselben Zielen[335]. Damit befinden sich Gebietsansässige und Gebietsfremde in Bezug auf die Landungssteuer in einer objektiv vergleichbaren Situation[336].

(3) Keine Rechtfertigung des Verstoßes gegen die Dienstleistungsfreiheit

Der Verstoß gegen die Dienstleistungsfreiheit ist nach Auffassung des EuGH nicht aus Gründen des Umweltschutzes und des Schutzes der öffentlichen Gesundheit gerechtfertigt. Zwar kann eine Landungssteuer grundsätzlich der Finanzierung von Maßnahmen zur Instandsetzung übermäßig beanspruchter Umwelt- und Landschaftsgüter im Küstengebiet dienen, zumal sie nach dem Vortrag der Region Sardinien entsprechend dem Verursacherprinzip indirekt von den Betreibern von Transportmitteln erhoben wird, die eine Verunreinigungsquelle bilden[337]. Allerdings entsprechen die vorgesehenen Bedingungen der streitbefangenen Landungssteuer nicht dem Verhältnismäßigkeitsgrundsatz[338], wonach

---

333 EuGH, Urt. v. 17. 11. 2009 C-169/08 *Presidente del Consiglio dei Ministri*, Slg. 2009, I-10821 Rz 35.

334 EuGH, Urt. v. 17. 11. 2009 C-169/08 *Presidente del Consiglio dei Ministri*, Slg. 2009, I-10821 Rz 36.

335 EuGH, Urt. v. 17. 11. 2009 C-169/08 *Presidente del Consiglio dei Ministri*, Slg. 2009, I-10821 Rz 38 unter Bezugnahme auf den Schlussantrag der Generalanwältin Kokott v. 2. 07. 2009 C-169/08, Slg. 2009, I-10821 Rz 87.

336 EuGH, Urt. v. 17. 11. 2009 C-169/08 *Presidente del Consiglio dei Ministri*, Slg. 2009, I-10821 Rz 39.

337 EuGH, Urt. v. 17. 11. 2009 C-169/08 *Presidente del Consiglio dei Ministri*, Slg. 2009, I-10821 Rz 41, 43.

338 EuGH, Urt. v. 17. 11. 2009 C-169/08 *Presidente del Consiglio dei Ministri*, Slg. 2009, I-10821 Rz 42; EuGH, Urt. v. 5. 03. 2009 C-222/07 *UTECA*,I-0000, Rz 25; vgl. auch

die in Frage stehende Maßnahme geeignet sein muss, die Erreichung des mit ihr verfolgten Ziels zu gewährleisten und nicht über dasjenige hinausgeht, was zur Erreichung des Ziels erforderlich ist. Die im Rahmen der Landungssteuer beschriebenen Voraussetzungen zur Anwendung der Steuer und insbesondere die unterschiedliche Behandlung der Betreiber mit steuerlichem Wohnsitz außerhalb des Gebietes der Region, die allein zur Zahlung dieser Steuer verpflichtet sind, sind weder geeignet noch erforderlich, die Verwirklichung der genannten Ziele zu erreichen. Es ist zwar zutreffend, dass von den auf Sardinien landenden Privatflugzeugen und Freizeitbooten Umweltbelastungen ausgehen. Dies gilt aber nicht nur für die Transportmittel der Gebietsfremden, sondern auch für diejenigen der Gebietsansässigen[339].

Auch der behauptete Rechtfertigungsgrund der Kohärenz des Steuersystems greift nach der Entscheidung des EuGH nicht ein, weil die aus Umweltschutzgründen eingeführte regionale Landungssteuer ersichtlich nicht denselben Zielen dient wie die von den in Sardinien ansässigen Steuerpflichtigen entrichteten Steuern, die ganz allgemein zur Deckung des öffentlichen Haushalts und damit der Finanzierung der gesamten Tätigkeit der Region Sardinien erhoben werden[340].

bb) Zum Verstoß gegen das Beihilfenverbot

Zum Vorliegen der Voraussetzungen des Art. 87 Abs. 1 EG (nun Art. 107 Abs. 1 AEUV) war lediglich streitig, ob eine Verwendung staatlicher Mittel stattgefunden hat und ob es sich um eine selektive Maßnahme handelte[341].

(1) Kriterium der Verwendung staatlicher Mittel

Zum Argument Sardiniens, mit der Landungssteuer würden keine staatlichen Mittel verwendet, weil wegen der allgemein geleisteten Steuern und Abgaben

---

Grube, Gemeinschaftsrecht und soziale Gerechtigkeit im Ertragsteuerrecht, 8. und 9. Deutscher Finanzgerichtstag, 2013, 113, 120.

339 EuGH, Urt. v. 17. 11. 2009 C-169/08 *Presidente del Consiglio dei Ministri*, Slg. 2009, I-10821 Rz 43, 44 unter Bezugnahme auf den Schlussantrag der Generalanwältin Kokott v. 2. 07. 2009 C-169/08, Slg. 2009, I-10821 Rz 73, 74.

340 EuGH, Urt. v. 17. 11. 2009 C-169/08 *Presidente del Consiglio dei Ministri*, Slg. 2009, I-10821 Rz 46, 47, 48.

341 EuGH, Urt. v. 17. 11. 2009 C-169/08 *Presidente del Consiglio dei Ministri*, Slg. 2009, I-10821 Rz 54.

durch die gebietsansässigen Unternehmer nicht auf regionale Einnahmen verzichtet worden sei, verweist der EuGH darauf, dass der Begriff der Beihilfe auch Maßnahmen umfasst, die in verschiedener Form die Lasten verringern, die ein Unternehmen sonst zu tragen hätte, und die somit, ohne Subventionen darzustellen, diesen nach Art und Wirkung gleichstehen[342]. Steuervorschriften können damit eine staatliche Beihilfe darstellen, wenn sie einen Verzicht der betroffenen Körperschaften auf die Steuereinnahmen zur Folge haben, die sie normalerweise hätten erzielen können[343]. Diese Voraussetzung ist nach der Entscheidung des EuGH erfüllt, weil die streitbefangenen Steuervorschriften die Nichterhebung der Landungssteuer von denjenigen Betreibern von Transportmitteln vorsehen, die ihren steuerlichen Wohnsitz im Gebiet der Region Sardinien haben[344].

(2) Vorgesehene Landungssteuer als selektive Maßnahme

Der EuGH gibt der Region Sardinien zwar darin Recht, dass eine Maßnahme, die nicht vom nationalen Gesetzgeber, sondern – wie hier – von einer unterhalb dieser Ebene angesiedelten Körperschaft erlassen wurde, nicht schon deshalb als selektive Maßnahme gilt, weil sie nur in dem Teil des Staatsgebiets Vergünstigungen gewährt, in dem sie Anwendung findet[345].

Es handelt sich entgegen der Argumentation Sardiniens bei den streitbefangenen Steuervorschriften nach Ansicht des EuGH aber deshalb um keine allgemeine Maßnahme, weil die maßgeblichen Bestimmungen nicht auf alle Betreiber von Luftfahrzeugen und Freizeitbooten, die auf Sardinien landen, Anwendung finden, sondern diejenigen begünstigt, die ihren steuerlichen Wohnsitz in Sardinien haben[346].

---

342 EuGH, Urt. v. 17. 11. 2009 C-169/08 *Presidente del Consiglio dei Ministri*, Slg. 2009, I-10821 Rz 56; EuGH, Urt. v. 19. 09. 2000 C-156/98 *Deutschland/Kommission*, Slg. 2000, I-6857 Rz 25; EuGH, Urt. v. 1. 07. 2008 C-341/06 P und C-342/06 P, Slg. 2008, I-4777 Rz 123.

343 EuGH, Urt. v. 17. 11. 2009 C-169/08 *Presidente del Consiglio dei Ministri*, Slg. 2009, I-10821 Rz 57; EuGH, Urt. v. 19. 09. 2000 C-156/98 *Deutschland/Kommission*, Slg. 2000, I-6857 Rz 26–28.

344 EuGH, Urt. v. 17. 11. 2009 C-169/08 *Presidente del Consiglio dei Ministri*, Slg. 2009, I-10821 Rz 58.

345 EuGH, Urt. v. 17. 11. 2009 C-169/08 *Presidente del Consiglio dei Ministri*, Slg. 2009, I-10821 Rz 60; EuGH, Urt. v. 6. 09. 2006 C-88/03 *Portugal/Kommission*, Slg. 2006, I-7115 Rz 53 und 57.

346 EuGH, Urt. v. 17. 11. 2009 C-169/08 *Presidente del Consiglio dei Ministri*, Slg. 2009, I-10821 Rz 61, 62, 63; EuGH, Urt. v. 6. 09. 2006 C-88/03 *Portugal/Kommission*, Slg.

3. Schlussfolgerungen bei Verletzung des Beihilfenverbots und von unionsrechtlichen Grundfreiheiten

Fraglich ist nun, welche Schlussfolgerungen sich bei einem gleichzeitigen Verstoß nationaler steuerrechtlicher Vorschriften gegen die Grundfreiheiten und das Beihilfeverbot ergeben. Dies ist bislang nicht eindeutig geklärt[347]. Der EuGH hat zwar in der Rechtssache *Cassa di Risparmio di Firenze u.a.* ausgeführt, dass bei Annahme einer unzulässigen Beihilfe die darin vorgesehene Begünstigung zu beseitigen ist, so dass es keine unterschiedliche Behandlung mehr gibt, die im Hinblick auf eine Beschränkung der Niederlassungsfreiheit oder des freien Kapitalverkehrs geprüft werden könnte[348].

Die Rechtsgrundsätze dieser Entscheidung treffen aber noch keine Aussage zu der Rs. *Presidente del Consiglio dei Ministri* aufgeworfenen Rechtsfrage, ob die durch die Landungssteuer eingeführte Belastung nun auf alle entsprechenden Unternehmer auszudehnen ist, um auf diese Weise die „Begünstigung" zu beseitigen, oder ob die Regelung der Landungssteuer nunmehr als unzulässige Beihilfe abzuschaffen ist, so dass die davon betroffenen Unternehmen nicht mehr damit belastet sind und die insoweit ohne die unionsrechtswidrige Regelung bestehende – günstige – Rechtslage für alle entsprechenden Unternehmen gilt.

a) Keine Aussage des EuGH in der Rs. Presidente del Consiglio dei Ministri[349]

Der EuGH beschränkt sich in seiner Entscheidung bei seinem festgestellten Verstoß gegen die Grundfreiheiten und bei der Annahme der Voraussetzungen von Art. 87 Abs. 1 EG (nun Art. 107 Abs. 1 AEUV) auf die Aussage, es sei Sache des vorlegenden Gerichts, „aus dieser Feststellung die angemessenen Konsequenzen zu ziehen."[350]

2006, I-7115 Rz 56 und 58; EuGH, Urt. v. 8. 11. 2001 C-143/99 *Adria-Wien Pipeline*, Slg. 2001, I-8365 Rz 41.

347 Vgl. Blumenberg/Kring, aaO, 17, Lang, IStR 2010, 570, 578 ff.; Rust, aaO, 261 ff.

348 EuGH, Urt. v. 10. 01. 2006 C-222/04, *Cassa di Risparmio di Firenze u.a.*, Slg. 2006 I-00289 Rz 151, 152.

349 Vgl. EuGH, Urt. v. 17. 11. 2009 C-169/08 *Presidente del Consiglio dei Ministri*, Slg. 2009, I-10821.

350 Vgl. EuGH, Urt. v. 17. 11. 2009 C-169/08 *Presidente del Consiglio dei Ministri*, Slg. 2009, I-10821 Rz 65.

Es ist daher zu untersuchen, welche Schlussfolgerungen sich bei Anwendung der allgemeinen Grundsätze aus einem festgestellten Verstoß gegen die Grundfreiheiten und bei der Feststellung einer nicht angemeldeten Beihilfemaßnahme i. S. von Art. 87 Abs. 1 EG (nun Art. 107 Abs. 1 AEUV) ergeben.

b) Mögliche widersprüchliche Konsequenzen

Die insoweit grundsätzlich vorgesehenen jeweiligen Schlussfolgerungen können einander widersprechen.

aa) Folge eines festgestellten Verstoßes gegen die Grundfreiheiten

Aus dem Anwendungsvorrang der Grundfreiheiten ergeben sich für die nationalen Gerichte, den Gesetzgeber und die Verwaltungsbehörden des jeweils betroffenen EU-Mitgliedstaats unmittelbare Folgerungen dergestalt, dass die nationale Rechtslage – ggf. bis zu einer entsprechenden etwa erforderlichen Gesetzesänderung – unionsrechtskonform auszulegen ist[351]. Ist dies nicht möglich, dürfen unionsrechtswidrige Bestimmungen nicht angewendet werden. Ggf. ist es erforderlich, die durch das Unionsrecht entstandene Lücke durch die sinngemäße Anwendung anderer Vorschriften des jeweiligen nationalen Rechts zu schließen. Dies kann dazu führen, dass eine der beiden denkbaren Rechtsfolgen nunmehr auf beide vergleichbaren Fallgruppen angewandt wird. Wegen des Anwendungsvorrangs des Unionsrechts bedeutet dies im Regelfall, dass die für den Steuerpflichtigen günstigere Regelung nunmehr auch auf die vergleichbare Fallgruppe ausgedehnt wird[352]. Rechtsfolge ist also in Diskriminierungsfällen die Gleichbehandlung mit Inländern[353]. In diesem Zusammenhang ist von einer „negativen Integration“ oder „kalten Harmonisierung“ des Binnenmarktes im steuerlichen Bereich die Rede[354].

Für den Streitfall in der Rs. *Presidente del Consiglio dei Ministri* würde dies bedeuten, dass die vorgesehene Regelung zur Landungssteuer als unvorteilhafte

---

351 Vgl. EuGH, Urt. v. 4. 07. 2006 C-212/04, *Adeneler*, Slg. 2006–6057 Rz 109; Lang, IStR 2010, 570, 578.

352 Vgl. Lang, IStR 2010, 570, 578, Blumenberg/Kring, aaO, 17.

353 Vgl. dazu im Einzelnen Wernsmann in „Europarecht“ von Schulze/Zuleeg/Kadelbach, 2. Aufl. 2010, § 30, 1653 ff. Rz 80, 81.

354 Vgl. Rust, aaO, 263.

Regelung zu Lasten von nicht in der Region Sardinien ansässigen Transportbetreibern überhaupt nicht angewandt werden dürfte.

bb) Durchführungsverbot bei unzulässiger Beihilfe

Die Annahme einer nicht von der EU-Kommission genehmigten Maßnahme i. S. von Art. 107 Abs. 1 AEUV (früher Art. 87 Abs. 1 EG) hat demgegenüber zur Folge, dass das sog. Durchführungsverbot nach Art. 108 Abs. 3 Satz AEUV (früher 88 Abs. 3 EG) zur Anwendung kommt. Dies bedeutet, dass die Maßnahme, die einen rechtswidrigen Vorteil zugunsten eines bestimmten Empfängers vorsieht, grundsätzlich nicht umgesetzt werden darf bzw. zu beseitigen ist[355].

Nach der Rechtsprechung des EuGH kann sich der Schuldner einer Zwangsabgabe beispielsweise auch nicht darauf berufen, dass die Befreiung anderer Personen eine staatliche Beihilfe darstellt, um sich der Zahlung zu entziehen[356].

Bezogen auf den Streitfall in der Rs. *Presidente del Consiglio dei Ministri* könnte die grundsätzlich vorgesehene „Beseitigung des Vorteils" daher möglicherweise eine Ausdehnung des Anwendungsbereichs der Landungssteuer auch auf in der Region Sardinien steuerlich ansässige Transportbetreiber bedeuten[357].

cc) Mögliche Auflösung des Widerspruchs

In der Literatur wird teilweise die Auffassung vertreten, der EuGH sei nicht stets der Ansicht, dass das Durchführungsverbot zwingend die Beseitigung des durch eine rechtswidrige Beihilfe verschafften Vorteils zur Folge habe. Vielmehr könne in Ausnahmefällen auch eine Erweiterung der ohne die Beihilfemaßnahme bestehenden günstigen Rechtslage auf alle Betroffenen in Frage kommen[358].

Andere Literaturstimmen meinen, das Problem sei unter Berücksichtigung der jeweiligen nationalen Rechtslage zu lösen. Danach sei diejenige Rechtsfolge

355 Vgl. Rust, aaO, 263; EuGH, Urt. v. 10. 01. 2006 C-222/04, *Cassa di Risparmio di Firenze u.a.*, Slg. 2006 I-00289 Rz 151, 152.

356 Vgl. EuGH, Urt. v. 20. 09. 2001 C-390/98, *Banks*, Slg. 2001, I-6117 Rz 80 m.w.N.; EuGH, Urt. v. 27. 10. 2005 C-266/04, C-267/04, C-268/04, C-269/04, C-270/04, C-276/04, C-321/04, C-322/04, C-323/04, C-324/04, C-325/04, *Nazairdis*, Slg. 2005, I-9481 Rz 42–44; EuGH, Urt. v. 15. 06. 2006 C-393/04, *Air Liquide Industries Belgium*, Slg. 2006, I-5295 Rz 43.

357 Vgl. Lang, IStR 2010, 570, 579, Blumenberg/Kring, aaO, 17.

358 Vgl. Lang, IStR 2010, 578, 579 unter Hinweis auf EuGH, Urt. v. 22.11.2001 C-53/00, *Ferring*, Slg. 2001, I-9067 und EuGH, Urt. v. 7.9.2006 C-526/04 *Laboratoire Boiron*, Slg. 2006, I-7529; vgl. auch Rust, aaO, 268.

anzuwenden, die sich „am kohärentesten" in das nationale Steuersystem einfügt[359]. Diese Lösung entspricht insbesondere den Vorgaben des im Hinblick auf die Wahrung der Steuersouveränität der EU-Mitgliedstaaten zu beachtenden unionsrechtlichen Subsidiaritätsprinzips[360].

M.E. ergibt sich die Lösung bereits zwingend aus dem angenommenen Verstoß gegen das Beihilfenverbot, das insoweit entsprechend der nicht nur vom EuGH, sondern auch von *Rust* vertretenen Auffassung einen Anwendungsvorrang genießt:

Während der EuGH in der Rechtssache *Cassa di Risparmio die Firenze* ganz lapidar darauf hinweist, dass nach Beseitigung der unzulässigen Vergünstigung ohnehin kein Verstoß gegen die Grundfreiheiten mehr vorliegen kann[361], begründet *Rust* seine Auffassung systematisch damit, dass das Beihilfenverbot letztlich eine Spezialregelung gegenüber den Grundfreiheiten darstellt[362]. Beide Überlegungen führen dazu, dass die nach entsprechender Feststellung gegen das unionsrechtliche Beihilfenverbot verstoßende nationale Regelung nicht angewandt werden darf bzw. zu beseitigen ist. Dies muss unabhängig davon gelten, ob die unzulässige steuerrechtliche Vergünstigung sich unmittelbar aus der nationalen Vorschrift ergibt – wie in der Rechtssache *Cassa di Risparmio di Firenze* –, oder ob diese lediglich mittelbar die Folge einer zulasten bestimmter Unternehmer geregelten Steuerbelastung ist – wie in der Rechtssache *Presidente del Consiglio dei Ministri*. Denn es würde den auch im Unionsrecht geltenden Prinzipien des Vertrauensschutzes und der Rechtssicherheit[363] zuwider laufen, wollte man eine festgestellte unionsrechtswidrige belastende Steuerregelung – wie etwa die in der Rechtssache *Presidente del Consiglio dei Ministri* vorliegenden unionsrechtswidrigen Bestimmungen der Landungssteuer – nunmehr auch noch in ihrem Anwendungsbereich erweitern und auf die sardischen Unternehmen ausdehnen wollen, auch wenn durch diese Erweiterung im Ergebnis letztlich gleichfalls der unionsrechtswidrige Zustand beseitigt werden könnte. Vielmehr ist der unionsrechtswidrige Zustand auch am einfachsten in der Weise zu beseitigen, dass die unionsrechtswidrige Regelung nicht zur Anwendung gelangt.

---

359 Vgl. Blumenberg/Kring, aaO, 18; Rust, aaO, 268.

360 Vgl. Blumenberg/Kring, aaO, 18; Rust, aaO, 268.

361 Vgl. EuGH, Urt. v. 10. 01. 2006 C-222/04, *Cassa di Risparmio di Firenze u.a.*, Slg. 2006 I-00289 Rz 151, 152.

362 Vgl. Rust, aaO, 270.

363 Vgl. z.B. EuGH, Urt. v. 21. 09. 1983 C-205/82, *Deutsche Milchkontor u.a.*, Slg. 1983, 02633, 3. Leitsatz, Rz 30; EuGH, Urt. v. 15. 12. 2005 C-148/04, *Unicredito Italiano*, Slg. 2005, I-11137.

Dies mag im Ergebnis den Anschein erwecken, als ob letztlich die Rechtsfolge aus dem Verstoß gegen die Grundfreiheiten zum Tragen käme, die gleichfalls eine Nichtanwendung der entsprechenden unionsrechtswidrigen Regelung verlangt. In der Rs. *Presidente del Consiglio dei Ministri* dürften damit die Vorschriften der Landungssteuer weder für in der Region Sardinien steuerlich ansässige Transportbetreiber, noch für in dieser Region steuerlich nicht ansässige Unternehmer gelten. Die Begründung für diese Lösung ergibt sich aber m.E. bereits aus einer konsequenten Anwendung des Beihilfenverbots, das ersichtlich auch nach der Rechtsprechung des EuGH insoweit einen Anwendungsvorrang genießt[364]. Diese Lösung steht im Übrigen auch im Einklang mit der bereits eingangs zitierten Auffassung, dass die Rechtsfolge der Annahme einer unzulässigen Beihilfe nicht stets die Beseitigung des Vorteils bedeuten muss[365].

Dies gilt nach meinem Dafürhalten unabhängig davon, dass die Grundfreiheiten unmittelbar gegenüber dem Unionsbürger gelten, der sich bei nationalen Behörden und Gerichten darauf berufen kann, während bei der Anwendung des Verbots unzulässiger Beihilfen die EU-Kommission mit einem großen Ermessensspielraum eine Mittlerstellung einnimmt[366]. Denn aus diesen Unterschieden lässt sich keine klare Aussage ableiten, ob die Grundfreiheiten und das unionsrechtliche Beihilfenverbot institutionell gleichrangig sind[367] bzw. ob das Regelwerk der Art. 107 ff. AEUV im Anwendungsbereich grundsätzlich als „lex specialis" demjenigen der Grundfreiheiten vorgeht[368].

Zur Beseitigung der noch vorhandenen Unklarheiten sollte der EuGH zu dieser Rechtsfrage bei Gelegenheit ausdrücklich Stellung beziehen[369].

---

364 Vgl. EuGH, Urt. v. 10. 01. 2006 C-222/04, *Cassa di Risparmio di Firenze u.a.*, Slg. 2006 I-00289 Rz 151, 152.

365 Vgl. Lang, IStR 2010, 578, 579 unter Hinweis auf EuGH, Urt. v. 22.11.2001 C-53/00, *Ferring*, Slg. 2001, I-9067 und EuGH, Urt. v. 7.9.2006 C-526/04 *Laboratoire Boiron*, Slg. 2006, I-7529; vgl. auch Rust, aaO, 268.

366 Vgl. dazu auch Frenz, Handbuch Europarecht, 6; Rust, aaO, 269.

367 Vgl. Frenz, Handbuch Europarecht, 6, 7.

368 Vgl. Rust, aaO, 270; EuGH, Urt. v. 10. 01. 2006 C-222/04, *Cassa di Risparmio di Firenze u.a.*, Slg. 2006 I-00289 Rz 151, 152.

369 Vgl. Lang, IStR 2010, 580, Rust, aaO, 272.

V. Darstellung und Analyse der Rechtsschutzmöglichkeiten der EU-Mitgliedstaaten und der betroffenen Unternehmen

Nachfolgend werden die Rechtsschutzmöglichkeiten der EU-Mitgliedstaaten und der betroffenen Unternehmen bei den europäischen Gerichten und der nationalen Justiz gegenüber sog. Negativentscheidungen der EU-Kommission, Beihilfeentscheidungen anderer EU-Mitgliedstaaten, Rückforderungen von Beihilfen sowie gegen konkrete Beihilfen zugunsten anderer Unternehmen (Auskunfts- und Konkurrentenklagen sowie Schadensersatzklagen) untersucht.

1. Möglichkeiten des Rechtsschutzes der EU-Mitgliedstaaten

a) Mitwirkung und Beteiligung am Beihilfeverfahren

Die EU-Mitgliedstaaten nehmen schon insofern gegenüber möglicherweise betroffenen Unternehmen eine günstigere Stellung ein[370], als sie regelmäßig nach Art. 108 Abs. 1 AEUV in die fortlaufende Überprüfung bestehender Beihilferegelungen einbezogen werden und Beteiligte in einem etwaigen Hauptprüfverfahren i. S. von Art. 108 Abs. 2 AEUV sind. Die Missachtung der Beteiligungsrechte der EU-Mitgliedstaaten kann einen schweren Verfahrensverstoß bedeuten, der zur Nichtigkeit der darauf beruhenden Entscheidung der EU-Kommission führen kann.

b) Klageverfahren

aa) Nichtigkeitsklage gegen EU-Kommission bezüglich eigener Beihilfen

Jeder EU-Mitgliedstaat kann gegen eine sog. Negativentscheidung der EU-Kommission, in der eine von ihm geplante – oder bereits durchgeführte – Beihilfe für unvereinbar mit dem Gemeinsamen Markt erklärt wird, eine Nichtigkeitsklage nach Art. 263 Abs. 2 AEUV i.V.m. Art. 256 Abs. 1 AEUV beim Gericht der ersten Instanz (EuG) erheben[371].

Auch in diesem Klageverfahren sind die EU-Mitgliedstaaten gegenüber den betroffenen Unternehmern insofern privilegiert, als sie stets unabhängig

370 Vgl. Frenz, Handbuch Europarecht, Band 3, 493.

371 Vgl. Blumenberg/Kring, aaO, 32, 33; Frenz, Handbuch Europarecht, Band 3, 495.

davon klagebefugt sind, ob ein Eingriff in subjektive Rechte oder ein besonderes Rechtsschutzbedürfnis vorgetragen wird[372]. Diese Begünstigung gilt allerdings nur, falls ein EU-Mitgliedstaat als Gesamtverband klagt, nicht hingegen, wenn ein einzelnes Bundesland als Kläger auftritt[373].

bb) Nichtigkeitsklage gegen EU-Kommission hinsichtlich genehmigter Beihilfen anderer EU-Mitgliedstaaten

Ferner hat ein EU-Mitgliedstaat die Möglichkeit, gegen die positive Entscheidung der EU-Kommission, einem anderen EU-Mitgliedstaat die Durchführung einer Beihilfe zu genehmigen, eine entsprechende Nichtigkeitsklage nach Art. 263 Abs. 2 AEUV zu erheben. Die Klageerhebung hat zwar nach Art. 278 Satz 1 AEUV keine aufschiebende Wirkung; das EuG kann aber gemäß Art. 278 Satz 2 AEUV eine vorläufige Aussetzung des Vollzugs anordnen[374].

So hat der EuGH beispielsweise auf eine von der Republik Portugal erhobene Nichtigkeitsklage hin die Entscheidung der Kommission vom 6. November 1996 über die von der Französischen Republik vorgesehenen Beihilfen für Likör- und Branntweinerzeuger in Form von Beihilfen für Absatzförderungsmaßnahmen und technische Hilfen in Gestalt von Beihilfen zu Forschung, technischer Unterstützung und Investition für nichtig erklärt[375].

cc) Staatenklage gegen einen anderen EU-Mitgliedstaat

Schließlich besteht nach Art. 259 AEUV stets die Möglichkeit eines EU-Mitgliedstaats, gegen einen anderen EU-Mitgliedstaat, der eine möglicherweise unzulässige Beihilfemaßnahme erlassen hat, eine sog. Staatenklage nach Art. 259 AEUV zu erheben. Dies setzt nach Art. 259 Abs. 2 AEUV indessen die vorherige Durchführung eines Prüfverfahrens von Seiten der EU-Kommission voraus, an dem der betroffene andere EU-Mitgliedstaat gemäß Art. 259 Abs. 3 AEUV zu beteiligen ist.

---

372 Blumenberg/Kring, aaO, 33; Frenz, Handbuch Europarecht, Band 3, 495 33; Frenz, Handbuch Europarecht, Band 3, 495; Lehnert, aaO, 97.

373 Blumenberg/Kring, aaO, 33.

374 Blumenberg/Kring, aaO, 40.

375 EuGH, Urt. v. 3. 05. 2001 C-204/97 *Portugal/Kommission*, Slg. 2001, I-03175.

c) Anwendung innerstaatlicher Missbrauchsvorschriften gegen Beihilfemaßnahmen anderer EU-Mitgliedstaaten?

In den Verwaltungen der EU-Mitgliedstaaten entwickelte sich außerdem die Praxis, ggf. auch nationale Missbrauchsvorschriften[376] bei der Inanspruchnahme von genehmigten Beihilfen in anderen EU-Mitgliedstaaten anzuwenden[377].

Als Beispiel wäre dabei etwa die Ausnutzung der Steuervorteile in einer irischen sog. Steueroase durch deutsche Tochtergesellschaften zu nennen[378]. Dies betraf das Zentrum für internationale Finanzdienstleistungen im ehemaligen Hafengebiet von Dublin[379]. Das IFSC wurde im Jahr 1987 mit dem Ziel gegründet, qualifizierte Arbeitsplätze mit hoher Wertschöpfung zu schaffen, um die dort herrschende strukturelle Arbeitslosigkeit zu beseitigen. Unternehmen, die sich im IFSC niederließen und bestimmte Bedingungen erfüllten, erhielten eine Steuervergünstigung in Gestalt einer Ermäßigung des Körperschaftsteuersatzes auf 10 %. Ferner wurden diesen Unternehmen erweiterte Abschreibungsmöglichkeiten eingeräumt. Die EU-Kommission hatte die irischen IFSC-Beihilfen 1987 erstmals genehmigt und seither in mehreren Stufen verlängert[380]. Zuletzt wurden die Beihilfen bis zum Ende des Jahres 2005 für Unternehmen verlängert, die bis zum 31. Dezember 2000 von den irischen Behörden entsprechend anerkannt wurden. Um die Wirkungen des Auslaufens der genehmigten Beihilfen abzumildern, hatte die Republik Irland zwischenzeitlich einen allgemeinen Körperschaftsteuersatz von lediglich 12, 5 % eingeführt[381].

---

376 In der Bundesrepublik Deutschland § 42 AO und in der Republik Österreich § 22 Bundesabgabenordnung (BAO).

377 Vgl. Blumenberg/Kring, aaO, 42, 43, 44; Heintzen, Die Neufassung des § 42 AO und ihre Bedeutung für grenzüberschreitende Gestaltungen, FR 2009, 599, Schön, Gestaltungsmissbrauch im europäischen Steuerrecht, IStR 1996, Beihefter zu Heft 2, 1 ff.; Lehnert, aaO, 98 ff.

378 Vgl. Blumenberg/Kring, aaO, 42, 43, 44; Schön, IStR 1996, Beihefter zu Heft 2, 1 ff.; Lehnert, aaO, 98 ff.; Grube, DStZ 2007, 371, 381.

379 International Financial Service Center – IFSC -.

380 Vgl. z. B. ABl. EG 1992 C 15/5; ABl. EG 1994 C 390/16.

381 Vgl. Wessels, DStZ 2004, 154.

Der BFH[382] hatte dazu abweichend von der Vorinstanz[383] entschieden, dass die Beteiligung einer inländischen Kapitalgesellschaft an einer Kapitalanlagegesellschaft in den irischen Dublin Docks jedenfalls nicht deshalb rechtsmissbräuchlich ist, weil die Abwicklung der Wertpapiergeschäfte im Ausland durch eine Managementgesellschaft erfolgt. Danach ist eine im IFSC ansässige Gesellschaft keine bloße Briefkastenfirma. Demgegenüber vertrat der österreichische Verwaltungsgerichtshof (VwGH) eine gegenteilige Meinung zu den „Briefkastengesellschaften in der irischen IFSC-Steueroase“[384].

In der Literatur[385] wird die Anwendung der nationalen Missbrauchsvorschriften auf von der EU-Kommission ausdrücklich genehmigte Beihilfen zum Teil stark kritisiert unter Hinweis darauf, dass diese Vorgehensweise gegen das unionsrechtliche Gebot der Gemeinschaftstreue in Art. 4 Abs. 3 Unterabs. 3 EUV verstoße. Danach seien die die EU-Mitgliedstaaten verpflichtet, die Union bei der Erfüllung ihrer Aufgaben zu unterstützen und alle Maßnahmen zu unterlassen, die die Verwirklichung der Ziele der Union gefährden könnten. Die EU-Mitgliedstaaten seien bei der Genehmigung der IFSC-Beihilfe nach Art. 108 AEUV beteiligt worden. Auf diese Mitwirkung sei ihr Einfluss im Vorfeld begrenzt. Wenn die Beihilfe letztlich von der EU-Kommission abschließend und rechtskräftig genehmigt sei, seien die EU-Mitgliedstaaten nicht berechtigt, diese Maßnahme durch Anwendung nationaler Missbrauchsvorschriften zu unterlaufen[386].

Dieser schlüssig begründeten Auffassung ist zuzustimmen. Indessen mag es noch einen eigenständigen Anwendungsbereich für die nationalen Missbrauchsvorschriften geben, wenn im Einzelfall eine missbräuchliche Gestaltung gewählt wird, die ausschließlich den Zweck hat, in den Genuss einer günstigen – genehmigten – Beihilferegelung zu gelangen. Denn bei einem derartigen Sachverhalt geht es nicht um die Rechtmäßigkeit der abstrakten Beihilfemaßnahme, die von der EU-Kommission genehmigt wurde, sondern um die Erfüllung der insoweit

---

382 BFH, Urt. v. 19. 01. 2000 I R 117/97, BFH/NV 2000, 827; BFH, Urt. v. 19. 01. 2000 I R 94/97, BStBl II 2001, 222; weiterentwickelt durch BFH, Urt. v. 25. 02. 2004 I R 42/02, BStBl II 2005, 14.

383 FG Baden-Württemberg, Urt. v. 17. 07. 1997 10 K 306/96, EFG 1997, 1442 ff.; FG Baden-Württemberg, Urt. v. 17. 07. 1997 10 K 248/96, IWB, Fach 3a, Rechtsprechung Gruppe I, S. 629 ff.

384 Erkenntnis des österreichischen VwGH v. 9. 12. 2004 2002/14/0074-E, IStR 2005, 203.

385 Vgl. z. B. Blumenberg/Kring, aaO, 42, 43, 44; Grube, DStZ 207, 371, 381; Lehnert, aaO, 99.

386 Vgl. z. B. Blumenberg/Kring, aaO, 42, 43, 44; Lehnert, aaO, 99, 100.

beschriebenen Voraussetzungen für die Inanspruchnahme der Beihilfe im Einzelfall[387].

2. Möglichkeiten des Rechtsschutzes für Unternehmen

a) Rechtsschutz der von Beihilfemaßnahmen begünstigten Unternehmen

Wenn die EU-Kommission nach Durchführung eines Hauptprüfverfahrens die Gewährung einer Beihilfe untersagt, hat das von der geplanten Beihilfe begünstigte Unternehmen die Möglichkeit, eine Nichtigkeitsklage nach Art. 263 Abs. 4 AEUV einzulegen. Dabei ist für juristische und natürliche Personen die Klagebefugnis i. S. von Art. 263 Abs. 4 AEUV gegen eine Beihilfeentscheidung der EU-Kommission nur gegeben, wenn diese sie unmittelbar und individuell betrifft[388].

Während die unmittelbare Betroffenheit der Unternehmen im Hinblick auf die regelmäßig gebotene Rückforderungsentscheidung des EU-Mitgliedstaats im Allgemeinen unproblematisch zu bejahen ist, ist die Frage nach der individuellen Betroffenheit schwieriger zu beantworten[389]: Nach der sog. „Plaumann-Formel" des EuGH[390] sind Personen, die nicht Adressaten einer Entscheidung sind, nur dann individuell betroffen, wenn sie die Entscheidung „wegen bestimmter persönlicher Eigenschaften oder besonderer, sie aus dem Kreis aller übrigen Personen heraushebender Umstände berührt und sie dadurch in ähnlicher Weise individualisiert werden wie ein Adressat". Dies ist im Allgemeinen nur der Fall, wenn die EU-Kommission eine Negativentscheidung erlässt, die mit einer Rückforderung verbunden ist[391]: In einem solchen Fall heben sich die bisherigen Begünstigten – und damit die künftigen Rückforderungsschuldner – aus dem Kreis der Allgemeinheit in besonderer Weise hervor und sind daher auch individuell betroffen.

Ein von der Beihilfenrückforderung betroffenes Unternehmen kann außerdem überprüfen, ob die Voraussetzungen für die Erhebung eine Schadensersatzklage gegen den jeweiligen EU-Mitgliedstaat vorliegen – ggf. aus Amtshaftung[392] oder sogar aus Verschulden bei Vertragsschluss (culpa in contrahendo – cic -)[393].

---

387 So schon Lehnert, aaO, 100.

388 Vgl. Blumenberg/Kring, aaO, 33.

389 Vgl. Blumenberg/Kring, aaO, 34.

390 EuGH, Urt. v. 15. 07. 1963, *Plaumann/Kommission,* C- 25/62, Slg. 1963, 217.

391 Vgl. Geisenberger, aaO, 112, 113; Blumenberg/Kring, aaO, 34, 35.

392 Vgl. in Deutschland: Art. 34 GG i.V.m. § 839 des Bürgerlichen Gesetzbuches (BGB).

393 Vgl. dazu BGH, Urt. v. 6. 11. 2008 – III ZR 279/07, BGHZ 178, 243.

b) Rechtsschutz der von Beihilfemaßnahmen benachteiligten Unternehmen

Abgesehen von der Möglichkeit einer schlichten Beschwerde bei der EU-Kommission gegen die einen Konkurrenten begünstigende Beihilfemaßnahme steht benachteiligten Unternehmen mehrere Klageverfahren zur Verfügung:

aa) Klagen gegen den EU-Mitgliedstaat bzw. den Konkurrenten

Gewährt ein EU-Mitgliedstaat einem Konkurrenten eine Beihilfe, die entweder bei der EU-Kommission überhaupt nicht angezeigt oder noch nicht genehmigt wurde, kann das betroffene Unternehmen bei den nationalen Gerichten das jeweilige Organ des EU-Mitgliedstaats wegen Verletzung von Art. 108 Abs. 3 Satz 3 AEUV nach den in den jeweiligen Verfahrensordnungen der entsprechenden Gerichtszweige vorgesehenen Eil- und Klageverfahren[394] auf Einstellung der Beihilfe verklagen[395]. Nach der Rechtsprechung des EuGH[396] entfaltet die sog. Sperrklausel des Art. 108 Abs. 3 Satz 3 AEUV eine unmittelbare Wirkung zugunsten des einzelnen Unternehmers, auf die er sich dementsprechend berufen kann.

Ferner hat der benachteiligte Unternehmer bei Verletzung des Durchführungsverbots nach Art. 108 Abs. 3 Satz 3 AEUV die Möglichkeit, vor den nationalen Gerichten gegen den eigenen EU-Mitgliedstaat u.a. auf Einstellung der Beihilfe zu klagen[397].

Nach Auffassung der EU-Kommission[398] sind die nationalen Gerichte insbesondere zuständig für Verfahren, die sich gegen die Auszahlung rechtswidriger Beihilfen, die Rückforderung rechtswidriger Beihilfen, die Zahlung sog. Rechtswidrigkeitszinsen, Schadensersatz für Mitbewerber und einstweilige Maßnahmen gegen rechtswidrige Beihilfen richten.

---

394 Vgl. dazu im Einzelnen Staebe, Rechtsschutz bei gemeinschaftswidrigen Beihilfen vor europäischen und deutschen Gerichten, Berlin 2000, 177 ff.

395 Vgl. Blumenberg/Kring, aaO, 41.

396 Vgl. EuGH, Urt. v. 11. 12. 1973 C-120/73 *Lorenz*, Slg. 1973 – 01471 Rz 8; EuGH, Urt. v. 21. 11. 1991 C-354/90 *Fédération nationale du commerce extérieur des produits alimentaires u.a./Frankreich*, Slg. 1991 I-5523, I-5528 Rz 12 ff.; EuGH, Urt. v. 13. 01. 2005 C-174/02 *Streekgewest*, Slg. 2005, I-85 Leitsatz 1.

397 Vgl. Blumenberg/Kring, aaO, 41.

398 Vgl. Bekanntmachung der Kommission über die Durchsetzung des Beihilfenrechts durch die einzelstaatlichen Gerichte ABl.EU 2009 C-85/1 Rz 26 ff.

Bei etwaiger Gewährung einer rechtswidrigen Steuervergünstigung gegenüber einem Konkurrenten durch die Finanzverwaltung kann der betroffene Unternehmer in Deutschland einen verfassungsunmittelbaren Auskunftsanspruch aus Art. 12 Abs. 1 GG i.V.m. Art. 19 Abs. 4 GG gegenüber dem Finanzamt durchsetzen und anschließend ggf. eine sog. unechte Konkurrentenklage erheben[399]. Die Geltendmachung des entsprechenden Auskunftsanspruchs ist zulässig, wenn der betreffende Unternehmer substantiiert und glaubhaft darlegt, durch eine zu vermutende oder nicht auszuschließende unzutreffende Besteuerung eines Konkurrenten Wettbewerbsnachteile zu erleiden[400]. Diese verfahrensrechtliche Möglichkeit des Auskunftsersuchens gegenüber dem Finanzamt mit anschließender unechter Konkurrentenklage bietet sich insbesondere bei Gewährung einer rechtswidrigen Beihilfe in Gestalt eines Steuervorteils zugunsten eines konkurrierenden Unternehmens an[401].

bb) Klagen gegen die EU-Kommission

Der benachteiligte Unternehmer hat außerdem die Möglichkeit, nach Art. 263 Abs. 4 AEUV bei dem EuG eine Nichtigkeitsklage gegen die EU-Kommission anzustrengen, falls diese entweder überhaupt kein Hauptprüfverfahren eröffnet oder eine mit dem EU-Binnenmarkt unvereinbare Beihilfe genehmigt[402].

Falls die EU-Kommission nach Eröffnung des Hauptprüfverfahrens gänzlich untätig bleibt, ist nach Art. 265 Abs. 3 AEUV auch die Einlegung einer Untätigkeitsbeschwerde möglich[403].

Schließlich kommt insoweit auch die Geltendmachung eines entsprechenden Schadensersatzanspruchs gegen die EU-Kommission in Betracht[404].

---

399 Vgl. dazu EuGH, Urt. v. 8. 06. 2006 C-430/04, *Feuerbestattungsverein,* Slg. 2006 I-4999; BFH, Urt. v. 5. 10. 2006 VII R 24/03, BStBl II 2007, 243; BFH, Urt. v. 6. 8. 2012 VII R 4/11, BStBl II 2012, 541.

400 Vgl. Schuster, juris-PR-SteuerR 32/2012, Anm. 1; vgl. zum Verfahren auch Nieskens, Wettbewerbsverzerrungen durch wirtschaftliche Tätigkeiten der öffentlichen Hand, UR 2013, 739, 748 ff.

401 Vgl. Blumenberg/Kring, aaO, 41, 42; Grube, DStZ 2007, 382.

402 Vgl. Blumenberg/Kring, aaO, 41.

403 Vgl. Grube, DStZ 2007, 382.

404 Vgl. Blumenberg/Kring, aaO, 42 mit Hinweis auf EuG, Urteil v. 28. 01. 1999 T-230/95, Slg. 1999, II-123.

C. Beispiele zur Anwendung des Beihilfenverbots auf Bestimmungen des deutschen Steuerrechts

I. Ist die Maßnahme in § 8 c KStG (sog. Sanierungsklausel) eine unzulässige Beihilfe?

Im Folgenden gilt es, zu untersuchen, ob es sich bei der sog. Sanierungsklausel entsprechend der – bestrittenen – Auffassung der EU-Kommission um eine unzulässige Beihilfe handelt und welche Folgerungen sich daraus möglicherweise für die betroffenen Unternehmen ergeben.

1. Gesetzliche Regelung in § 8c KStG[405]:

„(1)[1]Werden innerhalb von fünf Jahren mittelbar oder unmittelbar mehr als 25 Prozent des gezeichneten Kapitals, der Mitgliedschaftsrechte, Beteiligungsrechte oder der Stimmrechte an einer Körperschaft an einen Erwerber oder diesem nahe stehende Personen übertragen oder liegt ein vergleichbarer Sachverhalt vor (schädlicher Beteiligungserwerb), sind insoweit die bis zum schädlichen Beteiligungserwerb nicht ausgeglichenen oder abgezogenen negativen Einkünfte (nicht genutzte Verluste) nicht mehr abziehbar. [2]Unabhängig von Satz 1 sind bis zum schädlichen Beteiligungserwerb nicht genutzte Verluste vollständig nicht mehr abziehbar, wenn innerhalb von fünf Jahren mittelbar oder unmittelbar mehr als 50 Prozent des gezeichneten Kapitals, der Mitgliedschaftsrechte, Beteiligungsrechte oder der Stimmrechte an einer Körperschaft an einen Erwerber oder diesem nahe stehende Personen übertragen werden oder ein vergleichbarer Sachverhalt vorliegt. [3]Als ein Erwerber im Sinne der Sätze 1 und 2 gilt auch eine Gruppe von Erwerbern mit gleichgerichteten Interessen. [4]Eine Kapitalerhöhung steht der Übertragung des gezeichneten Kapitals gleich, soweit sie zu einer Veränderung der Beteiligungsquoten am Kapital der Körperschaft führt.

(1a) Für die Anwendung des Absatzes 1 ist ein Beteiligungserwerb zum Zweck der Sanierung des Geschäftsbetriebs der Körperschaft unbeachtlich. Sanierung ist eine Maßnahme, die darauf gerichtet ist, die Zahlungsunfähigkeit oder

405 Vgl. Art. 7 Nr. 1 des Gesetzes v. 16. 07. 2009, BGBl I 2009, 1959.

Überschuldung zu verhindern oder zu beseitigen und zugleich die wesentlichen Betriebsstrukturen zu erhalten.

Die Erhaltung der wesentlichen Betriebsstrukturen setzt voraus, dass

1. Die Körperschaft eine geschlossenen Betriebsvereinbarung mit einer Arbeitsplatzregelung befolgt oder
2. die Summe der maßgebenden jährlichen Lohnsummen der Körperschaft innerhalb von fünf Jahren nach dem Beteiligungserwerb 400 Prozent der Ausgangslohnsumme nicht unterschreitet; § 13a Absatz 1 Satz 3 und 4 und Absatz 4 des Erbschaftsteuer- und Schenkungsteuergesetzes gilt sinngemäß, oder
3. der Körperschaft durch Einlagen wesentliches Betriebsvermögen zugeführt wird. Eine wesentliche Betriebsvermögenszuführung liegt vor, wenn der Körperschaft innerhalb von zwölf Monaten nach Beteiligungserwerb neues Betriebsvermögen zugeführt wird, das mindestens 25 Prozent des in der Steuerbilanz zum Schluss des vorhergehenden Wirtschaftsjahres enthaltenen Aktivvermögens entspricht. Wird nur ein Anteil an der Körperschaft erworben, ist nur der entsprechende Anteil des Aktivvermögens zuzuführen. Der Erlass von Verbindlichkeiten durch den Erwerb oder eine diesem nahestehende Person steht der Zuführung neuen Betriebsvermögens gleich, soweit die Verbindlichkeiten werthaltig sind. Leistungen der Kapitalgesellschaft, die innerhalb von drei Jahren nach der Zuführung des neuen Betriebsvermögens erfolgen, mindern den Wert des zugeführten Betriebsvermögens. Wird dadurch die erforderliche Zuführung nicht mehr erreicht, ist Satz 1 nicht mehr anzuwenden.

Keine Sanierung liegt vor, wenn die Körperschaft ihren Geschäftsbetrieb im Zeitpunkt des Beteiligungserwerbs im Wesentlichen eingestellt hat oder nach dem Beteiligungserwerb ein Branchenwechsel innerhalb eines Zeitraums von fünf Jahren erfolgt."

2. Hintergrund und Zweck der Regelung des § 8c Abs. 1a KStG[406]

Nach § 8 Abs. 1 KStG gilt die Möglichkeit des Verlustvortrags gemäß § 10d Abs. 2 EStG auch für körperschaftsteuerpflichtige Unternehmen. Wegen der

406 Vgl. z.B. Breuninger/Ernst, GmbHR 2011, 673, 677; Blumenberg/Haisch, FR 2012, 12; Drüen, DStR 2011, 289 ff.; Ehrmann, DStR 2011, 5; Jochum, FR 2011, 498, 502; Marquart, IStR 2011, 445, 446.

zunehmenden Ankäufe von Unternehmen, die zwar ihren Geschäftsbetrieb bereits eingestellt hatten, aber immer noch über Verlustvorträge verfügten, beschränkte der Gesetzgeber mit der im Jahr 1990 in § 8 Abs. 4 KStG eingeführten und im Jahr 1997[407] geänderten sog. Mantelkaufregelung die Möglichkeit des Verlustvortrags auf Unternehmen, die mit demjenigen rechtlich und wirtschaftlich identisch waren, das die entsprechenden Verluste zu verzeichnen hatte[408].

Diese Regelung wurde durch § 8c KStG ersetzt. Danach ist ein Anteilseignerwechsel innerhalb eines Zeitraumes von 5 Jahren grundsätzlich schädlich, wobei die Verlustvorträge bei einem Erwerb von über 25 % quotal und von über 50 % disquotal vollständig untergehen. Als Reaktion auf die Finanz- und Kapitalmarktkrise hat der Gesetzgeber in § 8c Abs. 1a KStG zusätzlich die sog. „Sanierungsklausel" eingefügt. Diese sieht vor, dass ein Anteilserwerb unbeachtlich ist, es also nicht zu einem Untergang der Verlustvorträge kommt, wenn der Beteiligungserwerb zum Zwecke der Sanierung des Geschäftsbetriebes der Körperschaft erfolgt. Auf diese Weise soll vermieden werden, dass ein Wegfall der Verlustvorträge der Rettung eines sanierungsbedürftigen Unternehmens entgegensteht[409]. Das Ziel der Regelung besteht darin, eine gerechte und gleichmäßige Besteuerung entsprechend der individuellen und wirtschaftlichen Leistungsfähigkeit auf praktikable Weise sicher zu stellen[410]. Voraussetzung für den Erhalt der Verluste ist, dass der Beteiligungserwerb darauf abzielt, bei Erhalt der wesentlichen Betriebsstrukturen eine drohende oder bereits eingetretene Zahlungsunfähigkeit zu verhindern oder zu beseitigen[411].

Die Sanierungsklausel galt rückwirkend für den Veranlagungszeitraum 2008 und war auf alle Anteilserwerbe anzuwenden, die nach dem 31. Dezember 2007 erfolgten. Durch das Wachstumsbeschleunigungsgesetz vom 22. Dezember 2009[412] sollte die vormals auf Anteilserwerbe bis zum 1. Januar 2010 begrenzte Sanierungsklausel unbefristet zur Anwendung gelangen.

---

407 Gesetz zur Fortführung der Unternehmenssteuerreform v. 29. 10. 1997, BGBl I 1997, 2590.

408 Vgl. Beschl. der EU-Kommission v. 26. 01. 2011, 2011/527/EU, berichtigt durch Beschluss v. 15.04.2011, K (2011) 275 ABl.EU 2011 L 235/26 Rz 5, 6.

409 Vgl. Ehrmann, DStR 2011, 5.

410 Vgl. Jochum, FR 2011, 497, 506.

411 Marquart, IStR 2011, 445, 446.

412 Wachstumsbeschleunigungsgesetz BGBl I 2009, 3950.

3. Gang des beihilferechtlichen Prüfungsverfahrens der EU-Kommission

a) Eröffnung des Prüfungsverfahrens

Im Februar 2010 eröffnete die EU-Kommission gegen die Bundesrepublik Deutschland ein förmliches Prüfverfahren[413]. Sie rügte, dass im Fall eines Beteiligungserwerbs an einer überschuldeten oder zahlungsunfähigen Körperschaft dieser dadurch ein Vorteil entstehe, dass sie im Unterschied zu anderen Körperschaften in einem solchen Fall Verluste verrechnen könnte und somit weniger Steuern zahlen müsste[414]. Es sei zweifelhaft[415], ob die Maßnahme ausnahmsweise als Beihilfe i.S. von Art. 107 Abs. 3 Buchst. b AEUV[416] bzw. Art. 107 Abs. 3 Buchst. c AEUV[417] mit dem Binnenmarkt vereinbar sei.

b) Reaktion des Bundesministeriums der Finanzen (BMF)

Als Folge der Eröffnung des Prüfungsverfahrens setzte das BMF ab dem 30. April 2010 die Anwendung der sog. Sanierungsklausel und damit die Gewährung von Verlustverrechnungen gegenüber den betroffenen Unternehmen unter Hinweis auf Art. 108 Abs. 2 AEUV aus[418].

Diese Aussetzung bezog sich auch auf die Fälle, in denen die Anwendung der Sanierungsklausel zuvor durch die Erteilung einer verbindlichen Auskunft zugesagt wurde[419]. Entsprechende Bescheide durften gemäß § 164 Abs. 2 AO nur

---

413 Schreiben der EU-Kommission v. 24. 02. 2010 C 90/08, BStBl I 2010, 482, ABlEU C 90/10 v. 8. 04. 2010; vgl. hierzu im Einzelnen Ehrmann, aaO,5; Drüen, DStR 2011, 289.

414 Schreiben der EU-Kommission v. 24. 02. 2010, C 90/08, BStBl I 2010, 482, ABlEU 2010 C 90/10 Rz 16; Drüen, DStR 2011, 289.

415 Vgl. Schilderung im Beschl. der EU-Kommission v. 26. 01. 2011, 2011/527/EU, berichtigt durch Beschluss v. 15.04.2011, K (2011) 275 ABl.EU 2011 L 235/26 Rz 25.

416 Mitteilung der Kommission – Vorübergehender Gemeinschaftsrahmen für staatliche Beihilfen zur Erleichterung des Zugangs zu Finanzierungsmitteln in der gegenwärtigen Finanz- und Wirtschaftskrise, ABl. EU 2009 C 83/1.

417 Leitlinien der Gemeinschaft für staatliche Beihilfen zur Rettung und Umstrukturierung von Unternehmen in Schwierigkeiten, ABl. EU 2004 C 244/2 und Leitlinien für staatliche Beihilfen mit regionaler Zielsetzung 2007–2012 ABl.EU 2006 C 54/13.

418 BMF-Schreiben v. 30. 04. 2010, IV C 2 – S 2745-a/08/10005 : 002, BStBl I 2010, 488.

419 Vgl. BMF-Schreiben v. 30. 04. 2010, IV C 2 – S 2745-a/08/10005 : 002, BStBl I 2010, 488 und dazu Ehrmann, DStR 2011, 5, 6.

unter dem Vorbehalt der Nachprüfung ergehen. Bereits durchgeführte Veranlagungen blieben grundsätzlich bestehen. Potenzielle Beihilfeempfänger sollten darauf hingewiesen werden, dass im Falle einer Negativentscheidung der EU-Kommission alle rechtswidrigen Beihilfen von den Empfängern zurückgefordert werden müssten[420]. In der Literatur wird insoweit darauf hingewiesen, dass dies nur durch eine Neuveranlagung unter Nichtanwendung der Sanierungsklausel und durch einen entsprechenden Untergang der nicht genutzten Verluste geschehen könnte[421].

c) Entscheidung der EU-Kommission[422]

Das Prüfungsverfahren endete mit der Entscheidung der EU-Kommission, dass es sich bei der sog. Sanierungsklausel um eine unzulässige staatliche Beihilfe handelt.

Die EU-Kommission würdigt die Regelung des § 8c Abs. 1a KStG nach Maßgabe von Art. 107 AEUV im Einzelnen wie folgt:

aa) Finanzierung aus staatlichen Mitteln

Zunächst bejaht sie die erforderliche Finanzierung aus staatlichen Mitteln, da der Bundesrepublik Deutschland durch die Verringerung der Körperschaftsteuerlast im Wege des gesetzlich vorgesehenen Verlustvortrags Einnahmen in einer geschätzten Höhe von 900 Mio. € pro Jahr entgingen. Ein Steuereinnahmeverlust stehe der Verwendung staatlicher Mittel in Form von Steuerausgaben gleich. Die Beihilfe werde auf der Grundlage eines Gesetzes gewährt und sei daher dem Staat zuzurechnen[423].

420 BMF-Schreiben v. 30. 04. 2010, IV C 2 – S 2745-a/08/10005 : 002, BStBl I 2010, 488.

421 Ehrmann, DStR 2011, 5, 6.

422 Beschl. der EU-Kommission v. 26. 01. 2011, 2011/527/EU, berichtigt durch Beschluss v. 15.04.2011, K (2011) 275 ABl.EU 2011 Nr. L 235/26, vgl. hierzu Finanzgericht Münster, Beschl. v.1. 08.2011 9 V 357/11 K, G, DStR 2011, 1507, EFG 2012, 165 und im Einzelnen Ehrmann, DStR 2011,5; Drüen, DStR 2011, 289; Blumenberg/Haisch, FR 2012, 12; Hey, StuW 2011, 131, 141.

423 Beschl. der EU-Kommission v. 26. 01. 2011, 2011/527/EU, berichtigt durch Beschluss v. 15.04.2011, K (2011) 275 ABl.EU 2011 L 235/26 Rz 50.

bb) Verschaffung eines selektiven Vorteils gegenüber den begünstigten Unternehmen

Im Anschluss erfolgt eine umfangreiche Prüfung der Selektivität der Maßnahme, bei der sich die EU-Kommission insbesondere auch mit den von der Bundesrepublik Deutschland vorgetragenen Argumenten auseinandersetzt[424]:

Die EU-Kommission geht von der Grundregel des § 8c Abs. 1 KStG aus, wonach ein Unternehmen regelmäßig keinen Verlustvortrag in Anspruch nehmen kann, wenn mehr als die Hälfte der Anteile übertragen werden, es sei denn, die Sanierungsklausel greift ein. Die eingeführte Sanierungsklausel sei daher als Ausnahme zur allgemeinen Regel anzusehen[425]. Die Sanierungsklausel könne daher Unternehmen unter den gesetzlich genannten Voraussetzungen einen selektiven Vorteil verschaffen, da er ihnen die Möglichkeit biete, bei der Berechnung ihres steuerpflichtigen Einkommens in der Vergangenheit entstandene Verluste gegen künftige Gewinne zu verrechnen[426].

Die von der Bundesrepublik Deutschland hiergegen angeführten Argumente[427] seien nicht durchgreifend:

(1) Nach Auffassung der Bundesrepublik Deutschland ist die Sanierungsklausel mit dem sog. „Grundsatz des privaten Gläubigers" vereinbar, da der anteilige Verzicht auf Forderungen im Hinblick auf den angestrebten Fortbestand des Dauerschuldverhältnisses dem Verhalten eines marktwirtschaftlich handelnden privaten Gläubigers entspreche[428].

Die EU-Kommission ist demgegenüber der Meinung, dass dieser Grundsatz nur dann herangezogen werden darf, wenn der Staat wie ein Wirtschaftsteilnehmer handelt. Dies sei hier nicht der Fall, weil dem Staat als Träger der öffentlichen Gewalt das staatliche Steuermonopol zukomme[429]. Etwas anderes ergebe sich auch nicht aus der von der Bundesrepublik Deutschland zitierten

---

424 Beschl. der EU-Kommission v. 26. 01. 2011, 2011/527/EU, berichtigt durch Beschluss v. 15.04.2011, K (2011) 275 ABl.EU 2011 L 235/26 Rz 51–95.

425 Beschl. der EU-Kommission v. 26. 01. 2011, 2011/527/EU, berichtigt durch Beschluss v. 15.04.2011, K (2011) 275 ABl.EU 2011 L 235/26 Rz 22, 53.

426 Beschl. der EU-Kommission v. 26. 01. 2011, 2011/527/EU, berichtigt durch Beschluss v. 15.04.2011, K (2011) 275 ABl.EU 2011 L 235/26 Rz 54.

427 Beschl. der EU-Kommission v. 26. 01. 2011, 2011/527/EU, berichtigt durch Beschluss v. 15.04.2011, K (2011) 275 ABl.EU 2011 L 235/26 Rz 30, 31 ff., 39, 47, 55, 56.

428 Beschl. der EU-Kommission v. 26. 01. 2011, 2011/527/EU, berichtigt durch Beschluss v. 15.04.2011, K (2011) 275 ABl.EU 2011 L 235/26 Rz 30, 57.

429 Beschl. der EU-Kommission v. 26. 01. 2011, 2011/527/EU, berichtigt durch Beschluss v. 15.04.2011, K (2011) 275 ABl.EU 2011 L 235/26 Rz 58, 63.

EuGH-Rechtsprechung[430], wonach es sich um eine allgemeine Maßnahme und nicht um einen selektiven Vorteil handeln könne, wenn – wie bei der Anwendung der Sanierungsklausel – von der Verwaltung keine Ermessensentscheidung zu treffen sei[431]. Nach Auffassung der EU-Kommission ist diese Rechtsprechung nicht einschlägig[432], weil bei der Sanierungsklausel bereits die Entstehung der Steuerschuld dem Grunde nach gemindert wird, während es bei den Sachverhalten, die den Entscheidungen des EuG bzw. des EuGH zugrunde lagen, um den Erlass bereits entstandener Steuerschulden gegangen sei. Außerdem entspreche eine Zustimmung zu einem automatischen Forderungsverzicht ohne Kenntnis der Höhe der Verlustabzugsbeträge – wie bei der Sanierungsklausel – nicht dem Verhalten eines privaten Gläubigers[433]. Ferner gehe es bei der Sanierungsklausel im Unterschied zu einem langfristigen Vertragsverhältnis nicht um einen Forderungsverzicht für bestehende Schulden, sondern um die Senkung möglicher künftiger Schulden, die nach Sanierung des Schuldners entstehen könnten[434]. Schließlich würden die Geschäfte des Schuldners im Insolvenzfall normalerweise von einem anderen Unternehmen übernommen, bei dem der Staat als Gläubiger dann Steuern erheben könne. Dies sei bei der Anwendung der Sanierungsklausel ohne Belang[435].

(2) Außerdem ist nach Meinung der Bundesrepublik Deutschland von der fehlenden Selektivität „prima facie" der Maßnahme auszugehen[436], da mit der Sanierungsklausel in § 8c Abs. 1a KStG nur ein steuerliches Umstrukturierungshindernis für Unternehmen in Schwierigkeiten beseitigt werden sollte. Die Regelung betreffe nur Unternehmen in Schwierigkeiten in einer vergleichbaren und rechtlichen Situation, ohne dass eine Ermessensentscheidung im Einzelfall

430 EuG, Urt. v. 11. 07. 2002 T-152/99, *Hijos de Andrés Molina, S.A. – HAMSA/Kommission*, Slg. 2002 II-3049 Rz. 157; EuGH, Urt. v. 29. 06. 1999 C-256/97 DM Transport, Slg. 1999, I-3913 Rz 157.

431 Beschl. der EU-Kommission v. 26. 01. 2011, 2011/527/EU, berichtigt durch Beschluss v. 15.04.2011, K (2011) 275 ABl.EU 2011 L 235/26 Rz 35, 36.

432 Beschl. der EU-Kommission v. 26. 01. 2011, 2011/527/EU, berichtigt durch Beschluss v. 15.04.2011, K (2011) 275 ABl.EU 2011 L 235/26 Rz 59.

433 Beschl. der EU-Kommission v. 26. 01. 2011, 2011/527/EU, berichtigt durch Beschluss v. 15.04.2011, K (2011) 275 ABl.EU 2011 L 235/26 Rz 60.

434 Beschl. der EU-Kommission v. 26. 01. 2011, 2011/527/EU, berichtigt durch Beschluss v. 15.04.2011, K (2011) 275 ABl.EU 2011 L 235/26 Rz 61.

435 Beschl. der EU-Kommission v. 26. 01. 2011, 2011/527/EU, berichtigt durch Beschluss v. 15.04.2011, K (2011) 275 ABl.EU 2011 L 235/26 Rz 62.

436 Beschl. der EU-Kommission v. 26. 01. 2011, 2011/527/EU, berichtigt durch Beschluss v. 15.04.2011, K (2011) 275 ABl.EU 2011 L 235/26 Rz 31–34, 69, 70.

erforderlich sei, so dass es sich lediglich um eine allgemeine – und nicht um eine selektive – Maßnahme handele[437].

Dies ist nach Auffassung der EU-Kommission unzutreffend, weil ihres Erachtens der Zweck des Steuersystems auf der Ebene des zu prüfenden Referenzsystems[438] und nicht auf der Ebene der Ausnahmeregelung zu bestimmen ist. Wie aus der Gesetzesbegründung zu § 8c Abs. 1 KStG hervorgehe, bestehe der Zweck der Regelung darin, zu verhindern, dass Unternehmen, deren Anteilseigner wechseln, ihre Verluste vortragen. Somit befänden sich alle Unternehmen beim Wechsel der jeweiligen Anteilseigner hinsichtlich des Zwecks des Steuersystems in einer vergleichbaren tatsächlichen und rechtlichen Situation[439]. Ferner hätten die europäischen Gerichte zu keiner Zeit entschieden, dass eine Maßnahme, die für alle Unternehmen in Schwierigkeiten gelte und bei der es keinen Ermessensspielraum gebe, nicht selektiv sei[440]. Entgegen der Ansicht der Bundesrepublik Deutschland sei die Maßnahme daher „prima facie" selektiv.

(3) Die Bundesrepublik Deutschland vertritt außerdem die Auffassung, dass die Sanierungsklausel hilfsweise durch die Natur und den inneren Aufbau des deutschen Systems für die Besteuerung von Körperschaften gerechtfertigt ist[441], so dass aus diesem Grund keine Selektivität der Maßnahme vorliege. Der objektive Unterschied zwischen sanierungsbedürftigen Unternehmen in Schwierigkeiten und anderen Unternehmen rechtfertige eine unterschiedliche Behandlung.

Die EU-Kommission hält dies für unzutreffend, weil die Sanierungsklausel auch nach Darstellung der Bundesrepublik Deutschland eingeführt worden sei, um notleidende Unternehmen in der Finanz- und Wirtschaftskrise zu unterstützen[442]. Das mit dieser spezifischen Maßnahme verfolgte Ziel liege deshalb außerhalb des Steuersystems[443] und könne nach der einschlägigen

---

437 Beschl. der EU-Kommission v. 26. 01. 2011, 2011/527/EU, berichtigt durch Beschluss v. 15.04.2011, K (2011) 275 ABl.EU 2011 L 235/26 Rz 69, 70.

438 Beschl. der EU-Kommission v. 26. 01. 2011, 2011/527/EU, berichtigt durch Beschluss v. 15.04.2011, K (2011) 275 ABl.EU 2011 L 235/26 Rz 66, 67.

439 Beschl. der EU-Kommission v. 26. 01. 2011, 2011/527/EU, berichtigt durch Beschluss v. 15.04.2011, K (2011) 275 ABl.EU 2011 L 235/26 Rz 71.

440 Beschl. der EU-Kommission v. 26. 01. 2011, 2011/527/EU, berichtigt durch Beschluss v. 15.04.2011, K (2011) 275 ABl.EU 2011 L 235/26 Rz 74 ff.

441 Beschl. der EU-Kommission v. 26. 01. 2011, 2011/527/EU, berichtigt durch Beschluss v. 15.04.2011, K (2011) 275 ABl.EU 2011 L 235/26 Rz 39 ff.

442 Beschl. der EU-Kommission v. 26. 01. 2011, 2011/527/EU, berichtigt durch Beschluss v. 15.04.2011, K (2011) 275 ABl.EU 2011 L 235/26 Rz 88.

443 Beschl. der EU-Kommission v. 26. 01. 2011, 2011/527/EU, berichtigt durch Beschluss v. 15.04.2011, K (2011) 275 ABl.EU 2011 L 235/26 Rz 89.

Rechtsprechung des EuGH nicht zur Rechtfertigung der Maßnahme aufgrund der Natur bzw. des inneren Aufbaus des Systems herangezogen werden[444], sondern allenfalls bei der Prüfung der Vereinbarkeit der Maßnahme mit dem Binnenmarkt nach Art. 107 Abs. 3 AEUV Berücksichtigung finden.

(4) Ferner weist die Bundesrepublik Deutschland auf die Verbindung zwischen alter und neuer Sanierungsklausel hin; danach entspreche § 8c Abs.1a KStG im Wesentlichen der Vorgängerregelung in § 8 Abs. 4 KStG und die EU-Kommission habe insoweit nie die Auffassung vertreten, dass diese Bestimmung eine staatliche Beihilfe darstelle[445].

Dazu führt die EU-Kommission lediglich aus, dass sie zu keiner Zeit Gelegenheit gehabt habe, die Regelung in § 8 Abs. 4 KStG zu überprüfen, weil die Bundesrepublik Deutschland diese Klausel nie gegenüber der EU-Kommission angemeldet habe. Die EU-Kommission behalte sich das Recht vor, diese Prüfung ggf. nachzuholen[446].

(5) Soweit die Bundesrepublik Deutschland darauf verweise, dass in anderen EU-Mitgliedstaaten ähnliche oder identische nicht angemeldete Steuersysteme existierten, habe dies keine Bedeutung für die Prüfung der Frage, ob eine bestimmte Maßnahme eine staatliche Beihilfe darstelle[447].

cc) Auswirkungen auf den Binnenhandel

Die EU-Kommission bejaht auch das Vorliegen dieser Voraussetzung, da die Sanierungsklausel alle Wirtschaftszweige erfasse und damit geeignet sei, den Handel zwischen den Mitgliedstaaten zu beeinträchtigen oder den Wettbewerb zu verfälschen bzw. zu verfälschen drohe[448].

dd) Keine Vereinbarkeit der Maßnahme mit dem Binnenmarkt

Insoweit weist die EU-Kommission zunächst darauf hin, dass die Bundesrepublik Deutschland trotz der dem jeweiligen EU-Mitgliedstaat obliegenden

---

444 EuGH, Urt. v. 6. 09. 2006 C-88/03, *Portugal/Kommission*, Slg. 2006, I-7145.

445 Beschl. der EU-Kommission v. 26. 01. 2011, 2011/527/EU, berichtigt durch Beschluss v. 15.04.2011, K (2011) 275 ABl.EU 2011 L 235/26 Rz 96.

446 Beschl. der EU-Kommission v. 26. 01. 2011, 2011/527/EU, berichtigt durch Beschluss v. 15.04.2011, K (2011) 275 ABl.EU 2011 L 235/26 Rz 97, 98, 99.

447 Beschl. der EU-Kommission v. 26. 01. 2011, 2011/527/EU, berichtigt durch Beschluss v. 15.04.2011, K (2011) 275 ABl.EU 2011 L 235/26 Rz 100, 101.

448 Beschl. der EU-Kommission v. 26. 01. 2011, 2011/527/EU, berichtigt durch Beschluss v. 15.04.2011, K (2011) 275 ABl.EU 2011 L 235/26 Rz 103, 104.

Nachweispflicht und der ausdrücklichen Aufforderung seitens der EU-Kommission im Eröffnungsbeschluss hierzu keine Informationen übermittelt hat[449]. Die EU-Kommission hat gleichwohl geprüft[450], ob die Maßnahme insbesondere nach Art. 107 Abs. 3 Buchst. b AEUV oder Art. 107 Abs. 3 Buchst. c AEUV für mit dem Binnenmarkt vereinbar erklärt werden könnte, ist aber letztlich zu einem negativen Ergebnis gelangt[451].

ee) Grundsätzlich gebotene Rückforderung der Beihilfe von den begünstigten Unternehmen

Die Sanierungsklausel ist nach Auffassung der EU-Kommission als nicht angemeldete Beihilfe rechtswidrig[452].

Die Bundesrepublik Deutschland ist nach der Entscheidung der EU-Kommission verpflichtet, die gewährte Beihilfe einschließlich der bis zum Zeitpunkt der Rückforderung entstandenen Zinsen grundsätzlich in vollem Umfang zurückzufordern, damit der Zustand auf dem Markt vor Gewährung der Beihilfe wieder hergestellt wird[453]. Berechnungsgrundlage des zu erstattenden Steuerbetrages ist die Differenz zwischen dem Steuerbetrag, der ohne die Anwendung von § 8c Abs.1a KStG zu zahlen wäre und dem tatsächlich unter Einbeziehung der Sanierungsklausel bezahlten Betrag[454]. Die Bundesrepublik Deutschland ist insoweit verpflichtet, bei der EU-Kommission binnen zwei Monaten nach Ergehen des Beschlusses eine Liste über die Unternehmen einzureichen, die seit dem 1. Januar 2008 durch die Sanierungsklausel begünstigt

---

449 Beschl. der EU-Kommission v. 26. 01. 2011, 2011/527/EU, berichtigt durch Beschluss v. 15.04.2011, K (2011) 275 ABl.EU 2011 L 235/26 Rz 106.

450 Beschl. der EU-Kommission v. 26. 01. 2011, 2011/527/EU, berichtigt durch Beschluss v. 15.04.2011, K (2011) 275 ABl.EU 2011 L 235/26 Rz 107.

451 Vgl. im Einzelnen Beschl. der EU-Kommission v. 26. 01. 2011, 2011/527/EU, berichtigt durch Beschluss v. 15.04.2011, K (2011) 275 ABl.EU 2011 L 235/26 Rz 109 – Rz 134.

452 Beschl. der EU-Kommission v. 26. 01. 2011, 2011/527/EU, berichtigt durch Beschluss v. 15.04.2011, K (2011) 275 ABl.EU 2011 L 235/26 Rz 135.

453 Beschl. der EU-Kommission v. 26. 01. 2011, 2011/527/EU, berichtigt durch Beschluss v. 15.04.2011, K (2011) 275 ABl.EU 2011 L 235/26 Rz 137 ff., vgl. auch Klemt, DStR 2013, 1057, 1063.

454 Beschl. der EU-Kommission v. 26. 01. 2011, 2011/527/EU, berichtigt durch Beschluss v. 15.04.2011, K (2011) 275 ABl.EU 2011 L 235/26 Rz 140.

worden sind und Unterlagen beizufügen, aus denen sich die Rückforderung der Beihilfe ergibt[455].

Die EU-Kommission zeigt in ihrem Beschluss aber auch einen Ausweg für die Bundesrepublik Deutschland und insbesondere für begünstigte Unternehmen auf, falls die Anwendung der Sanierungsklausel einen Steuervorteil von insgesamt über 500 000 € nicht überschritten hat und wenn das Unternehmen nachweisen kann, dass es sich zum 1. Juli 2008 nicht in Schwierigkeiten befunden hat: In einem solchen Fall ist die Beihilfe nach Abschnitt 4. 2 des Vorübergehenden Gemeinschaftsrahmens[456] zulässig, sofern alle Voraussetzungen einer deutschen von der EU-Kommission genehmigten Beihilferegelung erfüllt sind[457]. Dementsprechend hat die EU-Kommission entschieden, dass in einem solchen Fall die Beihilfe nicht zurückzufordern ist[458].

4. Reaktionen auf die Negativentscheidung der EU-Kommission

a) Nichtigkeitsklagen beim EuG

Gegen die Entscheidung der EU-Kommission haben die Bundesregierung als Vertreter der Bundesrepublik Deutschland und mindestens 15 Unternehmen sog. Nichtigkeitsklagen beim EuG nach Art. 263 Abs. 2 AEUV bzw. gemäß Art. 263 Abs. 4 AEUV erhoben[459].

---

455 Beschl. der EU-Kommission v. 26. 01. 2011, 2011/527/EU, berichtigt durch Beschluss v. 15.04.2011, K (2011) 275 ABl.EU 2011 L 235/26 Rz 139, Art. 6 Abs. 1 Buchst. a und Buchst. d.

456 Mitteilung der Kommission – Vorübergehender Gemeinschaftsrahmen für staatliche Beihilfen zur Erleichterung des Zugangs zu Finanzierungsmitteln in der gegenwärtigen Finanz- und Wirtschaftskrise, ABl.EU 2009 C 83/1 und neue Fassung v. 11. 01. 2011, ABl.EU 2011 C 6/5.

457 Beschl. der EU-Kommission v. 26. 01. 2011, 2011/527/EU, berichtigt durch Beschluss v. 15.04.2011, K (2011) 275 ABl.EU 2011 L 235/26 Rz 113 und Rz 14, 142.

458 Beschl. der EU-Kommission v. 26. 01. 2011, 2011/527/EU, berichtigt durch Beschluss v. 15.04.2011, K (2011) 275 ABl.EU 2011 L 235/26 Art. 2.

459 Nichtigkeitsklage der Bundesrepublik Deutschland gegen Kommission v. 7. 04. 2011, EuG T-205/11, ABl.EU 2011 v. 25. 06. 2011 Nr. C 186, 28 sowie z.B. Nichtigkeitsklage Heitkamp BauHolding GmbH gegen Kommission, EuG T-287/11, ABl. EU 2011 Nr. C 238, 21–22 und weitere beim EuG anhängige Nichtigkeitsklagen von Unternehmen EuG T-585/11, ABl.EU 2012 C 25/60, EuG T-586/11, ABl.EU 2012 C 25/60, EuG T-614/11, ABl.EU 2012 C 39/16, EuG T-619/11, ABl.EU 2012 C

Die Bundesrepublik Deutschland hat in der Hauptsache beantragt, den Beschluss der EU-Kommission vom 26. Januar 2011[460] im Hinblick auf die Sanierungsklausel für nichtig zu erklären. Sie stützt sich insoweit auf drei Klagegründe[461]:

aa) Sanierungsklausel keine selektive Maßnahme

Die Sanierungsklausel sei entgegen der Auffassung der EU-Kommission nicht selektiv. Es handele sich nicht um eine staatliche Beihilferegelung im Sinne des Art. 107 Abs. 1 AEUV, weil keine Ausnahme vom maßgeblichen Referenzsystem vorliege.

bb) Anwendung einer ungeeigneten Prüfungsmethode durch die EU-Kommission

Ferner habe die EU-Kommission einen offensichtlichen Beurteilungsfehler hinsichtlich des allgemeinen Charakters der Maßnahme begangen, indem sie eine ungeeignete Prüfmethode angewendet und nicht untersucht habe, ob die Sanierungsklausel bei wirtschaftlicher Gesamtbetrachtung auf horizontalen Gegebenheiten beruhe, so dass sie querschnittsartig jedem Unternehmen in der Bundesrepublik Deutschland zugute komme und folglich als eine allgemeine Maßnahme qualifiziert werden könne.

cc) Rechtfertigung der Sanierungsklausel durch Natur des Steuersystems[462]

Schließlich sei die Sanierungsklausel aus der Natur und dem inneren Aufbau des Steuersystems gerechtfertigt.

In ihrem Hilfsantrag begehrt die Bundesrepublik Deutschland sinngemäß, den Beschluss der EU-Kommission vom 26. Januar 2011[463] teilweise für nichtig

---

39/17, EuG T-620/11, ABl.EU 2012 C 39/18, EuG T-621/11, ABl.EU 2012 C 39/ 19, EuG T-626/11, ABl.EU 2012 C 49/26, EuG T-627/11, ABl.EU 2012 C 49/26, EuG T- 628/11 C 49/27, EuG T-629/11, ABl.EU 2012 C 49/28.

460 Beschl. der EU-Kommission v. 26. 01. 2011, 2011/527/EU, berichtigt durch Beschluss v. 15.04.2011, K (2011) 275 ABl.EU 2011 L 235/26.

461 Nichtigkeitsklage der Bundesrepublik Deutschland gegen Kommission v. 7. 04. 2011, EuG T-205/11, ABl.EU 2011 C 186/28.

462 Vgl. dazu vorstehende Ausführungen auf Seite 52 ff.

463 Beschl. der EU-Kommission v. 26. 01. 2011, 2011/527/EU, berichtigt durch Beschluss v. 15.04.2011, K (2011) 275 ABl.EU 2011 L 235/26.

zu erklären, soweit die EU-Kommission in Art. 2 des Beschlusses entschieden hat, dass Einzelbeihilfen in voller Höhe zurückzufordern sind, wenn der Betrag 500 000 € überschreitet. Zur Begründung führt die Bundesrepublik Deutschland insoweit aus, die EU-Kommission habe zu Unrecht diesen Betrag als eine Freigrenze und nicht als einen Freibetrag angesehen[464].

b) Gewährung von Aussetzung der Vollziehung (AdV) nach § 69 FGO durch nationales Finanzgericht

Im Hinblick auf die daraus sich ergebenden Zweifel an der Rechtmäßigkeit der Entscheidung der EU-Kommission hat das Finanzgericht (FG) Münster auf einen entsprechenden Antrag nach § 69 der Finanzgerichtsordnung (FGO) für die begehrte vorübergehende Anwendung der Sanierungsklausel Aussetzung der Vollziehung gewährt[465].

Das FG musste sich in seiner Entscheidung insbesondere auch mit der Rechtsfrage auseinandersetzen, dass eine beim EuG anhängige Nichtigkeitsklage nach Art. 278 Satz 1 AEUV grundsätzlich keine aufschiebende Wirkung hat und eine solche grundsätzlich erst eintritt, wenn das EuG diese angeordnet hat.

Das FG Münster nimmt insoweit Bezug auf die ständige Rechtsprechung des EuGH, wonach unter bestimmten Voraussetzungen[466] auch die nationalen Gerichte vorläufigen Rechtsschutz gegen einen nationalen Verwaltungsakt gewähren dürfen, der auf dem Unionsrecht beruht bzw. Unionsrecht umsetzt[467]. Im Streitfall seien diese Voraussetzungen erfüllt. Denn das FG habe erhebliche Zweifel an der Gültigkeit des unionsrechtlichen Rechtsakts, zu dem beim EuG zahlreiche Klageverfahren anhängig seien[468]. Ferner sei die Gewährung des

464 Nichtigkeitsklage der Bundesrepublik Deutschland gegen Kommission v. 7. 04. 2011, EuG T-205/11, ABl.EU 2011 C 186/28.

465 Vgl. hierzu FG Münster, Beschl. v. 1. 08.2011 9 V 357/11 K, G, DStR 2011, 1507, EFG 2012, 165.

466 Vgl. EuGH, Urt. v. 21. 02. 1991 C-143/88 und C-92/89, *Zuckerfabrik Süderdithmarschen u.a.*, Slg. 1991 I-415-554 Rz 22–33; EuGH, Urt. v. 9. 11. 1995 C-465/93, *Atlanta Fruchthandelsgesellschaft u.a.*, Slg. 1995 I-3761-3797 Rz 31–51; EuGH, Urt. v. 26. 11. 1996 C-68/95, *T. Port*, Slg. 1996 I-06065 Rz 46–51; vgl. auch Wernsmann, Vorabentscheidungsverfahren in „Rechtsschutz im öffentlichen Recht“, herausgegeben von Ehlers/Schoch, Berlin 2009, § 11 Rz 53 ff.

467 Vgl. hierzu FG Münster, Beschl. v.1. 08.2011 9 V 357/11 K, G, DStR 2011, 1507, EFG 2012, 165 unter II.2.b.aa.

468 Vgl. hierzu FG Münster, Beschl. v.1. 08.2011 9 V 357/11 K, G, DStR 2011, 1507, EFG 2012, 165 unter II.2.b.aa.(4) (a).

vorläufigen Rechtsschutzes erforderlich, um einen schweren und nicht wiedergutzumachenden Schaden des Beteiligten zu vermeiden[469]. Schließlich würden bei einer Gewährung von AdV das Interesse der Union und die zur aufgeworfenen Rechtsfrage existierende Rechtsprechung des EuGH und des EuG in angemessener Weise berücksichtigt[470].

Für die Gewährung der AdV war in dem vom FG Münster entschiedenen Fall außerdem maßgeblich, dass das FG Hamburg die Regelung in § 8c Abs. 1 Satz 1 KStG[471] wegen eines Verstoßes gegen Art. 3 Abs. 1 des Grundgesetzes (GG) insbesondere aufgrund der Benachteiligung on Kapitalgesellschaften mit Anteilseignerwechsel gegenüber solchen ohne Anteilseignerwechsel für verfassungswidrig hält und daher gemäß Art. 100 Abs. 1 GG im Rahmen eines Normenkontrollverfahrens dem BVerfG vorgelegt hat[472]. Das FG Münster führt hierzu aus, dass die Verfassungswidrigkeit der Regelung in § 8c Abs. 1 Satz 1 KStG im Streitfall auch die Rechtswidrigkeit der angefochtenen Bescheide zur Folge hätte. Eine Entscheidung des BVerfG zu dem unter dem Aktenzeichen 2 BvL 6/11 geführten Verfahren ist insoweit noch nicht ergangen.

c) Schaffung der Übergangsregelung in § 34 Abs. 7c KStG[473] durch nationalen Gesetzgeber

Danach hat der Gesetzgeber für die Anwendung der Sanierungsklausel in § 8c Abs.1a KStG drei verschiedene Konstellationen vorgesehen:

aa) Nichtigerklärung des Beschlusses der EU-Kommission[474] durch EuG bzw. EuGH

Die Sanierungsklausel ist jedenfalls anwendbar, wenn der Beschluss der EU-Kommission durch eine rechtskräftige Entscheidung des EuG oder des EuGH

---

469 Vgl. hierzu FG Münster, Beschl. v.1. 08.2011 9 V 357/11 K, G, DStR 2011, 1507, EFG 2012, 165 unter II.2.b.aa.(4) (b).

470 Vgl. hierzu FG Münster, Beschl. v.1. 08.2011 9 V 357/11 K, G, DStR 2011, 1507, EFG 2012, 165 unter II.2.b.aa.(4) (c) und (d).

471 § 8c Abs. 1 Satz 1 KStG i.d.F. des Unternehmenssteuerreformgesetzes 2008 v. 14. 08. 2007, BGBl I 2007, 1912.

472 Vgl. FG Hamburg, Beschl. v. 4. 04. 2011 2 K 33/10, EFG 2011, 1468, sowie Verfahrensaussetzung BFH, Beschl. v. 28. 10. 2011 I R 31/11, BFH/NV 2012, 605.

473 § 34 Abs. 7c KStG i. d. Fassung v. 20. 02. 2013, BGBl I 2013, 285.

474 Beschl. der EU-Kommission v. 26. 01. 2011, 2011/527/EU, berichtigt durch Beschluss v. 15.04.2011, K (2011) 275 ABl.EU 2011 L 235/26.

für nichtig erklärt und zugleich festgestellt wird, dass es sich insoweit nicht um eine staatliche Beihilfe i.S. von Art. 107 Abs. 1 AEUV handelt.

bb) Geänderter positiver Beschluss der EU-Kommission

Ferner soll die Sanierungsklausel gelten, wenn die EU-Kommission in Anwendung von Art. 7 Abs. 2, 3 oder 4 der VO Nr. 659/1999[475] einen – geänderten – Beschluss zur Vereinbarkeit von § 8c Abs. 1a KStG mit dem Beihilfeverbot fasst und mit diesem weder die Aufhebung noch die Änderung dieser Vorschrift verlangt.

cc) Erfüllung der besonderen Voraussetzungen von Art. 2 des Beschlusses der EU-Kommission[476]

Schließlich ist die Sanierungsklausel anwendbar, wenn der Beihilfebetrag 500 000 € nicht überschreitet, der Begünstigte zum 1. Juli 2008 kein Unternehmen in Schwierigkeiten war und alle anderen Voraussetzungen nach Abschnitt 4.2.2 des Vorübergehenden Gemeinschaftsrahmens[477] und des Beschlusses zur Genehmigung der deutschen Beihilferegelung erfüllt sind. Voraussetzung ist insoweit außerdem, dass die Steuerfestsetzung noch vor der Negativentscheidung der EU-Kommission vom 26. Januar 2011 erfolgt ist.

5. Zurückweisung der von Deutschland erhobenen Nichtigkeitsklage

Das EuG hat die von der Bundesrepublik Deutschland am 7. April 2011 erhobene Nichtigkeitsklage mit Beschluss vom 18. Dezember 2012 wegen Versäumung der zweimonatigen Klagefrist nach Art. 263 Abs. 6 AEUV inzwischen als unzulässig verworfen[478].

---

475 Verordnung (EG) Nr. 650/1999 des Rates v. 22. März 1999 über besondere Vorschriften für die Anwendung v. Art. 93 des EG-Vertrags, ABl.EU 1999 L 83/1.

476 Art. 2 Beschl. der EU-Kommission v. 26. 01. 2011, 2011/527/EU, berichtigt durch Beschluss v. 15.04.2011, K (2011) 275 ABl.EU 2011 L 235/26.

477 Mitteilung der Kommission – Vorübergehender Gemeinschaftsrahmen für staatliche Beihilfen zur Erleichterung des Zugangs zu Finanzierungsmitteln in der gegenwärtigen Finanz- und Wirtschaftskrise i. d. Fassung v. 11. 01. 2011, ABl.EU 2011 C 6/5.

478 EuG, Beschl. v. 18. 12. 2012 T-205/11, IStR 2013, 101, DStR 2013, 132; vgl. dazu auch Dörr, „Sanierungsklausel – noch 15 Verfahren anhängig", NWB 6, 2013, 329; das

6. Zulässigkeit der noch anhängigen Nichtigkeitsklagen der Unternehmen

In den Klageverfahren der privaten Unternehmen, denen die Bundesrepublik Deutschland beigetreten ist[479], steht eine Entscheidung hingegen noch aus.

Auch in diesen Verfahren argumentiert die EU-Kommission dahingehend, dass die entsprechenden Nichtigkeitsklagen unzulässig seien[480]. Denn nach Art. 263 Abs. 4 AEUV dürfen solche Klagen nur von Personen erhoben werden, die von der entsprechenden Entscheidung unmittelbar und individuell betroffen sind[481].

a) Unmittelbare Betroffenheit

Eine unmittelbare Betroffenheit in diesem Sinne ist gegeben, wenn die Entscheidung der EU-Kommission zum einen unmittelbare Folgen für die Rechtslage des Begünstigten hat und zum anderen derjenige, der zur Umsetzung der Kommissionsentscheidung verpflichtet ist, dabei kein Ermessen ausüben darf[482]. Diese müsste bei der Sanierungsklausel hinsichtlich der betroffenen Unternehmen zu bejahen sein, weil die Bundesrepublik Deutschland bei der Rückforderung der gewährten Steuervergünstigung wegen der Anordnung in Art. 4 Abs. 2 der Entscheidung der EU-Kommission[483] kein Ermessenspielraum zusteht[484].

b) Individuelle Betroffenheit

Andere Personen als die Adressaten der Entscheidung können nach der ständigen Rechtsprechung des EuG und des EuGH nur dann individuell betroffen sein, wenn diese Entscheidung sie wegen bestimmter persönlicher Eigenschaften

---

hiergegen von der Bundesrepublik Deutschland eingelegte Rechtsmittelverfahren ist beim EuGH unter dem Aktenzeichen C-102/13 *Bundesrepublik Deutschland/EU-Kommission* anhängig.

479 Vgl. Kippenberg, IStR 2013, 101; Klemt, DStR 2013, 1057.

480 Vgl. Kippenberg, IStR 2013, 101.

481 Vgl. dazu Blumenberg/Haisch, FR 2012, 12.

482 Vgl. z.B. EuG, Beschl. v. 20. 09. 2007 T-136/05, *EARL Salvat père & fils u.a.*, Slg. 2007, II-4063 Rz 76.

483 Beschl. der EU-Kommission v. 26. 01. 2011, 2011/527/EU, berichtigt durch Beschluss v. 15.04.2011, K (2011) 275 ABl.EU 2011 L 235/26.

484 Blumenberg/Haisch, FR 2012, 12, 13.

oder besonderer, sie aus dem Kreis aller übrigen Personen heraushebender Umstände berührt und sie dadurch in ähnlicher Weise individualisiert wie einen Adressaten[485]. Demgemäß kann ein Unternehmen eine Entscheidung der Kommission, mit der eine sektorielle Beihilferegelung verboten wird, grundsätzlich nicht anfechten, wenn es von ihr nur wegen seiner Zugehörigkeit zu dem fraglichen Sektor und seiner Eigenschaft als durch diese Regelung potentiell Begünstigter betroffen ist[486]. Etwas anderes gilt nach der Rechtsprechung des EuGH beispielsweise dann, wenn das entsprechende Unternehmen tatsächlich Begünstigter einer gewährten individuellen Beihilfe ist, deren Rückforderung die EU-Kommission angeordnet hat[487].

Die Kläger tragen in den anhängigen Nichtigkeitsklagen[488] hierzu vor, dass im Steuerrecht schon die Tatbestandsverwirklichung einer Norm regelmäßig die individuelle Betroffenheit begründe. Die entsprechenden Steuerbescheide ergingen stets erst im Nachhinein. Die Haltung der EU-Kommission führe dazu, dass die Kläger rechtsschutzlos gestellt würden.

Im Hinblick auf die bisherige Rechtsprechung des EuGH ist zweifelhaft, ob diese Argumentation alleine ausreicht, um die Zulässigkeit der von den Unternehmen erhobenen Privatklagen zu bejahen. Mit *Blumenberg/Haisch* und *Kippenberg* erscheint es aber überzeugend, dass die Klagen derjenigen Unternehmen, die bereits vor der negativen Entscheidung der EU-Kommission vom 26. Januar 2011[489] verbindliche Zusagen für die Möglichkeit der Anwendung der Sanierungsklausel erhalten haben, die Zulässigkeitshürde in diesem Punkt überwunden haben dürften[490]. Denn das Finanzamt ist nach § 89 Abs. 2 Satz 1 AO i.V.m. § 2 Abs. 1 Satz 1 StAuskV bei seiner zukünftigen Steuerentscheidung an die erteilte verbindliche Auskunft gebunden[491]. *Blumenberg/Haisch*[492]

485 EuG, Beschl. v. 20. 09. 2007 T-136/05, *EARL Salvat père & fils u.a.*, Slg. 2007, II-4063 Rz 64; EuGH, Urt. v. 19. 10. 2000 C-15/98, *Italien und Sardegna Lines/Kommission*, Slg. 2000 I-08855 Rz 31; EuGH, Urt. v. 15. 07. 1963 25/62, *Plaumann/Kommission*, Slg. 1963, 213.

486 EuGH, Urt. v. 19. 10. 2000 C-15/98, *Italien und Sardegna Lines/Kommission*, Slg. 2000 I-08855 Rz 33.

487 EuGH, Urt. v. 19. 10. 2000 C-15/98, *Italien und Sardegna Lines/Kommission*, Slg. 2000 I-08855 Rz 34.

488 Vgl. Kippenberg, IStR 2013, 101.

489 Beschl. der EU-Kommission v. 26. 01. 2011, 2011/527/EU, berichtigt durch Beschluss v. 15.04.2011, K (2011) 275 ABl.EU 2011 L 235/26.

490 Vgl. Blumenberg/Haisch, FR 2012, 12; Kippenberg, IStR 2013, 101.

491 Vgl. Blumenberg/Haisch, FR 2012, 12.

492 Blumenberg/Haisch, FR 2012, 12, 13.

nehmen in diesem Zusammenhang ergänzend auf die Entscheidung des EuGH[493] in der Rechtssache *„Belgien und Forum 187/Kommission"* Bezug: Gegenstand des Verfahrens war die Zulässigkeit einer staatlichen Beihilfe in Gestalt einer Steuervergünstigung gegenüber sog. Koordinationszentren in Belgien. Der EuGH bejahte die individuelle Betroffenheit nicht nur derjenigen Unternehmen, welche die Beihilfe bereits erhalten hatten, sondern auch derjenigen, die bis dato lediglich einen Antrag auf Gewährung einer entsprechenden Steuervergünstigung gestellt hatten, der noch nicht beschieden war. Bei Übertragung der Rechtsgrundsätze des EuGH auf die hier vorliegende Fragestellung ergibt sich, dass bei einer auf einen entsprechenden Antrag bereits erteilten verbindlichen Auskunft eine individuelle Betroffenheit „erst recht" gegeben sein müsste[494].

7. Begründetheit der noch anhängigen Nichtigkeitsklagen

a) Kritische Erörterung des Beschlusses der EU-Kommission[495] in Literatur[496] und Rechtsprechung[497]

Die Literatur und Rechtsprechung unterstützen die Bundesregierung und die klagenden Unternehmen überwiegend[498] in ihrer Haltung zur vermeintlichen

493 EuGH, Urt. v. 22. 06. 2006 C-182/03 und C-217/03, *Belgien und Forum 187/Kommission*, Slg. 2006, I-5479 Rz 61 und 63.

494 Vgl. Blumenberg/Haisch, FR 2012, 12, 13.

495 Beschl. der EU-Kommission v. 26. 01. 2011, 2011/527/EU, berichtigt durch Beschluss v. 15.04.2011, K (2011) 275 ABl.EU 2011 L 235/26.

496 Im Einzelnen Breuninger/Ernst, GmbHR 2011, 673 ff.; Ehrmann, DStR 2011,5; Drüen, DStR 2011, 289; Blumenberg/Haisch, FR 2012, 12; Herzig, Gastkommentar v. 25. 02. 2011, DB 2011, Nr. 08; Hey, StuW 2011, 131, 141; im Vorgriff bereits kritisch Jochum, FR 2011, 497; Marquart, IStR 2011, 445 ff.; Lang in: Praxis und Zukunft des deutschen internationalen Steuerrechts, 2012, 85 ff.

497 Vgl. Finanzgericht Münster, Beschl. v. 1. 08.2011 9 V 357/11 K, G, DStR 2011, 1507, EFG 2012, 165.

498 A.A. aber z. B. Klemt, DStR 2013, 1057; de Weerth, DB 2010, 1205, 1206 insbesondere unter Hinweis auf die von der Kommission veröffentlichten „Leitlinien der Gemeinschaft für staatliche Beihilfen zur Rettung und Umstrukturierung von Unternehmen in Schwierigkeiten" – ABl.EU 2004 C 244/2 -, wonach das Ausscheiden von leistungsschwachen Unternehmen als normaler Vorgang am Markt gilt; vgl. hierzu auch Fritze/Heithecker, EuZW 2010, 817 ff; am 6. 11. 2013 hat die EU-Entwurf einen neuen Entwurf von Leitlinien zur Rettung und Umstrukturierung von Unternehmen in Schwierigkeiten vorgelegt, vgl. www.fiw-online.de/de/aktuelles/2013.

Unionsrechtswidrigkeit der Sanierungsklausel gegenüber der EU-Kommission im Wesentlichen mit folgender steuersystematischer Argumentation:

aa) Festlegung eines unzutreffenden „Referenzsystems“[499]

Die EU-Kommission sei bei der Prüfung der Selektivität der Maßnahme insbesondere von einem unzutreffenden Referenzsystem ausgegangen. Sie habe zu Unrecht angenommen, dass die Vorschriften über den Verlustabzug bei Körperschaften das zutreffende Referenzsystem bildeten, wonach das Unternehmenssteuerrecht keine generelle Möglichkeit der Verlustverrechnung zulasse, sobald ein maßgeblicher Wechsel in der Eigentümerstellung vollzogen werde. Dies sei aber eine falsche Weichenstellung. Denn das Ergebnis der beihilferechtlichen Würdigung fiele anders aus, wenn nicht § 8c KStG, sondern die tragenden Prinzipien des deutschen Ertragsteuerrechts zum Referenzsystem erhoben würden. Das derart zu bestimmende Referenzsystem sei darum nicht der durch § 8c Abs. 1 Sätze 1 bis 3 KStG limitierte und konditionierte Verlustabzug bei Körperschaften, sondern der allgemeine, auch im Körperschaftsteuerrecht geltende Einkommensbegriff mit der interperiodischen Verlustberücksichtigung[500].

Die Forderung nach überperiodischer Verlustkompensation sei auch für Körperschaften aus dem im Steuerrecht geltenden auf dem verfassungsrechtlichen Diskriminierungsverbot des Art. 3 Abs. 1 GG beruhenden[501] Leistungsfähigkeitsprinzip[502] und damit dem objektiven Nettoprinzip abzuleiten[503]. Nach dem Leistungsfähigkeitsprinzip sei jeder Steuerpflichtige

499 Breuninger/Ernst, GmbHR 2010, 564, 565; Breuninger/Ernst, GmbHR 2011, 673, 682; Blumenberg/Haisch, FR 2012, 12, 14, 15, Drüen, DStR 2011, 289, 291; Ehrmann, DStR 2011, 5, 7; Marquart, IStR 2011, 445, 448; Finanzgericht Münster, Beschl. v.1. 08.2011 9 V 357/11 K, G, DStR 2011, 1507, EFG 2012, 165 unter II.2.b.aa. (4) (a); kritisch aber Klemt, DStR 2013 1057, 1059.

500 Drüen, DStR 2011, 289, 291; Ehrmann, DStR 2011, 5, 7; Hey, StuW 2011, 131, 141; Marquart, IStR 2011, 445, 448.

501 vgl. z.B. BVerfG, Beschl. v. 12. 10. 2010, 1 BvL 12/07, BVerfGE 127, 224, BVerfG, Urt. v. 6. 03. 2002, 2 BvL 17/99, BVerfGE 105, 73.

502 Blumenberg/Haisch, FR 2012, 12, 14, 15; Breuninger/Ernst, GmbHR 2010, 561, 562 und Breuninger/Ernst, GmbHR 2011, 673, 682.

503 Breuninger/ Ernst, GmbHR 2010, 561, 562 und Breuninger/Ernst GmbHR 2011, 673, 682. Drüen, DStR 2011, 289, 291; vgl. Lang in Tipke/Lang, Steuerrecht, 20. Aufl. 2010, § 9, Rn. 61 ff., m.w.N.

entsprechend seiner finanziellen Leistungsfähigkeit gleichmäßig zur Finanzierung der allgemeinen Staatsaufgaben heranzuziehen; daraus ergebe sich, dass vom Steuerpflichtigen erlittene Verluste abziehbar sein müssten[504].

Die Regelung des § 8c Abs. 1 KStG sei ferner Ausdruck des Trennungsprinzips[505] als weiteren systemtragenden Grundsatz des Ertragsteuerrechts. Danach seien für die Besteuerung von Körperschaften ausschließlich Tatbestände maßgebend, welche die Körperschaft selbst erfülle, während Vorgänge auf der Anteilseignerebene unbeachtlich blieben; dementsprechend könne auch ein Beteiligungserwerb grundsätzlich nicht zum Untergang von Verlusten auf Kapitalgesellschaftsebene führen[506]. Die durch § 8c Abs. 1 KStG auch im Raum stehende Verletzung des Trennungsprinzips sei im Übrigen auch der Grund für den Vorlagebeschluss[507] des FG Hamburg an das BVerfG. Die EU-Kommission habe die Bedeutung des Trennungsprinzips in diesem Zusammenhang von vorneherein verkannt[508].

Im Körperschaftsteuerrecht seien über § 8 Abs. 1 KStG grundsätzlich dieselben Regeln für die Verlustregelung wie im Einkommensteuerrecht einschließlich der sog. Mindestbesteuerung nach § 10d Abs. 2 EStG anwendbar. Diese systematischen Grundaussagen, von denen § 8c Abs. 1 Sätze 1 bis 4 KStG eine Ausnahme mache, die ihrerseits wiederum durch systembedingte Rückausnahmen eingeschränkt werde, bildeten das Referenzsystem[509]. Demgegenüber gehe die EU-Kommission unzutreffend davon aus, dass es eine allgemeine Regel für Körperschaften gebe, bei denen es zu einem Beteiligungserwerb komme, wonach der Verlustvortrag nur begrenzt möglich sei[510].

Schließlich habe der EuGH[511] vor kurzem entschieden, dass es für die Selektivität einer Maßnahme nicht auf die Regelungstechnik, sondern auf die materielle Wirkung der Maßnahme ankomme. Auch vor diesem Hintergrund lasse sich die Auffassung der EU-Kommission im Hinblick auf das Referenzsystem nicht mehr halten[512].

---

504 Blumenberg/Haisch, FR 2012, 12, 15.

505 Blumenberg/Haisch, FR 2012, 12, 15; Breuninger/Ernst, GmbHR 2011, 673, 682.

506 Blumenberg/Haisch, FR 2012, 12, 15, 16; Breuninger/Ernst, GmbHR 2011, 673, 683.

507 Finanzgericht Hamburg, Beschl. v. 4. 04. 2011 – 2 K 33/10, EFG 2011, 1460.

508 Marquart, IStR 2011, 445, 448.

509 Drüen, DStR 2011, 289, 291.

510 Drüen, DStR 2011, 289, 291.

511 EuGH, Urt. v. 15. 11. 2011 C-106/09 P und C-107/09 P, *Gibraltar*, HFR 2012, 102, BFH/NV 2012, 365.

512 Vgl. Blumenberg/Haisch, FR 2012, 12, 17.

bb) Sanierungsklausel als allgemeine Maßnahme

Die Sanierungsklausel sei eine allgemeine – und damit keine selektive – Maßnahme, weil sie allen Körperschaften in der Bundesrepublik Deutschland offen stehe und zugute kommen könne[513]. Gerade angesichts der Erfahrungen der Finanz- und Wirtschaftskrise sei deutlich geworden, dass jedes Unternehmen – innerhalb kürzester Zeit und auch unverschuldet – in eine Sanierungssituation geraten könne. Bei der Sanierungssituation handele es sich als Voraussetzung für die Inanspruchnahme der Sanierungsklausel um eine horizontale, potentiell für alle Unternehmen gleichermaßen geltende Bedingung. Welches Unternehmen aus der Maßnahme tatsächlich Nutzen ziehe, sei letztlich nur „ex post" feststellbar; damit stelle sich die finanzielle Situation als „dynamisches" Wettbewerbsmerkmal dar, das die Annahme der Selektivität der Maßnahme allein nicht begründen könne[514]. Außerdem habe die Finanzverwaltung bei Vorliegen der entsprechenden Voraussetzungen kein Ermessen hinsichtlich der Anwendung der Sanierungsklausel[515].

Diese Annahme werde im Übrigen auch gestützt durch die jüngere Rechtsprechung des EuGH[516], wonach das Anknüpfen einer Steuerregelung an das Erzielen und die Höhe eines Gewinns keine selektive Wirkung habe, weil es sich dabei lediglich um „zufällige Umstände" handele, die bei jedem Wirtschaftsteilnehmer vorliegen könnten. Diese Rechtsgrundsätze seien auf den Fall des Eintritts der Sanierungsbedürftigkeit in Form einer unmittelbar bevorstehenden Zahlungsunfähigkeit oder Überschuldung übertragbar[517].

---

513 Vgl. Blumenberg/Haisch, FR 2012, 17; Marquart, IStR 2011, 445, 450, 451; Finanzgericht Münster, Beschl. v.1. 08.2011 9 V 357/11 K, G, DStR 2011, 1507, EFG 2012, 165 unter II.2.b.aa.(4) (a).

514 Marquart, IStR 2011, 445, 451.

515 Vgl. im Einzelnen Blumenberg/Haisch, FR 2012, 12, 17; Marquart, IStR 2011, 445, 450, 451, Finanzgericht Münster, Beschl. v.1. 08.2011 9 V 357/11 K, G, DStR 2011, 1507, EFG 2012, 165 unter II.2.b.aa.(4) (a).

516 EuGH, Urt. v. 15. 11. 2011 C-106/09 P und C-107/09 P, *Gibraltar*, HFR 2012, 102, BFH/NV 2012, 365 Rz 83.

517 Vgl. im Einzelnen Blumenberg/Haisch, FR 2012, 12,18; dies bezweifelnd Breuninger/Ernst, GmbHR 2011, 673, 680.

cc) Keine einschlägigen Vorgaben in der europäischen Rechtsprechung[518]

Die EU-Kommission habe in ihrem Beschluss[519] über die Sanierungsklausel zu Unrecht behauptet, dass die Annahme der Selektivität mit den Entscheidungen des EuGH[520] bzw. des EuG[521] im Einklang stehe. Denn abweichend von der Darstellung der EU-Kommission in ihrer Entscheidung[522] sei sowohl bei der Entscheidung des EuGH in der Rechtssache „*DMT*"[523] als auch bei dem Urteil des EuG in der Rechtssache „*HAMSA*"[524] der Umstand, dass es sich jeweils um eine Ermessensentscheidung der Behörde gehandelt habe, entscheidend für die Annahme einer selektiven – und nicht allgemeinen – Maßnahme gewesen[525].

Auch der Vortrag der EU-Kommission[526], wonach Generalanwalt Fennelly in den Schlussanträgen zur Rechtssache „*Ecotrade*"[527] bestätigt habe, dass Vorschriften, die für alle Unternehmen in Schwierigkeiten gelten, selektiv seien und eine staatliche Beihilfe darstellen könnten, gehe fehl[528]. Denn in dem der Rechtssache „*Ecotrade*" zugrunde liegenden Sachverhalt habe es sich nicht um Bestimmungen gehandelt, die unterschiedslos für alle Unternehmen in Schwierigkeiten anwendbar gewesen seien, sondern um Regelungen, die zum einen Großunternehmen mit überwiegend öffentlichen Stellen als Gläubiger

---

518 Vgl. im Einzelnen Blumenberg/Haisch, FR 2012, 12,18,19.

519 Beschl. der EU-Kommission v. 26. 01. 2011, 2011/527/EU, berichtigt durch Beschluss v. 15.04.2011, K (2011) 275 ABl.EU 2011 L 235/26.

520 EuGH, Urt. v. 29. 06. 1999, C-256/97, *Déménagements-Manutention Transport SA (DMT)*, Slg. 1999 I-3913.

521 EuG, Urt. v. 11. 07. 2002, T-152/99, *Hijos de Andrés Molina, S.A. – HAMSA/Kommission*, Slg.2002 II-3049.

522 Beschl. der EU-Kommission v. 26. 01. 2011, 2011/527/EU, berichtigt durch Beschluss v. 15.04.2011, K (2011) 275 ABl.EU 2011 Nr. L 235/26 ABl.EU 2011 Nr. L 235/26 Rz 74–76.

523 EuGH, Urt. v. 29. 06. 1999, C-256/97, *Déménagements-Manutention Transport SA (DMT)*, Slg. 1999 I-3913 Rz 28 und 30.

524 EuG, Urt. v. 11. 07. 2002, T-152/99, *Hijos de Andrés Molina, S.A. – HAMSA/Kommission*, Slg.2002 II-3049 Rz 157.

525 Vgl. im Einzelnen Blumenberg/Haisch, FR 2012, 12,18,19.

526 Beschl. der EU-Kommission v. 26. 01. 2011, 2011/527/EU, berichtigt durch Beschluss v. 15.04.2011, K (2011) 275 ABl.EU 2011 L 235/26 Rz 77.

527 Schlussanträge GA Fennelly v. 16. 07. 1998, C-200/97, *Ecotrade Srl gegen Altifonri e Ferriere die Servola SpA (AFS)*, Slg 1998 I-07907 Rz. 26–32.

528 Vgl. im Einzelnen Blumenberg/Haisch, FR 2012, 12, 19; Breuninger/Ernst, GmbHR 2011, 673, 680, Finanzgericht Münster, Beschl. v.1. 08.2011 9 V 357/11 K, G, DStR 2011, 1507, EFG 2012, 165 unter II.2.b.aa.(4) (a).

bevorzugten und zum anderen der Verwaltung auch Ermessensspielräume gewährten. Auf diese beiden Umstände habe auch der EuGH[529] in seiner das Verfahren abschließenden Entscheidung maßgeblich abgestellt[530].

Im Umkehrschluss ergebe sich aus den genannten Entscheidungen und Schlussanträgen, dass eine Maßnahme, die für alle Unternehmen in Schwierigkeiten gelte und die den Behörden keinen Ermessenspielrum eröffne, keine selektive Wirkung habe[531].

dd) Keine Beeinträchtigung oder Verfälschung des Wettbewerbs im Binnenhandel[532]

Danach erscheine es grundsätzlich als zweifelhaft, ob bei der Rückführung einer nationalen Regelung auf den gebotenen Umfang – hier die Einräumung der Möglichkeit zur Nutzung eines Verlustvortrags – überhaupt eine Wettbewerbsbeeinträchtigung gesehen werden könne. Dies stelle ggf. die Autonomie der Mitgliedstaaten im Bereich der direkten Steuern in Frage[533].

ee) Widerspruch zu bindenden Verhaltensnormen der EU-Kommission[534]

Ferner widerspreche der Beschluss der EU-Kommission[535] ihrer eigenen Rechtsauffassung, die sie in der Mitteilung[536] über die Anwendung der Vorschriften über staatliche Beihilfen auf Maßnahmen im Bereich der direkten Unternehmensbesteuerung geäußert habe: Unter Rz 13 der genannten Mitteilung habe die EU-Kommission u.a. ausgeführt, dass rein steuertechnische Maßnahmen, wozu beispielsweise auch die Vorschriften über den Verlustvortrag gehörten, keine staatlichen Beihilfen, sondern allgemeine Maßnahmen darstellten. Nach

529 EuGH, Urt. v. 1. 12. 1998, C-200/97, *Ecotrade Srl gegen Altifonri e Ferriere die Servola SpA (AFS)*, Slg. 1998, I-7907 Rz 38–40.

530 Vgl. im Einzelnen Blumenberg/Haisch, FR 2012, 12,19.

531 So Blumenberg/Haisch, FR 2012, 12,19.

532 Breuninger/Ernst, GmbHR 2011, 673, 682.

533 Breuninger/Ernst, GmbHR 2011, 673, 683, 684, vgl. auch Marquart, IStR 2011, 445, 450.

534 Blumenberg/Haisch, FR 2012, 12,19.

535 Beschl. der EU-Kommission v. 26. 01. 2011, 2011/527/EU, berichtigt durch Beschluss v. 15.04.2011, K (2011) 275 ABl.EU 2011 L 235/26.

536 Vgl. Mitteilung der Kommission v. 11.11.1998 über die Anwendung der Vorschriften über staatliche Beihilfen auf Maßnahmen im Bereich der Unternehmensbesteuerung, 98/C, ABl.EG 1998 C 384/3 Rz 13.

der Rechtsprechung des EuGH[537] sei die EU-Kommission indes an ihre eigene Mitteilung, die insoweit eine Verhaltensnorm darstelle, gebunden[538].

ff) Rechtfertigung der Sanierungsklausel aus der Natur des Steuersystems

Die Sanierungsklausel bewirke, dass unter Beachtung des inneren Aufbaus der deutschen Steuerrechtsvorschriften, die vom Leistungsfähigkeitsprinzip und vom Trennungsprinzip geprägt seien, der Grundsatz der interperiodischen Verlustberücksichtigung – einschließlich des Fortbestands von Verlustvorträgen bei Beteiligungserwerb – wieder zum Tragen komme. Im Ergebnis sei die Sanierungsklausel daher als besondere Ausprägung des Referenzsystems zu begreifen, die aus der Natur und dem inneren Aufbau des Steuersystems gerechtfertigt sei[539].

gg) Keine Belastung der öffentlichen Haushalte

Die Sanierungsklausel stelle auch deshalb keine staatliche Beihilfe im Sinne von Art. 107 Abs. 1 AEUV dar, weil eine Körperschaft im Falle einer Insolvenz regelmäßig keine steuerpflichtigen Gewinne erwirtschafte und etwa anfallende Steuern ohnehin nicht begleichen könne. Im Fall der Abwendung einer Insolvenz durch eine gelungene Sanierung bestünde demgegenüber die Möglichkeit, dass die Körperschaft in Zukunft wieder steuerpflichtige Gewinne erwirtschafte und zudem Umsatzsteuer und Lohnsteuer abführen könnte[540].

b) Stellungnahme

Nachfolgend gilt es, die von der Bundesrepublik Deutschland und in der Literatur aufgeführten Argumente gegen den Beschluss der EU-Kommission[541] im Einzelnen zu würdigen:

---

537 EuGH, Urt. v. 15. 11. 2011 C-106/09 P und C-107/09 P, *Gibraltar*, HFR 2012, 102, BFH/NV 2012, 365 Rz 146.

538 Vgl. Blumenberg/Haisch, FR 2012, 12,19.

539 Vgl. Blumenberg/Haisch, FR 2012, 12,20.

540 Vgl. Blumenberg/Haisch, FR 2012, 12,20,21.

541 Beschl. der EU-Kommission v. 26. 01. 2011, 2011/527/EU, berichtigt durch Beschluss v. 15.04.2011, K (2011) 275 ABl.EU 2011 L 235/26.

aa) Vereinbarkeit mit dem „Grundsatz des privaten Gläubigers"?

Dieser von der Bundesrepublik Deutschland gegenüber der EU-Kommission[542] aufgegriffene Gedanke, wonach der anteilige Verzicht auf Forderungen bei einer Gefährdung des angestrebten Fortbestandes des Dauerschuldverhältnisses dem Verhalten eines marktwirtschaftlich handelnden privaten Gläubigers entspricht, ist von der Literatur und der Rechtsprechung m.E. zu Recht entweder gar nicht thematisiert oder eher zurückhaltend wahrgenommen worden[543]. Die Argumentation der EU-Kommission, dass die Situation, bei der es um die Ausgestaltung des materiellen Steuerrechts geht und der Fiskus dem Bürger als Träger öffentlicher Gewalt gegenübertritt, wohl kaum vergleichbar ist mit dem Fall des freiwilligen Verzichts eines privaten Steuergläubigers auf dem Grunde nach berechtigte Zahlungsforderungen, ist nach meinem Dafürhalten richtig[544].

bb) Festlegung eines unzutreffenden „Referenzsystems"?

Dieser Einwand geht formal von der bislang geltenden Auffassung aus, dass bei der Prüfung der Selektivität der Maßnahme ein dreistufiger Aufbau zugrunde zu legen ist[545], bei dem zunächst zu prüfen ist, welche Folgerungen sich aus der normalen Anwendung des Steuersystems ergeben, und ob die in Frage stehende Maßnahme ggf. eine Ausnahme hiervon darstellt[546].

Wie bereits ausgeführt, hat der EuGH zwischenzeitlich der Maßgeblichkeit der „Regelungstechnik" einer Begünstigung bei der Prüfung der Selektivität einer Maßnahme eine Absage erteilt.

Vielmehr kommt es nach Auffassung des EuGH in erster Linie auf die Wirkung der jeweiligen Maßnahme an, nämlich darauf, ob bestimmte Unternehmen gegenüber anderen Unternehmen günstiger behandelt werden[547]. Damit geht

542 Beschl. der EU-Kommission v. 26. 01. 2011, 2011/527/EU, berichtigt durch Beschluss v. 15.04.2011, K (2011) 275 ABl.EU 2011 L 235/26 Rz 30, 57.

543 Vgl. Breuninger/Ernst, aaO, GmbHR 2011, 673, 680.

544 Beschl. der EU-Kommission v. 26. 01. 2011, 2011/527/EU, berichtigt durch Beschluss v. 15.04.2011, K (2011) 275 ABl.EU 2011 Nr. L 235/26 ABl.EU 2011 Nr. L 235/26 Rz 35,36, Breuninger/Ernst, GmbHR 2011, 673, 680.

545 Vgl. im Einzelnen vorstehende Ausführungen auf S. 48 ff.

546 Vgl. statt vieler Mitteilung der Kommission v. 11.11.1998 über die Anwendung der Vorschriften über staatliche Beihilfen auf Maßnahmen im Bereich der Unternehmensbesteuerung, 98/C, ABl.EG 1998 C 384/3 Rz 15, 16.

547 Vgl. EuGH, Urt. v. 15. 11. 2011 C-106/09 P und C-107/09 P, *Gibraltar*, HFR 2012, 102, BFH/NV 2012, 365 Rz 87 ff. und hierzu im Einzelnen Lang, ÖStZ 2011/1070, 593, 597; vgl. auch Blumenberg/Haisch, FR 2012, 12,17.

m.E. einer der wesentlichen sich an der dreistufigen Prüfung der EU-Kommission orientierenden Kritikpunkte insoweit bei formaler Betrachtung anscheinend ins Leere. Auch in der Literatur wird die Auffassung vertreten, dass bei der Festlegung einer Regel im Verhältnis zur Ausnahme „unter der Hand“ Wertungen vorgenommen werden, die nur mit einem „Schein der Rationalität“ bemäntelt würden und daher unterbleiben sollten[548].

Die Änderung der Rechtsprechung des EuGH in diesem Zusammenhang führt aber m.E. nicht zugleich dazu, dass die Entscheidung der EU-Kommission im Hinblick auf die bejahte Selektivität der Maßnahme nicht mehr zu halten ist, weil die EU-Kommission noch die herkömmliche Prüfweise zugrunde gelegt hat. Vielmehr ist nun zu untersuchen, ob die Sanierungsklausel im Sinne der neueren Rechtsprechung des EuGH eine materielle Wirkung entfaltet, die eine Besserstellung bestimmter Unternehmen gegenüber anderen Unternehmen begründet, oder lediglich eine allgemeine Maßnahme darstellt[549].

cc) Sanierungsklausel als allgemeine Maßnahme?

Wie bereits dargestellt[550], liegt eine nicht spezifische allgemeine Maßnahme vor, wenn diese automatisch und unterschiedslos für alle Wirtschaftsteilnehmer in einem EU-Mitgliedstaat gilt, ohne dass insoweit ein Ermessensspielraum für die Behörden eines EU-Mitgliedstaats besteht.

Zwar lässt sich nicht bestreiten, dass die sanierungsbedürftigen Unternehmen unter den Voraussetzungen des § 8c Abs. 1a KStG weiterhin zum Verlustvortrag berechtigt sind, während dies bei nicht sanierungsbedürftigen Unternehmen nicht der Fall ist[551]. Andererseits ist aber kaum von der Hand zu weisen, dass eine Sanierungssituation gerade in Zeiten der Wirtschafts- und Finanzkrise möglicherweise viele – im Extremfall sogar alle –körperschaftsteuerpflichtige Unternehmen erfassen kann, die in einem solchen Fall alle – ohne weitere Unterscheidung – im Fall eines qualifizierten Anteilseignerwechsels von der

548 Vgl. Lang, aaO in: Praxis und Zukunft des deutschen internationalen Steuerrechts, Köln 2012, 96.

549 so sinngemäß Blumenberg/Haisch, FR 2012, 12,17.

550 Vgl. vorstehende Ausführungen auf S. 44.

551 Dies ist nach Ansicht von Klemt, DStR 2013, 1057, 1061 aber entscheidend für Annahme eines selektiven Vorteils im Sinne der bisherigen Prüfungsreihenfolge der EU-Kommission; in diesem Sinne auch de Weerth, DB 2010, 1205, 1206.

Anwendung der Sanierungsklausel profitieren können, ohne dass den Behörden insoweit ein Ermessensspielraum eingeräumt wurde[552].

Das von der EU-Kommission in ihrer Negativentscheidung angeführte Argument, dass das mit dieser Steuermaßnahme verfolgte Ziel außerhalb des Steuersystems liege[553], verfängt demgegenüber nicht. Denn auch nach Auffassung der EU-Kommission können allgemeine Maßnahmen solche sein, die ein Ziel der allgemeinen Wirtschaftspolitik verfolgen, indem die mit bestimmten Produktionskosten verbundene Steuerbelastung reduziert wird (z.B. Forschung und Entwicklung, Umweltschutz, Ausbildung und Beschäftigung)[554]. So war beispielsweise eine gesetzliche Regelung Italiens, die u.a. im Wege von Steuererleichterungen den Status der in der Schattenwirtschaft tätigen Unternehmer legalisierte[555], nach Auffassung der EU-Kommission eine allgemeine Maßnahme[556].

Vor diesem Hintergrund ist nicht ersichtlich, weshalb nicht auch die Einführung einer Sanierungsklausel zugunsten sanierungsbedürftiger Unternehmen mit dem Ziel des längerfristigen Erhalts von Arbeitsplätzen und der Sicherung des Steueraufkommens mit Steuereinnahmen des sanierten Unternehmens eine allgemeine – wirtschaftspolitische –Maßnahme in diesem Sinne darstellen soll.

In der Literatur[557] wird zudem zu Recht darauf hingewiesen, dass es bei der Annahme der Selektivität einer Maßnahme stets darauf ankommt, ob die etwa begünstigten Unternehmen sich durch gemeinsame, wettbewerbserhebliche Einzelmerkmale von anderen Unternehmen unterscheiden, wozu beispielsweise Produkt-, Projekt-, Tätigkeits-, Sektor-, und Rangspezifität gehören. Die im Unterschied zu diesen Merkmalen allgemeine finanzielle Situation eines Unternehmens stellt als dynamischer Prozess insoweit kein wettbewerbserhebliches Kriterium dar[558].

---

552 Blumenberg/Haisch, FR 2012, 12, 17; Finanzgericht Münster, Beschl. v.1. 08.2011 9 V 357/11 K, G, DStR 2011, 1507, EFG 2012, 165 unter II.2.b.aa.(4) (a).

553 Beschl. der EU-Kommission v. 26. 01. 2011, 2011/527/EU, berichtigt durch Beschluss v. 15.04.2011, K (2011) 275 ABl.EU 2011 L 235/26 Rz 89.

554 Vgl. Mitteilung der Kommission v. 11.11.1998 über die Anwendung der Vorschriften über staatliche Beihilfen auf Maßnahmen im Bereich der Unternehmensbesteuerung, ABl.EG 1998 C 384/3 Rz 13.

555 vgl. Lehnert, aaO, 47.

556 Entscheidung der EU-Kommission v. 13. 11. 2001, ABl.EG 2002 C 30/15.

557 Marquart, IStR 2011, 445, 450.

558 Marquart, IStR 2011, 445, 450; Breuninger/Ernst, GmbHR 2011, 673, 683.

Blumenberg/Haisch haben außerdem m.E. zutreffend betont[559], dass die EU-Kommission selbst ausdrücklich die Vorschriften über den Verlustvortrag als zulässige steuertechnische – und damit allgemeine – Maßnahme qualifiziert hat[560], woran sie nach der Rechtsprechung des EuGH[561] in der Rechtssache „*Gibraltar*" gebunden ist. Die Sanierungsklausel ist als eine Vorschrift „über den Verlustvortrag" in diesem Sinne anzusehen, so dass die EU-Kommission auch insoweit an ihre eigene Einschätzung gebunden sein müsste.

Die in der Literatur von *Klemt* durchgeführte Anwendung der Rechtsgrundsätze des EuGH-Urteils in der Rechtssache „*Gibraltar*"[562] führt zwar aus der dort vertretenen Sicht möglicherweise zum Teil zu einem anderen Ergebnis[563]. Auch diese Auffassung geht aber zutreffend davon aus, dass bei der danach gebotenen gleichheitsrechtlichen Prüfung diejenigen Unternehmen miteinander verglichen werden müssen, die sich in einer vergleichbaren tatsächlichen und rechtlichen Situation befinden[564]. Da grundsätzlich alle sanierungsbedürftigen Körperschaften mit qualifizierten Anteilseignerwechsel in den Anwendungsbereich von § 8c Abs. 1a KStG fallen, liegt nach meinem Dafürhalten kein selektiver Vorteil vor[565].

559 Blumenberg/Haisch, FR 2012, 12,19.

560 Vgl. Mitteilung der Kommission v. 11.11.1998 über die Anwendung der Vorschriften über staatliche Beihilfen auf Maßnahmen im Bereich der Unternehmensbesteuerung, ABl.EG 1998 C 384/3 Rz 13.

561 EuGH, Urt. v. 15. 11. 2011 C-106/09 P und C-107/09 P, *Gibraltar*, HFR 2012, 102, BFH/NV 2012, 365 Rz 146.

562 EuGH, Urt. v. 15. 11. 2011 C-106/09 P und C-107/09 P, *Gibraltar*, HFR 2012, 102, BFH/NV 2012, 365.

563 Vgl. auch Schön, Podiumsdiskussion: EU-Beihilferecht und Besteuerung – am Beispiel des § 8c KStG in: Praxis und Zukunft des deutschen internationalen Steuerrechts, Köln 2012, 124, 125.

564 So grundsätzlich auch Klemt, DStR 2013, 1057, 1060; vgl. auch Lang, aaO in:

565 a.A. im Ergebnis Klemt, DStR 2013, 1057, 1060; skeptisch auch Schön, Podiumsdiskussion: EU-Beihilferecht und Besteuerung – am Beispiel des § 8c KStG in: Praxis und Zukunft des deutschen internationalen Steuerrechts, Köln 2012, 124, 125; im Ergebnis zweifelnd unter Hinweis auf etwaige Gestaltungsüberlegungen Lang, Podiumsdiskussion EU-Beihilferecht und Besteuerung – am Beispiel des § 8c KStG in: Praxis und Zukunft des deutschen internationalen Steuerrechts, Köln 2012, 127.

dd) Keine einschlägigen Vorgaben in der europäischen Rechtsprechung?

Auch die Argumentation in der Literatur[566] und der Finanzgerichtsbarkeit[567], wonach es abweichend von der Auffassung der EU-Kommission keine entsprechenden Vorgaben in der europäischen Rechtsprechung gibt, ist m.E. stichhaltig. Denn in allen von der EU-Kommission[568] erörterten Fällen[569] war für die Annahme der Selektivität entscheidend, dass den betreffenden Behörden des jeweiligen EU-Mitgliedstaats insoweit ein Ermessensspielraum eingeräumt worden war, woran es bei der Anwendung der Sanierungsklausel fehlt.

c) Zwischenergebnis

Insgesamt gesehen stellt die Sanierungsklausel in § 8c Abs.1a KStG daher schon mangels der Gewährung eines selektiven Vorteils keine staatliche Beihilfe i.S. von Art. 107 Abs. 1 AEUV dar, sondern ist als eine zulässige allgemeine Maßnahme zu qualifizieren, die grundsätzlich allen Unternehmen offensteht. Es bedarf daher m.E. keiner Prüfung mehr dahingehend, ob die Maßnahme möglicherweise auch gerechtfertigt sein könnte[570], oder ob sie ggf. auf Art. 107 Abs. 3 AEUV gestützt werden könnte[571]. Die Entscheidungen des EuG über die noch anhängigen Nichtigkeitsklagen der deutschen Unternehmen stehen noch aus. Ggf. erhält der EuGH noch die Gelegenheit, in diesen Verfahren abschließend zu entscheiden[572].

---

566 Vgl. im Einzelnen Blumenberg/Haisch, FR 2012,12,19.

567 Finanzgericht Münster, Beschl. v.1. 08.2011 9 V 357/11 K, G, DStR 2011, 1507, EFG 2012, 165 unter II.2.b.aa.(4) (a).

568 Beschl. der EU-Kommission v. 26. 01. 2011, 2011/527/EU, berichtigt durch Beschluss v. 15.04.2011, K (2011) 275 ABl.EU 2011 L 235/26 Rz 70–79.

569 EuGH, Urt. v. 29. 06. 1999, C-256/97, *Déménagements-Manutention Transport SA (DMT)*, Slg. 1999 I-3913; EuG, Urt. v. 11. 07. 2002, T-152/99, *Hijos de Andrés Molina, S.A. – HAMSA/Kommission*, Slg. 2002 II-3049; Schlussanträge GA Fennelly v. 16. 07. 1998, C-200/97, *Ecotrade Srl gegen Altifonri e Ferriere die Servola SpA (AFS)*, Slg 1998 I-07907 Rz. 26–32.

570 Vgl. dazu Klemt, aaO, DStR 2013, 1057, 1061, wonach die Sanierungsklausel nicht durch die Natur und den Aufbau des Steuersystems gerechtfertigt ist.

571 Marquart, aaO, IStR 2011, 445, 451; Klemt, aaO, DStR 2013, 1057, 1061.

572 Vgl. dazu auch Hackemann, Sydow, Richtungsentscheidung des EuGH in der Rs. C-6/12, *P Oy* für die Voraussetzungen der Einstufung einer Sanierungsklausel als staatliche Beihilfe; Auswirkungen auf die suspendierte deutsche Sanierungsklausel des § 8c Abs. 1a KStG, IStR 2013, 786 ff.

II. Vereinbarkeit von nationalen Steuervergünstigungen für gemeinnützige Unternehmen mit dem Beihilfenverbot

Auch für die im nationalen Steuerrecht bestehenden Vergünstigungen für gemeinnützige Einrichtungen[573] ist fraglich, ob das Beihilfenverbot i. S. von Art. 107 Abs. 1 AEUV zu beachten ist. Da dies bislang noch nicht abschließend geklärt ist, wird nachfolgend anhand ausgewählter gesetzlicher Regelungen des Körperschaftsteuer-, und des Umsatzsteuerrechts untersucht, ob und in welchem Umfang dies der Fall sein könnte. Für die Praxis erscheint insbesondere von Bedeutung, ob das sog. Durchführungsverbot nach Art. 108 Abs. 3 Satz 3 AEUV gilt, das die Nichtanwendung der entsprechenden Bestimmungen zur Folge hätte.

1. Einführung

Steuerbefreiungen und Steuerermäßigungen werden im nationalen Steuerrecht häufig unter der Voraussetzung gewährt, dass die begünstigte Vereinigung gemeinnützige, mildtätige oder kirchliche Zwecke i. S. von §§ 51 ff. AO verfolgt. Dies gilt etwa für die Befreiung gemeinnütziger Körperschaften von der Körperschaftsteuer[574] sowie die umsatzsteuerrechtlichen Befreiungen[575] und die Anwendung des ermäßigten Umsatzsteuersatzes[576] für die Leistungen gemeinnütziger Einrichtungen[577].

Fraglich ist, ob die nationalen steuerrechtlichen Vergünstigungen für gemeinnützige Vereinigungen mit dem unionsrechtlichen Beihilfenverbot im Einklang stehen.

---

573 Vgl. dazu insgesamt Schauhoff, Handbuch der Gemeinnützigkeit, 3. Aufl. 2010.

574 § 5 Abs. 1 Nr. 9 KStG i. d. Fassung v. 26. 06. 2013.

575 §§ 4 Nr. 18 UStG, 4 Nr. 22 UStG i.d.F. der Bekanntmachung v. 21. 02. 2005 (BGBl 2005 I, 386), zuletzt geändert durch das AmtshilfeRLUmsG v. 26. 06. 2013 (BGBl I 2013, 1809).

576 § 12 Abs. 2 Nr. 8 Buchst. a UStG i.d.F. der Bekanntmachung v. 21. 02. 2005 (BGBl 2005 I, 386), zuletzt geändert durch das AmtshilfeRLUmsG v. 26. 06. 2013 (BGBl I 2013, 1809).

577 Blumenberg/Kring, aaO, 65.

2. EuGH-Rechtsprechung zu Steuervergünstigungen für gemeinnützige Einrichtungen

Nach der Rechtsprechung des EuGH haben die Steuervergünstigungen für gemeinnützige Einrichtungen grundsätzlich Beihilfecharakter[578].

Der EuGH hatte in der Rechtssache *Cassa di Risparmio di Firenze u.a.* über ein Vorabentscheidungsersuchen aus Italien zu befinden, dem folgender Sachverhalt[579] zugrunde lag:

Im Zuge der Privatisierung des italienischen Bankensystems Anfang der neunziger Jahre wurde das Bankgeschäft der öffentlich-rechtlichen Kreditinstitute auf neu gegründete Bankgesellschaften, die in Gestalt von Aktiengesellschaften betrieben wurden, übertragen. Zugleich fand eine Umwandlung der einbringenden Sparkassen in sog. Bankstiftungen statt, die mit ihrem jeweiligen Ausstattungsfonds im öffentlichen Interesse liegende sowie gemeinnützige Zwecke in den Bereichen Forschung, Bildung, Kunst und Gesundheit verfolgen. Zur Sicherstellung der Fortführung des Geschäftsbetriebs zwischen den Bankstiftungen und der Bankgesellschaft waren die Mitglieder des Verwaltungsausschusses der Bankstiftungen übergangsweise zugleich in den Verwaltungsräten der Bankgesellschaft tätig.

Eine der Bankstiftungen war Alleingesellschafterin zweier privatisierter Sparkassen und verfolgte die in Artikel 10bis des Gesetzes Nr. 1745/62 vom 29. Dezember 1962 genannten gemeinnützigen Zwecke. Sie beantragte deshalb die gesetzlich vorgesehene Befreiung von der Quellensteuer auf Gewinne, die ihr im Jahr 1998 aus der Beteiligung an den zwei Sparkassen zugeflossen waren. Voraussetzung für eine derartige Befreiung war nach der einschlägigen nationalen Regelung, dass die Gewinne „juristischen Personen des öffentlichen Rechts oder von der Körperschaftsteuer befreiten Stiftungen zufließen, die ausschließlich Zwecke der Wohltätigkeit, Bildung und Erziehung sowie von Wissenschaft und Forschung verfolgen". Dieser Antrag wurde mit der Begründung abgelehnt, die Verwaltung der Anteile einer Bankstiftung an Bankgesellschaften sei als eine gewerbliche Tätigkeit anzusehen, die mit einer Befreiung nach Artikel 10bis des Gesetzes Nr. 1745/62 vom 29. Dezember 1962 nicht vereinbar sei.

---

578 EuGH, Urt. v. 10. 01. 2006 C-222/04, *Cassa di Risparmio di Firenze u.a.*, Slg. 2006 I-289; Hüttemann, DB 2006, 914; Rode, aaO, 151 ff.; Musil, Reformbedarf bei der wirtschaftlichen Betätigung gemeinnütziger Körperschaften, DStR 2009, 2453, 2454.

579 Vgl. hierzu EuGH, Urt. v. 10. 01. 2006 C-222/04, *Cassa di Risparmio di Firenze u.a.*, Slg. 2006 I-289 Rz 33 ff.; Hüttemann, DB 2006, 914; Rode, aaO, 151 ff.

Das mit der Rechtssache befasste Gericht hatte Zweifel, ob die genannte Steuerbefreiung eine unzulässige Beihilfe[580] sein könnte, so dass insoweit möglicherweise das sog. stand-still-Gebot (Durchführungsverbot)[581] eingreifen könnte.

Der EuGH entschied zum einen, dass eine juristische Person wie diejenige des Ausgangsverfahrens als „Unternehmen“ i. S. des unionsrechtlichen Beihilferechts zu qualifizieren sein könne[582]. Zum anderen könne eine Steuerbefreiung wie eine solche des Streitfalls nach einer entsprechenden vom nationalen Gericht durchzuführenden Prüfung als staatliche Beihilfe zu qualifizieren sein[583].

Damit hat der EuGH die genannten Steuervorteile für gemeinnützige Bankenstiftungen in Italien für unvereinbar mit dem unionsrechtlichen Beihilfenverbot erklärt[584]. Zu einer möglichen Rechtfertigung der Steuervergünstigungen als Legal- oder Ermessensausnahme[585] nahm der EuGH nicht ausdrücklich Stellung[586]. Dies war auch nicht erforderlich, weil die von der italienischen Regierung eingeführten Steuervorteile als sog. Neubeihilfe bereits nicht bei der EU-Kommission angemeldet worden waren, so dass es sich schon aus diesen Gründen um eine Maßnahme handelte, für die das sog. Durchführungsverbot[587] galt. Die Frage nach der Anwendbarkeit des Durchführungsverbots war denn auch der eigentliche Grund für das durchgeführte Vorabentscheidungsersuchen[588].

3. Übertragung der Rechtsgrundsätze des EuGH auf ausgewählte nationale Steuervergünstigungen

Nachfolgend ist zu untersuchen, ob bestimmte nationale Steuervergünstigungen für gemeinnützige Vereinigungen insbesondere im Lichte der dargestellten

---

580 Früher Art. 87 Abs. 1 EG – nunmehr Art. 107 Abs. 1 AEUV.

581 Früher Art. 88 Abs. 3 Satz 3 EG – nunmehr Art. 108 Abs. 3 Satz 3 AEUV.

582 EuGH, Urt. v. 10. 01. 2006 C-222/04, *Cassa di Risparmio di Firenze u.a.*, Slg. 2006 I-289 Rz 107 ff. und erster Leitsatz.

583 EuGH, Urt. v. 10. 01. 2006 C-222/04, *Cassa di Risparmio di Firenze u.a.*, Slg. 2006 I-289, Rz 129 ff. und zweiter Leitsatz.

584 Vgl. dazu auch Blumenberg/Kring, aaO, 66; Grube, DStZ 2007, 380.

585 Früher Art. 87 Abs. 2 und 3 EG – nunmehr Art. 107 Abs. 2 und Abs. 3 AEUV.

586 Frenz/Roth, DStZ 2006, 465, 472 sind demgegenüber der Meinung, dass der EuGH dies indirekt abgelehnt habe.

587 Früher Art. 88 Abs. 3 Satz 3 EG – nunmehr Art. 108 Abs. 3 Satz 3 AEUV.

588 Vgl. Hüttemann, DB 2006, 914, 920.

Rechtsprechung des EuGH in der Rechtssache *Cassa di Risparmio di Firenze*[589] mit dem Beihilfenverbot vereinbar sind[590].

a) Körperschaftsteuerrechtliche Steuerbefreiungen

§ 5 Abs. 1 Nr. 9 Satz 1 und 2 KStG sieht vor, dass die Körperschaften, Personenvereinigungen und Vermögensmassen, die nach der Satzung, dem Stiftungsgeschäft oder der sonstigen Verfassung und nach der tatsächlichen Geschäftsführung ausschließlich und unmittelbar gemeinnützigen, mildtätigen oder kirchlichen Zwecken dienen (§§ 51 bis 68 AO), von der Körperschaftsteuer befreit sind. Wird ein wirtschaftlicher Geschäftsbetrieb unterhalten, ist die Steuerbefreiung insoweit ausgeschlossen. Trotz Vorliegens eines wirtschaftlichen Geschäftsbetriebs bleibt die Steuerfreiheit bestehen, wenn es sich um einen Zweckbetrieb (§§ 64 ff. AO) handelt[591].

aa) Bei fehlender Unternehmerstellung keine Anwendbarkeit des Beihilfenverbots

Die genannten Steuerbefreiungen erscheinen im Hinblick auf das Beihilfenverbot unproblematisch, wenn die Körperschaften von vorneherein nicht als Unternehmen i. S. von Art. 107 Abs. 1 AEUV tätig sind. Dies kann der Fall sein, wenn sie lediglich im Rahmen ihrer karitativen und gemeinnützigen Tätigkeiten wirken, ohne dass auf dem Markt ein entsprechender Wettbewerb mit anderen Wirtschaftsteilnehmern besteht[592]. In einem solchen Fall ist das Beihilfenverbot von vorneherein nicht anwendbar.

---

589 EuGH, Urt. v. 10. 01. 2006 C-222/04, *Cassa di Risparmio di Firenze u.a.*, Slg. 2006 I-289.

590 Nicht Gegenstand der Untersuchung ist die Frage, ob der steuerbegünstigte Abzug von Spenden an gemeinnützige Einrichtungen nach § 10 b EStG bzw. § 9 Abs. 1 Nr. 2 KStG und § 9 Nr.

5 GewStG mit dem Beihilfenverbot im Einklang steht – vgl. hierzu z. B. Helios, aaO, 164 ff.; Hüttemann, DB 2006, 914, 917.

591 Vgl. auch BFH, Urt. v. 31. 07. 2013 I R 82/12, BFHE 243, 180, DB 2013, 2898; Blumenberg/Kring, aaO, 67; Helios, aaO, 123 ff.; Rode, aaO, 151.

592 EuGH, Urt. v. 10. 01. 2006 C-222/04, *Cassa di Risparmio di Firenze u.a.*, Slg. 2006 I-289, Rz 120, 121; Heger, Die Steuerpflicht des Krankentransports und Rettungsdienstes – Möglichkeiten einer Konkurrentenklage, DStR 2008, 807, 820; differenzierend Helios, aaO, 134 ff.; Hüttemann, DB 2006, 914, 917, 918, 919; Rode, aaO, 151, 152, 153.

bb) Zweckbetriebe als Unternehmen i. S. von Art. 107 Abs. 1 AEUV

Einigkeit besteht im Schrifttum indes darüber, dass die Körperschaftsteuerbefreiung für Zweckbetriebe i. S. von §§ 64 ff. AO jedenfalls bedenklich ist, weil die Körperschaften sich insoweit wirtschaftlich – und damit als Unternehmen i. S. von Art. 107 Abs. 1 AEUV – betätigen[593].

Kontrovers erörtert wird in der Literatur in diesem Zusammenhang, ob diese Steuervergünstigung möglicherweise durch die Natur und den inneren Aufbau des Systems gerechtfertigt erscheint und daher nicht als selektive Maßnahme i. S. von Art. 107 Abs. 1 AEUV zu qualifizieren ist[594].

Im Schrifttum[595] wird in diesem Zusammenhang ferner darauf hingewiesen, dass im Bereich der Steuervergünstigungen für gemeinnützige Vereinigungen durchaus eine Rechtfertigung der entsprechenden Maßnahme als Legal- oder Ermessensausnahme in Betracht kommt. Zumindest die klassischen Kernbereiche der Gemeinnützigkeit – Wohlfahrtspflege, Bildung und Erziehung, Wissenschaft – könnten als wichtige „Vorhaben von gemeinsamem europäischen Interesse“ i.S. von Art. 107 Abs. 3 Buchst. b AEUV gelten. Als weitere Ermessensausnahmen kämen ferner „die Förderung der Entwicklung gewisser Wirtschaftszweige“ nach Art. 107 Abs. 3 Buchst. c AEUV und die „Förderung der Kultur“ gemäß Art. 107 Abs. 3 Buchst. d AEUV in Frage.

Auch die EU-Kommission hat in einem beihilferechtlichen Vorabprüfungsverfahren betreffend die öffentliche Förderung der Errichtung von Kletteranlagen der Sektion Berlin des gemeinnützigen deutschen Alpenvereins e.V. (DAV) entschieden, dass die Fördermaßnahme zwar die Voraussetzungen von Art 107 Abs. 1 AEUV erfüllt, aber als Ermessensausnahme nach Art. 107 Abs. 3 Buchst. c AEUV gerechtfertigt ist[596]. Dieser Beschluss der EU-Kommission bestätigt die aufgezeigten Überlegungen, wonach bei der Gewährung von Vergünstigungen an gemeinnützige Vereinigungen jedenfalls eine Rechtfertigung der Maßnahmen als Legal- oder Ermessensausnahme möglich ist. Gegen die Entscheidung der EU-Kommission hat der im Vorabprüfungsverfahren unterlegene Konkurrent

---

593 Vgl. Blumenberg/Kring, aaO, 67; Heger, DStR 2008, 807, 820; Hüttemann, DB 2006, 914, 919; Rode, aaO, 151, 152, 153.

594 Dies bejahend Rode, aaO, 152, 153; ablehnend Helios, aaO, 136.

595 Vgl. Blumenberg/Kring, aaO, 67; Helios, aaO, 207 ff.; Hüttemann, DB 2006, 914, 920, Grube, DStZ 2007, 380; Schön in: König/Roth/Schön, Aktuelle Fragen des EG-Beihilfenrechts, 2001, 106, 122.

596 Vgl. Beschluss der EU-Kommission v. 5. 12. 2012 betreffend Staatliche Beihilfe SA.33952 (2012/NN) – Deutschland Kletteranlagen des Deutschen Alpenvereins C (2012) 8761 final.

inzwischen eine Nichtigkeitsklage angestrengt, mit der er einen Verstoß gegen Art. 107 Abs. 3 Buchst. c AEUV geltend macht und außerdem eine fehlerhafte Nichteröffnung des förmlichen Prüfverfahrens rügt[597]. Die Entscheidung des EuG steht noch aus.

cc) Körperschaftsteuerbefreiung für Zweckbetriebe als sog. Altbeihilfe

Nach der neuesten Rechtsprechung des BFH hat die aufgezeigte beihilferechtliche Problematik insbesondere der körperschaftsteuerrechtlichen Steuerbefreiung für Zweckbetriebe derzeit keine praktischen Auswirkungen[598].

Denn der BFH hat im Zusammenhang mit der Körperschaftsteuerbefreiung für die Abgabe von Zytostatika durch eine Krankenhausapotheke im Rahmen eines Zweckbetriebes geklärt, dass die Körperschaftsteuerbefreiung für Krankenhäuser eine sog. Altbeihilfe ist, für die das sog. Durchführungsverbot des Art. 108 Abs. 3 Satz 3 AEUV nicht gilt[599]. Im Unterschied zum Sachverhalt, der dem EuGH[600] in der Rechtssache *Cassa di Risparmio di Firenze* zugrunde lag, bei dem es sich um eine sog. Neubeihilfe handelte, bestand für den BFH damit keine Veranlassung, ein entsprechendes Vorabentscheidungsersuchen nach Art. 267 AEUV durchzuführen. Der BFH hat in diesem Zusammenhang zutreffend darauf hingewiesen, dass zwar grundsätzlich die EU-Kommission für die Beurteilung der Frage zuständig ist, ob eine Maßnahme als unzulässige Beihilfe zu qualifizieren ist[601]. Nach der Rechtsprechung des EuGH hindern die Zuständigkeit und die zentrale Rolle der EU-Kommission[602] für die Beurteilung der Vereinbarkeit einer nationalen Maßnahme mit dem unionsrechtlichen Beihilfeverbot ein nationales Gericht aber nicht daran, dem EuGH eine Frage nach der Auslegung des Begriffs der Beihilfe im Rahmen eines Vorabentscheidungsverfahrens i. S. von Art. 267 AEUV vorzulegen[603]. Dies hat der BFH denn auch im

597 Klage v. 18. 03. 2013 – Rs T-162/13, ABl. EU 2013 C 147/46.

598 BFH, Urt. v. 31. 07. 2013 I R 82/12, BFHE 243, 180, DB 2013, 2898.

599 Vgl. im Einzelnen BFH, Urt. v. 31. 07. 2013 I R 82/12, BFHE 243, 180, DB 2013, 2898, Rz 35 ff.; vgl. auch Heger, DStR 2008, 807,811; Hüttemann, DB 2006, 914, 920.

600 EuGH, Urt. v. 10. 01. 2006 C-222/04, *Cassa di Risparmio di Firenze u.a.*, Slg. 2006 I-289.

601 Vgl. im Einzelnen BFH, Urt. v. 31. 07. 2013 I R 82/12, BFHE 243, 180, DB 2013, 2898, Rz 32.

602 Vgl. z. B. EuGH, Urt. v. 10. 12. 2013 C-27/12 P, *Europäische Kommission/Irland, Frankreich, Italien,* Slg. 2013, nn.

603 Vgl. EuGH, Urt. v. 8. 09. 2011 C-78/08 bis C-80/08, *Paint Graphos,* Slg. 2011, I-761 Rz 34, 35 und 1. Leitsatz.

Zusammenhang mit dem sog. Durchführungsverbot nach Art. 108 Abs. 3 Satz 3 AEUV erkennbar geprüft und die Notwendigkeit eines Vorabentscheidungsersuchens verneint[604].

dd) Zusammenfassende Stellungnahme

Danach sind die körperschaftsteuerrechtlichen Steuervergünstigungen für gemeinnützige Vereinigungen – wie aufgezeigt – möglicherweise als Beihilfemaßnahmen zu qualifizieren, wenn diese als Unternehmen i. S. von Art. 107 Abs. 1 AEUV auftreten. Dies betrifft jedenfalls die Fallgruppe der Zweckbetriebe[605].

Auch die übrigen Tatbestandsmerkmale des Beihilfenbegriffs nach Art. 107 Abs. 1 AEUV sind m.E. erfüllt: Es handelt sich bei diesen Steuerbefreiungen ersichtlich um steuerliche Vorteile, die als staatliche Maßnahmen im Rahmen des Körperschaftsteuergesetzes einer bestimmten Gruppe von Unternehmen, nämlich den gemeinnützigen im Rahmen von Zweckbetrieben tätigen Vereinigungen, als selektive Maßnahme i. S. von Art. 107 Abs. 1 AEUV gewährt werden[606]. Eine etwaige Rechtfertigung der „prima facie" selektiven Maßnahmen durch die Art oder den Sinn und Zweck des Steuersystems[607] scheidet angesichts der Entscheidung des EuGH in der Rechtssache *Cassa di Risparmio di Firenze*[608] aus, in der dies gerade nicht gegeben war[609]. Da die außerdem erforderlichen Kriterien für die Annahme einer Beihilfe nicht i. S. von Art. 107 Abs. 1 AEUV der etwaigen Beeinträchtigung des Wettbewerbs und des Handels zwischen den EU-Mitgliedstaaten einheitlich und weit auszulegen sind und insoweit nicht erforderlich ist, dass das begünstigte Unternehmen selbst am innergemeinschaftlichen Handel teilnimmt[610], ist anzunehmen, dass diese Bedingungen gleichfalls erfüllt sind[611].

Solange die EU-Kommission indes insoweit kein Prüfverfahren nach Art. 108 Abs. 1 AEUV einleitet[612], greift das sog. Durchführungsverbot i. S. von

---

604 Vgl. im Einzelnen BFH, Urt. v. 31. 07. 2013 I R 82/12, BFHE 243, 180, DB 2013, 2898, Rz 35 ff.; vgl. auch EuGH, Urt. v. 18. 07. 2013 C-6/12, *P Oy*, IStR 2013, 791, DStR 2013, 1588, Rz 39.

605 Vgl. dazu im Einzelnen Hüttemann, DB 2006, 914, 919.

606 Vgl. dazu im Einzelnen vorstehende Ausführungen auf S. 44 ff.

607 Vgl. dazu im Einzelnen vorstehende Ausführungen auf S. 52 ff.

608 EuGH, Urt. v. 10. 01. 2006 C-222/04, *Cassa di Risparmio di Firenze u.a.*, Slg. 2006 I-289.

609 Vgl. Hüttemann, DB 2006, 914, 917.

610 Vgl. dazu im Einzelnen vorstehende Ausführungen auf S. 30 ff.

611 So auch Hüttemann, DB 2006, 914, 191.

612 Vgl. dazu vorstehende Ausführungen auf S. 38 ff.

Art. 108 Abs. 3 Satz 3 AEUV nicht, weil es sich entsprechend der Entscheidung des BFH[613] und den genannten Auffassungen im Schrifttum[614] um eine sog. Altbeihilfe handeln dürfte. Danach wäre die genannte Vergünstigung jedenfalls bis zum etwaigen Beginn eines Prüfverfahrens durch die EU-Kommission weiterhin anwendbar.

Schließlich sind auch dann keine unzulässigen Beihilfen nach Art. 107 Abs. 1 AEUV gegeben, wenn hinsichtlich der konkreten Bestimmung die Voraussetzungen einer Legalausnahme nach Art. 107 Abs. 2 AEUV oder auch einer insoweit in Betracht kommenden Ermessensausnahme i. S. von Art. 107 Abs. 3 AEUV vorliegen[615], was jeweils von der EU-Kommission in einem etwaigen laufenden Prüfverfahren nach Art. 108 Abs. 1 AEUV zu untersuchen wäre.

b) Umsatzsteuerrechtliche Vergünstigungen

Nach § 4 Nr. 18 UStG sind unter bestimmten Voraussetzungen die Leistungen der amtlich anerkannten Verbände und der freien Wohlfahrtspflege i. S. von § 23 UStDV dienenden Körperschaften, Personenvereinigungen und Vermögensmassen, die einem Wohlfahrtsverband als Mitglied angeschlossen sind, von der Steuer befreit. Der Sinn und Zweck dieser Steuerbefreiung besteht darin, die freien Wohlfahrtseinrichtungen zu entlasten, die dem Staat einen Teil seiner Aufgaben auf dem Gebiet der Daseinsvorsorge abnehmen[616]. § 4 Nr. 22 UStG sieht ebenfalls eine Steuerbefreiung für von gemeinnützigen Einrichtungen erbrachte Bildungsleistungen sowie kulturelle und sportliche Veranstaltungen vor. Mit dieser Bestimmung sollen insbesondere die Einrichtungen der Erwachsenenbildung steuerlich entlastet werden[617]. In § 12 Abs. 2 Nr. 8 Buchst. a UStG ist die Anwendung des ermäßigten Steuersatzes für Leistungen der Körperschaften geregelt, die ausschließlich und unmittelbar gemeinnützige, mildtätige oder kirchliche Zwecke verfolgen. Was im Einzelnen damit gemeint ist, ergibt sich aus den einschlägigen Bestimmungen in § 52 AO (gemeinnützige Zwecke), § 53 AO (mildtätige Zwecke) und § 54 AO (kirchliche Zwecke). Die ausgeübte Tätigkeit

613 Vgl. im Einzelnen BFH, Urt. v. 31.07.2013 I R 82/12, BFHE 243, 180, DB 2013, 2898, Rz 35 ff.

614 Vgl. Blumenberg/Kring, aaO, 67, 68; Heger, DStR 2008, 807, 810; Hüttemann, DB 2006, 914, 920, 921.

615 Vgl. Hüttemann, DB 2006, 914, 920.

616 Vgl. z.B. Heidner in Bunjes, UStG, § 4 Nr. 18 UStG Rz 1.

617 Vgl. z.B. Heidner in Bunjes, UStG, § 4 Nr. 22 UStG Rz 1.

muss selbstlos sein, d.h. sie darf nicht in erster Linie der Verfolgung eigenwirtschaftlicher Zwecke dienen (§ 55 AO)[618].

aa) Gilt das Beihilfenverbot für umsatzsteuerrechtliche Vergünstigungen?

Für die umsatzsteuerrechtlichen Vergünstigungen ist bislang noch nicht endgültig geklärt, ob für sie das Beihilfenverbot i. S. von Art. 107 Abs. 1 AEUV überhaupt anwendbar ist. Denn das Umsatzsteuerrecht ist innerhalb der EU bereits seit dem Jahr 1977 weitgehend harmonisiert: Die bis zum 31. Dezember 2006 geltende sog. 6. EG-Richtlinie[619] ist zum 1. Januar 2007 durch die sog. MwStSystRL[620] ersetzt worden, die insgesamt 414 Artikel umfasst.

Die Richtlinienvorschläge zur angestrebten Harmonisierung des Umsatzsteuerrechts nach Art. 113 AEUV wurden von der EU-Kommission vorgelegt und von den Regierungen der EU-Mitgliedstaaten im Rat der Wirtschafts- und Finanzminister – sog. ECOFIN-Rat – verabschiedet. Die EU-Mitgliedstaaten waren und sind anschließend gemäß Art. 288 Abs. 3 AEUV verpflichtet, die Richtlinien in das nationale Recht umzusetzen.

Dementsprechend haben die genannten nationalen umsatzsteuerrechtlichen Vergünstigungen auch unionsrechtliche Vorgaben:

§ 4 Nr. 18 UStG soll die unionsrechtliche Ermächtigung in Art. 13 Teil A Abs. 1 Buchst. g der 6. EG-Richtlinie bzw. nunmehr Art. 132 Abs. 1 Buchst. g der MwStSystRL umsetzen, auch wenn dies nach der Rechtsprechung des BFH nicht vollständig geglückt ist, so dass sich der Einzelne ausnahmsweise unmittelbar auf die für ihn günstige unionsrechtliche Steuerbefreiung berufen kann[621]. Soweit § 4 Nr. 18 UStG andererseits über die unionsrechtliche Vorgabe hinausgeht, kann der Unternehmer nach der Rechtsprechung des BFH mit Erfolg die Anwendung

618 Vgl. z.B. Heidner in Bunjes, UStG, § 12 UStG Rz 152.

619 6. Richtlinie 77/388/EWG des Rates v. 17. 05. 1977 zur Harmonisierung der Rechtsvorschriften der Mitgliedstaaten über die Umsatzsteuern – Gemeinsames Mehrwertsteuersystem: einheitliche steuerpflichtige Bemessungsgrundlage – 77/388/EWG – ABl. EG 1977 L 145/1.

620 Richtlinie 2006/112/EG des Rates über das gemeinsame Mehrwertsteuersystem v. 28. 11. 2006, ABl. EU 2006 Nr. L 347/1, bereinigt ABl. EU 2007 L 335/60.

621 Vgl. dazu z. B. BFH, Urt. v. 18. 08. 2013 V R 13/12, BFH/NV 2014, 123; BFH, Urt. v. 25. 04. 2013, BStBl II 2013, 976; BFH, Urt. v. 19. 03. 2013 XI R 45/10, MwStR 2013, 409 mit Anm. Raab und UStB 2013, 223 Anm. Vellen.

insoweit der gegenüber den unionsrechtlichen Richtlinien günstigeren nationalen Bestimmung verlangen[622].

Die unionsrechtliche Ermächtigung für die Steuerbefreiung in § 4 Nr. 22 UStG ist in Art. 13 Teil A Abs. 1 Buchst. i, m und o der 6. EG-Richtlinie bzw. jetzt in Art. 132 Abs. 1 Buchst. i, m und o der MwStSystRL zu finden. Auch insoweit bestehen Bedenken, ob die nationale Steuerbefreiungsnorm den unionsrechtlichen Vorgaben entspricht, die deshalb richtlinienkonform auszulegen ist[623].

Die Steuerermäßigung für § 12 Abs. 2 Nr. 8 Buchst. a UStG stützt sich schließlich auf Art. 12 Abs. 3 i. V. m. Anhang H Kategorie 14 der 6. EG-Richtlinie bzw. nunmehr Art. 98 i.V.m. Anhang III Kategorie 15 der MwStSystRL. Der BFH hat entschieden, dass diese nationale Bestimmung in ihrem Anwendungsbereich im Verhältnis zur unionsrechtlichen Ermächtigung zu weit gefasst ist und eine dem Wortlaut entgegenstehende richtlinienkonforme Auslegung nicht möglich ist; der Steuerpflichtige kann sich aber nach der Entscheidung des BFH insoweit auf die für ihn gegenüber dem Unionsrecht günstigere nationale Regelung berufen[624]. In der Literatur wird demgegenüber zum Teil die Auffassung vertreten, dass die Steuerermäßigung für Zweckbetriebe i. S. von § 12 Abs. 2 Nr. 8 Buchst. a UStG richtlinienkonform sei[625].

bb) Darstellung der unterschiedlichen Auffassungen

Angesichts dieser besonderen für umsatzsteuerrechtliche Regelungen geltenden Ausgangslage vertritt die EU-Kommission die Auffassung, dass das Beihilfenverbot i. S. von Art. 107 AEUV von vorneherein im Bereich der umsatzsteuerrechtlichen Vergünstigungen nicht gilt. Denn die umsatzsteuerrechtlichen Ermäßigungen unterlägen präziseren unionsrechtlichen Vorgaben und seien „auf die steuerliche Gleichbehandlung vergleichbarer Produkte" gerichtet. Anders als bei den Verbrauchsteuern würden umsatzsteuerrechtliche Vergünstigungen daher von dem Beihilfenverbot nicht erfasst[626].

---

622 Vgl. BFH, Urt. v. 8. 08. 2013 V R 13/12, BFH/NV 2014, 123 im Nachgang zu EuGH, Urt. v. 15. 11. 2012 C-174/11 *Zimmermann*, UR 2013, 35, HFR 2013, 84.

623 Vgl. dazu z. B. BFH, Beschl. v. 10. 07. 2012 V B 33/12, BFH/NV 2012, 1676.

624 BFH, Urt. v. 8. 3. 2012 V R 14/11, BStBl II 2012, 630; vgl. hierzu auch Heidner in Bunjes, 12. Aufl. 2013, Rz 163 ff.

625 Vgl. Hüttemann, Zur Anwendung des ermäßigten Steuersatzes auf Leistungen gemeinnütziger Beschäftigungsgesellschaften, MwStR 2014, 115.

626 Bericht der EU-Kommission v. 9. 02. 2004 aaO, Rz 72.

Demgegenüber ist der Bundesrechnungshof der Meinung, dass bei den ermäßigten Umsatzsteuersätzen zumindest teilweise ein Verstoß gegen das Beihilfenverbot vorliegt[627].

Auch in der Literatur werden insoweit differenzierende Ansichten vertreten: *Hüttemann* vertritt die Auffassung, dass ein Verstoß der unionsrechtlichen Richtlinien zur Mehrwertsteuer gegen das Beihilfenverbot zwar nicht von vorneherein ausgeschlossen erscheint, dieser aber vorrangig durch eine entsprechende Korrektur der Richtlinienbestimmungen zu beseitigen sei[628]. Auch nach der Meinung von *Rode* ist geklärt, dass die umsatzsteuerrechtlichen Richtlinienregelungen bis zu einer vollständigen Harmonisierung des Umsatzsteuerrechts gegenüber dem Beihilfenverbot als vorrangige Spezialregelung anzusehen seien[629]. *Helios* stellt die Anwendbarkeit des Beihilfenverbots demgegenüber grundsätzlich nicht in Frage, hält die genannten umsatzsteuerrechtlichen Vergünstigungen aber durch die in Art. 107 Abs. 2 Buchst. a AEUV genannte Legalausnahme gerechtfertigt, wonach Beihilfen sozialer Art an einzelne Verbraucher unter bestimmten Voraussetzungen mit dem Binnenmarkt vereinbar sind[630]. Auch *Englisch* hält die Anwendung des Beihilfenverbots im Bereich der Umsatzsteuern zwar für denkbar, weist aber darauf hin, dass es in diesem Bereich bislang keine einzige Entscheidung der EU-Kommission und nur wenig Rechtsprechung des EuGH gebe[631]. *Geisenberger* ist unter Bezugnahme auf weitere Entscheidungen des EuGH gleichfalls der Meinung, dass das Beihilfenverbot auch im Bereich der Umsatzsteuer gilt[632]. Auch *Lang* bejaht die Anwendbarkeit des Beihilfenverbots im Bereich des Umsatzsteuerrechts, zeigt aber zugleich auf, dass es bislang noch keine Rechtsprechung des EuGH zu der Frage gibt, ob ein Verstoß gegen das Beihilfenverbot durch einen EU-Mitgliedstaat in Betracht kommt, wenn dieser die unionsrechtliche Vorgabe zutreffend umgesetzt hat[633].

627 Bericht des Bundesrechnungshofs über den ermäßigten Steuersatz v. 28. 06. 2010, 34.

628 Hüttemann, DB 2006, 914, 917.

629 Rode, aaO, 169 unter Bezugnahme auf EuGH, Urt. v. 13. 07. 2000 C-36/99, *Idéal Tourisme*, Slg. 2000, I-6049.

630 Helios, aaO, 196, 197.

631 Englisch, State Aid and Indirect Taxation in: State Aid and Tax Law 2013, 69, 70, 74 ff. unter Hinweis auf EuGH, Urt. v. 3. 03. 2005 C-172/03, *Heiser*, Slg. 2005, I-1627; vgl. hierzu auch Bode, FR 2011, 1034, 1040.

632 Geisenberger, aaO, 44, 45, unter Hinweis auf EuGH, Urt. v. 23. 04. 2009 C-460/07, *Puffer*, Slg. 2009, I-3251.

633 Lang, Gutachten, ÖJT 2009, 32, 33.

cc) Analyse der bisher hierzu ergangenen Rechtsprechung des EuGH

In der Rechtssache *Idéal Tourisme* richtete das vorlegende belgische Gericht im Rahmen eines Vorabentscheidungsersuchens u.a. die Frage an den EuGH, ob eine Mehrwertsteuerregelung, die für bestimmte grenzüberschreitende Personenbeförderungsleistungen eine Steuerbefreiung vorsieht und damit einen bestimmten Sektor von Wirtschaftstätigkeiten begünstigt, eine Beihilfe sein könne[634]. Der EuGH führte dazu aus, die Vorlagefrage sei mangels Entscheidungserheblichkeit nicht zu beantworten, da es in dem zugrunde liegenden Rechtsstreit nicht um dieses Problem gehe, sondern vielmehr darum, ob bestimmte Umsätze der Klägerin der Mehrwertsteuer unterlägen[635]. Entgegen der Auffassung von *Rode*[636] lässt sich dieser Entscheidung des EuGH daher m.E. keine grundsätzliche Aussage zur Anwendbarkeit des Beihilfenverbots im Bereich der Umsatzsteuer entnehmen.

Dem Vorabentscheidungsersuchen aus Österreich in der Rechtssache *Heiser* lag folgender Sachverhalt zugrunde: Ein Unternehmer betrieb eine kieferorthopädische Praxis. Nach nationalem österreichischem Umsatzsteuerrecht waren Umsätze aus seiner Tätigkeit als Arzt, die vor dem 1. Januar 1997 erbracht wurden, umsatzsteuerbar und umsatzsteuerpflichtig, demgegenüber waren nach dem 31. Dezember 1996 ausgeführte Umsätze entsprechend den nunmehr geltenden unionsrechtlichen Vorgaben bei gleichzeitigem Ausschluss des Vorsteuerabzugsrechts steuerbefreit. Aufgrund des Übergangs zur Steuerbefreiung war grundsätzlich zum 1. Januar 1997 eine Vorsteuerberichtigung vorzunehmen. Diese sollte aber nach der vorgesehenen österreichischen Regelung nicht die lang andauernden kieferorthopädischen Behandlungen erfassen. Zwischen Herrn Heiser und der Steuerverwaltung entwickelte sich ein Rechtsstreit darüber, in welchem Umfang von der Vorsteuerberichtigung Abstand genommen werden dürfe. Der österreichische Verwaltungsgerichtshof hielt es für zweifelhaft, ob die nationale Steuervergünstigung, wonach bei Ärzten bei einem Wechsel von der Steuerpflicht zur Steuerfreiheit ihrer Umsätze keine Vorsteuerberichtigung für „weiterhin im Unternehmen verwendete Güter" durchzuführen sei, mit dem unionsrechtlichen Beihilfenverbot im Einklang stehe, und wandte sich mit einer entsprechenden Vorlagefrage an den EuGH[637]. Dieser entschied,

634 So sinngemäß EuGH, Urt. v. 13. 07. 2000 C-36/99, *Idéal Tourisme*, Slg. 2000, I-6049 Rz 2.

635 EuGH, Urt. v. 13. 07. 2000 C-36/99, *Idéal Tourisme*, Slg. 2000, I-6049 Rz 27, 28.

636 Rode, aaO, 169.

637 EuGH, Urt. v. 3. 03. 2005 C-172/03, *Heiser*, Slg. 2005, I-1627, Rz 24.

dass die genannte Umsatzsteuervergünstigung eine Beihilfe sei[638]. Mit diesem Urteil hat der EuGH deutlich gemacht, dass das Beihilfenverbot im Umsatzsteuerbereich jedenfalls dann zur Anwendung gelangt, wenn ein EU-Mitgliedstaat bei der Umsetzung der Richtlinienregelungen in das nationale Recht nicht die unionsrechtlichen Vorgaben in den entsprechenden Richtlinien erfüllt.

In der Rechtssache *Puffer* verneint der EuGH demgegenüber einen Verstoß gegen das Beihilfenverbot, wenn der betreffende EU-Mitgliedstaat die entsprechende unionsrechtliche Vorgabe zur Beschränkung des Vorsteuerabzugs auf besteuerte Umsätze in der Richtlinie zutreffend umgesetzt hat. Denn in einem solchen Fall, bei dem ein wesentlicher Bestandteil des Mehrwertsteuersystems durch unionsrechtliche Vorschriften vorgegeben sei, fehle es an einer für die Anwendung des Beihilfenverbots erforderlichen staatlichen Maßnahme[639]. Damit hat der EuGH grundsätzlich geklärt, dass bei einer zutreffenden Umsetzung eindeutiger unionsrechtlicher Regelungen durch den EU-Mitgliedstaat keine Beihilfe i. S. von Art. 107 Abs. 1 AEUV anzunehmen ist, weil das Kriterium der Staatlichkeit einer Maßnahme nicht erfüllt ist[640].

dd) Analyse der hierzu ergangenen Rechtsprechung des BFH

Der BFH hat bislang in seiner Rechtsprechung zur Umsatzsteuer das Beihilfenverbot in Art. 107 Abs. 1 AEUV erkennbar noch nicht zum Anlass genommen, in den Mehrwertsteuerrichtlinien enthaltene Steuerbefreiungen oder die Anwendung des ermäßigten Steuersatzes bzw. nationale Umsatzsteuervergünstigungen auch insoweit auf deren Vereinbarkeit mit dem Unionsrecht zu überprüfen.

Der BFH geht somit ersichtlich bislang von einem Vorrang der speziellen unionsrechtlichen Richtlinien im Mehrwertsteuerrecht gegenüber dem Beihilfenverbot aus, die zumindest bei den Steuerbefreiungen ausdrücklich – insoweit vergleichbar dem Beihilfenverbot – auch die Vermeidung von Wettbewerbsverzerrungen zulasten anderer Unternehmer anstreben und bei deren Vorliegen die Inanspruchnahme der Steuervergünstigung versagen[641]. Der EuGH hat

---

638 EuGH, Urt. v. 3. 03. 2005 C-172/03, *Heiser*, Slg. 2005, I-1627, Rz 58, 59, 3. Leitsatz, vgl. dazu auch Englisch, State Aid and Indirect Taxation in: State Aid and Tax Law 2013, 69, 74, 75.

639 EuGH, Urt. v. 23. 04. 2009 C-460/07, *Puffer*, Slg. 2009, I-3251.

640 Vgl. dazu auch Englisch, State Aid and Indirect Taxation in: State Aid and Tax Law 2013, 69, 79.

641 Vgl. z. B. Art. 13 Teil A Abs. 2 Buchst. a 4. Gedankenstrich und Art. 13 Teil A Abs. 2 Buchst. b 2. Gedankenstrich der 6. EG-Richtlinie bzw. Art. 133 Buchst. d und

seine Rechtsprechung zum etwaigen Vorliegen einer Wettbewerbsverzerrung in diesem Zusammenhang erst jüngst präzisiert[642]. Ferner musste der BFH vor kurzem prüfen, ob die Lieferung von Zytostatika durch einen gemeinnützigen Krankenhausträger für ambulante Heilbehandlungen nach den nationalen Befreiungstatbeständen in § 4 Nr. 14 bzw. § 4 Nr. 16 Buchst. b UStG in der in den Streitjahren 2005 und 2006 geltenden Fassung bzw. den unionsrechtlichen Vorgaben in Art. 13 Teil A Abs. 1 Buchst. b der bzw. Art. 13 Teil A Abs. 1 Buchst. c der 6. EG-Richtlinie von der Umsatzsteuer befreit ist[643]. Anders als der I. Senat des BFH, der – wie aufgezeigt – in der parallelen Fragestellung das Vorliegen der körperschaftsteuerrechtlichen Steuerbefreiung nach nationalen Befreiungstatbeständen bejahen konnte[644], hatte der V. Senat des BFH Zweifel zur Auslegung der unionsrechtlichen Vorgaben, setzte das Verfahren aus und strengte ein Vorabentscheidungsersuchen an den EuGH an, bei dem das Beihilfenverbot gleichfalls kein Thema war.

Lediglich im Zusammenhang mit der Anwendung des ermäßigten Umsatzsteuersatzes auf Personenbeförderungsleistungen im Nahverkehr nach § 12 Abs. 2 Nr. 10 Buchst. b UStG[645] stellte der BFH im Rahmen von zwei Vorabentscheidungsersuchen an den EuGH[646] zur Auslegung der entsprechenden unionsrechtlichen Ermächtigung[647] auch Überlegungen zur beihilferechtlichen Fragestellung an. Der BFH nahm dabei Bezug auf ein schon früher ergangenes Urteil des EuGH[648], in dem dieser ebenfalls das Beihilfenverbot ergänzend heranzog: Im Zusammenhang mit der Prüfung der Vereinbarkeit eines in Frankreich angewandten ermäßigten Steuersatzes für Arzneimittel mit den entsprechenden unionsrechtlichen Grundlagen führte der EuGH darin sinngemäß aus, dass das gefundene Ergebnis auch mit dem unionsrechtlichen

---

Art. 134 Buchst. b der MwStSystRL und dazu z. B. auch EuGH, Urt. v. 28. 11. 2013 C-319/12 *MDDP*, DB 2014, 37.

642 Vgl. EuGH, Urt. v. 19. 12. 2013 C-495/12, *Bridport*, MwStR 2014, 61.

643 Vgl. BFH, Beschl. v. 15. 05. 2012 V R 19/11, BStBl II 2012, 803 und nachfolgend EuGH, Urt. v. 13. 03. 2014 C-366/12, *Klinikum Dortmund gGmbH*, DStR 2014, 587.

644 BFH, Urt. v. 31. 07. 2013 I R 82/12, BFHE 243, 180, DB 2013, 2898.

645 § 12 Abs. 2 Nr. 10 Buchst. b UStG i.d.F. v. 9. 12. 2004.

646 BFH, Beschl. v. 10. 07. 2012 XI R 22/10, BStBl II 2013, 291, BFH/PR 2012, 407 mit Anm. Lange, HFR 2012, 1283 mit Anm. Grube; BFH, Beschl. v. 10. 07. 2012 XI R 39/10, BStBl II 2013, 296.

647 Art. 12 Abs. 3 Buchst. a Unterabs. 3 i.V.m. Anhang H Kategorie 5 der 6. EG-Richtlinie.

648 EuGH, Urt. v. 3. 05. 2001 C-481/98, *Kommission/Frankreich*, Slg. 2001, I-3369.

Wettbewerbsrecht im Einklang stehe[649]. In den dem EuGH vorgelegten Sachverhalten zur Anwendung des ermäßigten Steuersatzes bei Personenbeförderungsleistungen wies der BFH nun ebenfalls darauf hin, dass bei der Beantwortung der Vorlagefragen möglicherweise auch Überlegungen des unionsrechtlichen Wettbewerbsrechts – und damit das Beihilfenverbot – zu berücksichtigen seien[650]. Denn für den Bereich der Personenbeförderungsleistungen gebe es umfangreiche unionsrechtliche Regelungen[651] nach Maßgabe des Beihilfenverbots für die Zulässigkeit der Gewährung von öffentlichen Zuschüssen. Ferner sei auch insoweit einschlägige Rechtsprechung des EuGH[652] zur Anwendung des Beihilfenverbots in diesem Sektor ergangen. Der BFH wies darauf hin, dass die Anwendung des ermäßigten Steuersatzes auf Personenbeförderungsleistungen vor diesem Hintergrund möglicherweise auch das Beihilfenverbot berühren könnte. Inzwischen hat der EuGH entschieden, dass unter bestimmten Voraussetzungen unterschiedliche Steuersätze bei Personenbeförderungsleistungen mit Taxen und Mietwagen gerechtfertigt sein können[653]. Zu den vom BFH aufgezeigten Erwägungen betreffend eine etwa erforderliche zusätzliche Prüfung des Beihilfenverbots hat der EuGH ersichtlich keine Aussage getroffen.

ee) Stellungnahme

Insgesamt wird bei der Würdigung insbesondere der Rechtsprechung des EuGH und der Literaturstimmen deutlich, dass bei der Frage der Anwendbarkeit des unionsrechtlichen Beihilfenverbots im Bereich der Umsatzsteuer differenziert werden müsste:

Grundsätzlich dürften die Bestimmungen in den unionsrechtlichen Richtlinien zur Mehrwertsteuer selbst – die 6. EG-Richtlinie und die MwStSystRL – m.E. nicht in den Anwendungsbereich des Beihilfenverbots fallen, weil das insoweit notwendige Begriffsmerkmal der Staatlichkeit der Maßnahme i. S. von Art. 107 Abs. 1 AEUV nicht erfüllt ist[654]. Vielmehr handelt es sich um unionsrechtliche

---

649 EuGH, Urt. v. 3. 05. 2001 C-481/98, *Kommission/Frankreich*, Slg. 2001, I-3369 Rz 29.

650 BFH, Beschl. v. 10. 07. 2012 XI R 22/10, BStBl II 2013, 291 Rz 56–58.

651 Vgl. z.B. Verordnung (EG) Nr. 1370/2007 (VO Nr. 1370/2007) des europäischen Parlaments und des Rates v. 23. 10. 2007 über öffentliche Personenverkehrsdienste auf Schiene und Straße, ABl. EU 2007 L 315/1.

652 EuGH v. 24. 07. 2003 C-280/00, *Altmark Trans*, Slg. 2003 I-7747.

653 EuGH, Urt. v. 27. 02. 2014 C-454/12, C-455/12, *Pro Med Logistik GmbH/Finanzamt Dresden-Süd u.a*, DB 2014, 581.

654 EuGH, Urt. v. 23. 04. 2009 C-460/07, *Puffer*, Slg. 2009, I-3251; vgl. dazu auch Englisch, State Aid and Indirect Taxation in: State Aid and Tax Law 2013, 69, 79.

Maßnahmen, die auf Vorschlag der EU-Kommission von den Regierungen der EU-Mitgliedstaaten im ECOFIN-Rat einstimmig verabschiedet wurden.

Somit käme die Anwendbarkeit des Beihilfenverbots von vorneherein nur im Hinblick auf die bei den Richtlinien erforderlichen Umsetzungsmaßnahmen durch die EU-Mitgliedstaaten nach Art. 288 Abs. 3 AEUV in Betracht.

Das Beihilfenverbot könnte aber auch hiernach nur in dem Bereich gelten, in dem die unionsrechtlichen Richtlinien zur Mehrwertsteuer keine Spezialregelungen zur Vermeidung von Wettbewerbsverzerrungen zu Lasten der von entsprechenden Regelungen nicht begünstigten Unternehmen enthalten und die EU-Mitgliedstaaten sich nicht an den vorgesehenen Ermächtigungsrahmen halten.

Da die entsprechenden Steuerbefreiungstatbestände in den genannten Richtlinien aber eigenständige Bestimmungen zur Vermeidung von Wettbewerbsverzerrungen vorsehen[655] und darüber hinaus in diesem Bereich auch der unionsrechtliche Rechtsgrundsatz der Wettbewerbsneutralität herangezogen wird[656], dürften nach meinem Dafürhalten alle nationalen Steuerbefreiungsvorschriften, soweit diese im Rahmen ihres Wortlauts noch richtlinienkonform ausgelegt werden können[657], nicht in den Anwendungsbereich des Beihilfenverbots fallen. Denn auch nach der m.E. zutreffenden Rechtsprechung des EuGH ist bei nationalen Umsetzungsmaßnahmen, die mit den unionsrechtlichen Vorgaben grundsätzlich im Einklang stehen, das Begriffsmerkmal der Staatlichkeit einer Maßnahme i. S. von Art. 107 Abs. 1 AEUV nicht erfüllt[658].

Allerdings könnte das Beihilfenverbot bei nationalen Steuervergünstigungen anzuwenden sein, wenn diese nicht den unionsrechtlichen Vorgaben entsprechen, weil sie zugunsten des primär betroffenen Steuerpflichtigen darüber hinausgehen. Denn in einem solchen Fall läge eine das Unionsrecht überschreitende nationale staatliche Maßnahme i. S. von Art. 107 Abs. 1 AEUV

---

655 Vgl. z. B. Art. 13 Teil A Abs. 2 Buchst. a 4. Gedankenstrich und Art. 13 Teil A Abs. 2 Buchst. b 2. Gedankenstrich der 6. EG-Richtlinie bzw. Art. 133 Buchst. d und Art. 134 Buchst. b der MwStSystRL.

656 EuGH, Urt. v. 15. 11. 2012 C-174/11 *Zimmermann*, UR 2013, 35, HFR 2013, 84 und nachfolgend BFH, Urt. v. 19. 03. 2013 XI R 45/11, UR 2013, 551, MwStR 2013, 409 mit Anm. Raab.

657 Vgl. z. B. auch EuGH, Urt. v. 28. 11. 2013 C-319/12 *MDDP*, DB 2014, 37, Rz 25.

658 EuGH, Urt. v. 23. 04. 2009 C-460/07, *Puffer*, Slg. 2009, I-3251; vgl. dazu auch Englisch, State Aid and Indirect Taxation in: State Aid and Tax Law 2013, 69, 79.

vor. Auch der EuGH hat in diesem Zusammenhang die entsprechenden unionsrechtlichen Kontrollüberlegungen bereits angestellt[659].

Vor diesem Hintergrund könnte insbesondere zweifelhaft sein, ob die für gemeinnützige Vereinigungen geltende Steuerbefreiung in § 4 Nr. 18 UStG und der ermäßigte Steuersatz in § 12 Abs. 2 Nr. 8 Buchst. a UStG mit dem Beihilfenverbot i. S. von Art. 107 Abs. 1 AEUV im Einklang stehen. Denn der BFH hat – wie bereits aufgezeigt – inzwischen entschieden, dass diese nationalen Bestimmungen den Vorgaben der unionsrechtlichen Richtlinien zur Mehrwertsteuer nicht entsprechen[660], sondern diese teilweise überschreiten und insoweit auch nicht richtlinienkonform ausgelegt werden können. Dies bedeutet, dass der nationale Gesetzgeber dementsprechend gegenüber den unionsrechtlichen Vorgaben eigenständige staatliche Maßnahmen i. S. von Art. 107 Abs. 1 AEUV ergriffen hat, so dass das Beihilfenverbot insoweit zur Anwendung gelangen könnte.

Hiergegen könnte m.E. nicht mit Erfolg angeführt werden, dass die Regelungen einer gegenüber den EU-Mitgliedstaaten ergangenen Richtlinie nach Art. 288 Abs. 3 AEUV grundsätzlich nicht unmittelbar zu Lasten von Unionsbürgern anwendbar sind[661], sondern sich der Steuerpflichtige allenfalls zu seinen Gunsten auf hinreichend klare und eindeutige Richtlinienbestimmungen berufen kann, die der betreffende EU-Mitgliedstaat nicht oder nur unvollständig umgesetzt hat[662]. Denn zum einen hat der betreffende EU-Mitgliedstaat mit dem Überschreiten der ihm durch die unionsrechtliche Vorgabe auferlegten Umsetzungsgrenzen den Regelungsbereich der Richtlinie verlassen, so dass

---

659 EuGH, Urt. v. 3. 05. 2001 C-481/98, *Kommission/Frankreich*, Slg. 2001, I-3369 Rz 2; EuGH, Urt. v. 3. 03. 2005 C-172/03, *Heiser*, Slg. 2005, I-1627, Rz 58, 59, 3. Leitsatz und im Umkehrschluss EuGH, Urt. v. 23. 04. 2009 C-460/07, *Puffer*, Slg. 2009, I-3251; vgl. dazu auch Englisch, State Aid and Indirect Taxation in: State Aid and Tax Law 2013, 69, 79.

660 Vgl. zu § 4 Nr. 18 UStG: BFH, Urt. v. 8. 08. 2013 V R 13/12, BFH/NV 2014, 123 im Nachgang zu EuGH, Urt. v. 15. 11. 2012 C-174/11 *Zimmermann*, UR 2013, 35, HFR 2013, 84; und zu § 12 Abs. 2 Nr. 8 Buchst. a UStG: BFH, Urt. v. 8. 3. 2012 V R 14/11, BStBl II 2012, 630; vgl. hierzu auch Heidner in Bunjes, 12. Aufl. 2013, Rz 163 ff.; Klenk in Sölch/Ringleb, § 12 UStG, Rz 403a; a.A. Hüttemann, MwStR 2014, 115.

661 Vgl. EuGH, Urt. v. 5. 04. 1979 148/78, *Tullio Ratti*, Slg. 1979–1629, 8. Leitsatz; EuGH, Urt. v. 11. 11. 1997 C-409/95, *Marschall*, Slg. 1997 I-06363, Leitsatz; BVerwG, Urt. v. 4. 10. 2012 BVerwG 1 C 12.11, InfAuslR 2013, 93, Rz 18.

662 Ständige Rechtsprechung, vgl. z.B. EuGH, Urt. v. 10. 09. 2002 C-141/00, *Kügler*, Slg. 2002, I-6833; EuGH, Urt. v. 28. 11. 2013 C-319/12, MwStR 2014, 15; BFH, Urt. v. 8. 3. 2012 V R 14/11, BStBl II 2012, 630; BFH, Urt. v. 8. 08. 2013 V R 13/12, BFH/NV 2014, 123.

insoweit daneben Raum für die Anwendung des Beihilfenverbots bestünde. Zum anderen haben der EuGH und der BFH gerade bei der Anwendung der umsatzsteuerrechtlichen Steuervergünstigungen in jüngerer Zeit wiederholt auch die Stellung des etwaigen von der jeweiligen begünstigenden Regelung nicht erfassten steuerpflichtigen Wettbewerbers[663] in den Blick genommen und in diesem Zusammenhang auch das unionsrechtliche Gebot der Wettbewerbsneutralität betont. Demnach existiert insoweit ein Spannungsverhältnis zwischen dem von der Regelung begünstigten Unternehmer und seinem Konkurrenten, das zur Folge haben kann, dass ggf. die von dem begünstigten Unternehmer in Anspruch genommene nationale Bestimmung durch die für ihn ungünstigere Richtlinienregelung, auf die sich sein Konkurrent mit Erfolg berufen hat, ersetzt wird. Eine vergleichbare Wirkung könnte sich bei der Anwendung des Beihilfenverbots zugunsten des Konkurrenten des von der Steuervergünstigung erfassten Steuerpflichtigen ergeben.

Vor diesem Hintergrund erscheint es fraglich, ob der bisher dazu aufgestellte Rechtsgrundsatz des BFH uneingeschränkt zutrifft, wonach sich der Einzelne auch auf die unionsrechtswidrige günstigere nationale Norm berufen kann[664], solange diese fortbesteht und die insoweit ungünstige Wettbewerbssituation für den Konkurrenten auf unabsehbare Zeit beibehalten wird. Denn wenn es sich insoweit um unzulässige Beihilfen i. S. von Art. 107 Abs. 1 AEUV handelt, könnte das sog. Durchführungsverbot nach Art. 108 Abs. 3 Satz 3 AEUV eingreifen, das die sofortige Nichtanwendbarkeit der genannten Steuervergünstigungen zur Folge hat.

ff) Sind § 4 Nr. 18 UStG und § 12 Abs. 2 Nr. 8 Buchst. a UStG Beihilfen?

Es handelt sich bei diesen Vergünstigungen um steuerliche Vorteile, die wegen des Überschreitens der unionsrechtlichen Vorgaben[665] als staatliche Maßnahme

---

663 Vgl. z.B. EuGH, Urt. v. 8. 06. 2006 C-430/04 *Feuerbestattungsverein,* Slg. 2006 I-4999; BFH, Urt. v. 6. 08. 2012, VII R 4/11, BStBl II 2012, 541 und dazu Schuster, juris-PR 32/2012, Anm. 1; EuGH, Urt. v. 3. 03. 2011 C-41/09, *Kommission/Königreich Niederlande,* BFH/NV 2011, 735, Rz 52, BFH, Urt. v. 8. 03. 2012 V R 14/11, BStBl II 2012, 630.

664 Vgl. zu § 4 Nr. 18 UStG: BFH, Urt. v. 8. 08. 2013 V R 13/12, BFH/NV 2014, 123; und zu § 12 Abs. 2 Nr. 8 UStG: BFH, Urt. v. 8. 3. 2012 V R 14/11, BStBl II 2012, 630; Grube, jurisPR-SteuerR 29/2013 Anm. 6.

665 Vgl. zu § 4 Nr. 18 UStG: BFH, Urt. v. 8. 08. 2013 V R 13/12, BFH/NV 2014, 123 im Nachgang zu EuGH, Urt. v. 15. 11. 2012 C-174/11 *Zimmermann,* UR 2013, 35, HFR

im Rahmen des Umsatzsteuergesetzes einer bestimmten Gruppe von Unternehmen, nämlich den gemeinnützigen Vereinigungen, unter bestimmten Voraussetzungen gewährt werden. Somit sind die Kriterien von staatlich zurechenbaren begünstigenden Maßnahmen und – wegen der Beschränkung der Anwendung der Steuervergünstigungen auf die gemeinnützigen Unternehmen – auch das Merkmal der Selektivität i. S. von Art. 107 Abs. 1 AEUV erfüllt[666]. Eine etwaige Rechtfertigung der „prima facie" selektiven Maßnahmen durch die Art oder den Sinn und Zweck des Steuersystems[667] scheidet m.E. aus, da die in Frage stehenden nationalen Vorschriften gerade nicht den unionsrechtlichen Vorgaben – und damit der vorgesehenen Systematik – entsprechen. Da die Kriterien der etwaigen Beeinträchtigung des Wettbewerbs und des Handels zwischen den EU-Mitgliedstaaten einheitlich und weit auszulegen sind und insoweit nicht erforderlich ist, dass das begünstigte Unternehmen selbst am innergemeinschaftlichen Handel teilnimmt[668], ist anzunehmen, dass diese für die Anwendung von Art. 107 Abs. 1 AEUV außerdem erforderlichen Bedingungen gleichfalls vorliegen.

gg) Durchführungsverbot erfasst allenfalls die Regelung in § 12 Abs. 2 Nr. 8 Buchst. a UStG

Ähnlich wie bei den Vergünstigungen für gemeinnützige Vereinigungen im Körperschaftsteuerrecht wäre die Anwendung des sog. Durchführungsverbots i. S. von Art. 108 Abs. 3 Satz 3 AEUV m.E. aber auch zum Teil wegen des Vorliegens einer sog. Altbeihilfe ausgeschlossen[669], weil die Steuerbefreiung in § 4 Nr. 18 UStG schon vor dem insoweit maßgeblichen Inkrafttreten des Vertrags über die Gründung der Europäischen Wirtschaftsgemeinschaft – EWG – am 1. Januar 1958[670] bestanden hat: Denn ein vergleichbarer Steuerbefreiungstatbestand war bereits in dem am 28. Juni 1951 verabschiedeten Umsatzsteueränderungsgesetz[671]

2013, 84; und zu § 12 Abs. 2 Nr. 8 Buchst. a UStG: BFH, Urt. v. 8. 3. 2012 V R 14/11, BStBl II 2012, 630; vgl. hierzu auch Heidner in Bunjes, 12. Aufl. 2013, Rz 163 ff.; Klenk in Sölch/Ringleb, § 12 UStG, Rz 403a.

666 Vgl. dazu im Einzelnen vorstehende Ausführungen auf S. 44 ff.

667 Vgl. dazu im Einzelnen vorstehende Ausführungen auf S. 52 ff.

668 Vgl. dazu im Einzelnen vorstehende Ausführungen auf S. 58 ff.

669 BFH, Urt. v. 31. 07. 2013 I R 82/12, BFHE 243, 180, DB 2013, 2898.

670 Bekanntmachung über das Inkrafttreten der Verträge zur Gründung der Europäischen Wirtschaftsgemeinschaft und der Europäischen Atomgemeinschaft vom 27. Dezember 1957, BGBl II 1958, 1.

671 Gesetz zur Änderung des Umsatzsteuergesetzes und des Beförderungsgesetzes v. 28. 06. 1951, 402.

mit § 4 Nr. 12 Buchst. d UStG a.F. aufgenommen worden. Demgegenüber könnte es sich bei der Regelung in § 12 Abs. 2 Nr. 8 Buchst. a UStG m.E. um eine sog. Neubeihilfe handeln. Denn diese umsatzsteuerrechtliche Steuervergünstigung gab es nicht schon vor der Gründung der EWG am 1. Januar 1958, sondern wurde erst mit der Umstellung des bis zum 1. Januar 1968 geltenden Allphasen-Brutto-Umsatzsteuersystems auf das Netto-Allphasen-Umsatzsteuersystem eingeführt[672].

Als Folge der Anwendung des Tatbestandes des Art. 107 Abs. 1 AEUV auf § 12 Abs. 2 Nr. 8 Buchst. a UStG, soweit dieser über den vorgesehene unionsrechtliche Ermächtigungstatbestand hinausgeht, müsste das sog. Durchführungsverbot des Art. 108 Abs. 3 Satz 3 AEUV eingreifen. Es handelt sich auch um eine Maßnahme, die von der Bundesrepublik Deutschland zu keiner Zeit als solche nach Art. 108 Abs. 3 AEUV angemeldet wurde[673]. Ob insoweit möglicherweise eine der in Betracht kommenden Legal- oder Ermessensausnahmen in Art. 107 Abs. 2 AEUV bzw. Art. 107 Abs. 3 AEUV eingreift[674], berührt die Anwendung des Durchführungsverbots nicht und müsste erst von der EU-Kommission geprüft und gebilligt werden[675]. Bei einem hier festgestellten Verstoß gegen die unionsrechtlichen Vorgaben in den Richtlinien dürfte aber insoweit nicht von einer günstigen Entscheidung auszugehen sein. Daher dürfte § 12 Abs. 2 Nr. 8 Buchst. a UStG keine Geltung mehr beanspruchen, soweit diese Regelung über die unionsrechtliche Ermächtigung in den Richtlinien hinausgeht.

Zu berücksichtigen wäre aber m.E. jedenfalls bei der Anwendung des sog. Durchführungsverbots, dass im Hinblick auf die bisherige Rechtsprechung des BFH, wonach die Steuerpflichtigen sich auf die für sie gegenüber dem Unionsrecht günstigere Regelung berufen können[676], erhebliche Vertrauensschutzgesichtspunkte vorliegen, die möglicherweise einer ansonsten drohenden Rückforderung bereits gewährter Steuervergünstigungen für die Vergangenheit entgegenstehen könnten[677].

Da diese Überlegungen bislang ersichtlich noch nicht in der Rechtsprechung ihren Niederschlag gefunden haben, sollten die Finanzgerichte bzw. der BFH

---

672 Umsatzsteuergesetz v. 29. 05. 1967, BGBl 1967 I, 545; vgl. auch Klenk in Sölch/Ringleb, § 12 UStG, Rz 1 ff.

673 Vgl. dazu im Einzelnen vorstehende Ausführungen auf S. 44 ff.

674 Vgl. dazu für die körperschaftsteuerrechtlichen Regelungen Hüttemann, DB 2006, 914 ff., 921.

675 Vgl. dazu im Einzelnen vorstehende Ausführungen auf S. 44 ff.

676 Vgl. zu § 12 Abs. 2 Nr. 8 Buchst. a UStG: BFH, Urt. v. 8. 3. 2012 V R 14/11, BStBl II 2012, 630.

677 Vgl. dazu im Einzelnen vorstehende Ausführungen auf S. 70 ff.

bei entsprechender Gelegenheit m.E. die Durchführung eines entsprechenden Vorabentscheidungsersuchen an den EuGH nach Art. 267 AEUV zur Anwendung des Durchführungsverbots nach Art. 108 Abs. 3 Satz 3 AEUV erwägen. Im Wettbewerb insoweit benachteiligte Unternehmen könnten nach meinem Dafürhalten durchaus erfolgversprechend die Geltendmachung eines verfassungsunmittelbaren Auskunftsanspruchs beim Finanzamt und anschließend die Erhebung einer sog. unechten Konkurrentenklage prüfen[678]. Auch eine Beschwerde bei der EU-Kommission wäre m.E. möglich[679].

Dies Ergebnis stünde auch im Einklang mit der jüngst ergangenen Rechtsprechung des EuGH und nachfolgend auch des BFH, wonach für die volle Wirksamkeit des Unionsrechts Sorge zu tragen und dabei jede entgegenstehende Vorschrift des nationalen Rechts außer Betracht zu lassen sei[680]. Denn die einheitliche Anwendung des einschlägigen Unionsrechts dürfe nicht ernstlich beeinträchtigt werden[681].

Die bisherige Annahme des BFH, der Steuerpflichtige könne sich im Zweifel bei der Anwendung von § 12 Abs. 2 Nr. 8 Buchst. a UStG auf das nationale gegenüber dem Unionsrecht günstigere – und diesem widersprechende – Recht berufen[682], wäre danach möglicherweise nicht mehr zutreffend.

c) Zwischenergebnis

Die im nationalen Steuerrecht vorgesehenen Steuervergünstigungen für gemeinnützige Vereinigungen im Körperschaftsteuerrecht könnten insbesondere nach der Rechtsprechung des EuGH in der Rechtssache *Cassa di Risparmio di Firenze*[683] zwar den Tatbestand einer Beihilfe i. S. von Art. 107 Abs. 1 AEUV erfüllen.

---

678 Vgl. dazu im Einzelnen vorstehende Ausführungen auf S. 102 ff.

679 Vgl. Art. 6a der Verordnung (EU) Nr. 734/2013 des Rates v. 22. 07. 2013 zur Änderung der Verordnung (EG) Nr. 659/1999 über besondere Vorschriften für die Anwendung von Art. 93 des EG-Vertrags, ABl.EU 2013 L 204/15 und im Einzelnen vorstehende Ausführungen auf S. 66 ff, 101.

680 Vgl. EuGH, Urt. v. 26. 02. 2013 C-6617/10 *Fransson,* NJW 2013, 1415, Rz 45 ff.; BFH, Urt. v. 24. 10. 2013 V R 17/13, BFH/NV 2014, 284 Rz 13, 19.

681 Vgl. EuGH, Urt. v. 21. 02. 2013 C-104/12, *Becker,* MwStR 2013, 129, UR 2013, 220 Rz 32.

682 Vgl. zu § 12 Abs. 2 Nr. 8 Buchst. a UStG: BFH, Urt. v. 8. 3. 2012 V R 14/11, BStBl II 2012, 630; vgl. auch Grube, jurisPR-SteuerR 29/2013 Anm. 6.

683 EuGH, Urt. v. 10. 01. 2006 C-222/04, *Cassa di Risparmio di Firenze u.a.,* Slg. 2006 I-289; vgl. dazu auch Hüttemann, DB 2006, 914, 916 ff.

Da es sich insoweit aber wohl um sog. Altbeihilfen handelt, für die das sog. Durchführungsverbot in Art. 108 Abs. 3 Satz 3 AEUV nicht gilt, kann die Praxis abwarten, ob die EU-Kommission in einem etwaigen laufenden Prüfverfahren zu der Auffassung kommt, dass die entsprechenden nationalen Bestimmungen möglicherweise als Ermessensausnahmen i. S. von Art. 107 Abs. 3 AEUV gerechtfertigt sind.

Für die im nationalen Umsatzsteuerrecht vorgesehenen Steuervergünstigungen ist für die Anwendung des Beihilfenverbots m.E. kein Raum, soweit der nationale Steuergesetzgeber die unionrechtlichen Vorgaben in den Richtlinien zutreffend – auch unter Berücksichtigung einer möglichen richtlinienkonformen Auslegung – umgesetzt hat.

Das Beihilfenverbot gilt m.E. jedoch in den Fällen, in denen der nationale Gesetzgeber über die in den Richtlinien enthaltenen Vorgaben hinaus weitergehende Vergünstigungen gewährt hat. Soweit dies die in § 4 Nr. 18 UStG enthaltene Steuerbefreiung betrifft, handelt es sich aber um eine sog. Altbeihilfe, für die das sog. Durchführungsverbot nach Art. 108 Abs. 3 Satz 3 AEUV nicht gilt. Ebenso wie bei den entsprechenden körperschaftsteuerrechtlichen Bestimmungen kommt es nun darauf an, ob die EU-Kommission insoweit ein entsprechendes Prüfverfahren nach Art. 108 Abs. 1 AEUV einleitet. Im Unterschied ist die Regelung in § 12 Abs. 2 Nr. 8 Buchst. a UStG eine sog. Neubeihilfe, soweit sie über die unionsrechtliche Ermächtigung hinausgeht[684]. Anstelle der bisher so vom BFH vertretenen und in der Literatur geäußerten Rechtsauffassung, wonach in diesen Fällen eine Berufung auf die gegenüber der unionsrechtlichen Regelung günstigere nationale Bestimmung möglich ist, wäre m.E. das sog. Durchführungsverbot in Art. 108 Abs. 3 Satz 3 AEUV anzuwenden. Allerdings stünde einer etwaigen Rückforderung von bisher gewährten Steuervergünstigungen m.E. möglicherweise die genannte Rechtsprechung des BFH entgegen, die einen entsprechenden Vertrauensschutz bei den Steuerpflichtigen begründet, soweit darin ausgeführt wird, dass sich der Betroffene im Zweifel auf die günstigere nationale Rechtslage berufen kann[685].

Zur Klärung bestehender Rechtsunsicherheiten sollten die Finanzgerichte oder der BFH insoweit ggf. entsprechende Vorabentscheidungsersuchen an den EuGH richten. Auch betroffene Konkurrenten könnten einen entsprechenden Auskunftsanspruch beim Finanzamt geltend machen und anschließend ggf. die

---

684 Vgl. BFH, Urt. v. 8. 3. 2012 V R 14/11, BStBl II 2012, 630; Klenk in Sölch/Ringleb, § 12 UStG, Rz 403a; a.A. Hüttemann, MwStR 2014, 115.

685 Vgl. zu § 12 Abs. 2 Nr. 8 Buchst. a UStG: BFH, Urt. v. 8. 3. 2012 V R 14/11, BStBl II 2012, 630.

Möglichkeit nutzen, eine unechte Konkurrentenklage zu erheben. Bei Fortbestand der geltenden unionsrechtswidrigen Rechtslage könnten Wettbewerber schließlich auch eine entsprechende Beschwerde[686] bei der EU-Kommission einreichen[687], die im Rahmen eines Vertragsverletzungsverfahrens nach Art. 258 AEUV Abhilfe schaffen könnte.

686 Vgl. Art. 6a der Verordnung (EU) Nr. 734/2013 des Rates v. 22. 07. 2013 zur Änderung der Verordnung (EG) Nr. 659/1999 über besondere Vorschriften für die Anwendung von Art. 93 des EG-Vertrags, ABl.EU 2013 L 204/15.

687 Vgl. dazu auch vorstehende Ausführungen auf S. 66 ff, 101.

D. Zusammenfassung und Ausblick

Zusammenfassend ist als Ergebnis der Untersuchung zunächst festzuhalten, dass sich künftig möglicherweise durch die Entscheidung des EuGH in der Rechtssache *Gibraltar*[688] im Rahmen der materiellen Prüfung des Begriffsmerkmals der Selektivität einer Maßnahme i. S. von Art. 107 Abs. 1 AEUV für die Praxis eine neue zweistufige Prüfungsreihenfolge ergibt, bei der entscheidend zunächst auf die Wirkung der staatlichen Maßnahme abzustellen ist und danach zu prüfen ist, ob die fragliche Maßnahme durch die Natur und den inneren Aufbau des Systems bedingt und daher gerechtfertigt sein könnte.

Für die Durchführung des Beihilfeverfahrens nach Art. 108 AEUV sind nunmehr die neuen von der EU-Kommission vorgeschlagenen und vom Ministerrat verabschiedeten Regelungen zu Freistellungen von Genehmigungsverfahren[689] und der VVO[690] berücksichtigen. Nach den neu geschaffenen Vorschriften der VVO sind nicht nur die Regierungen und Parlamente der EU-Mitgliedstaaten, sondern auch Gerichte, Unternehmensverbände und sogar nicht von Vergünstigungen betroffene Unternehmen zur Mitwirkung an der Aufklärung beihilferechtlich relevanter Sachverhalte verpflichtet.

Bei der Rückforderung von zu Unrecht gewährten Steuervergünstigungen können sich die betroffenen Steuerpflichtigen nach wie vor nur in seltenen Ausnahmefällen auf die unionsrechtlichen Prinzipien des Vertrauensschutzes, der Rechtssicherheit und der Verhältnismäßigkeit berufen.

---

688 EuGH, Urt. v. 15. 11. 2011 C-106/09 P und C 107/09 P, *Gibraltar*, HFR 2012, 102, BFH/NV 2012, 365.

689 Verordnung (EU) Nr. 733/2013 des Rates v. 22. 07. 2013 zur Änderung der Verordnung (EG) Nr. 994/98 v. 7. 05. 1998 über die Anwendung der Artikel 92 und 93 des Vertrags zur Gründung der Europäischen Gemeinschaft auf bestimmte Gruppen horizontaler Beihilfen, ABl. EU 2013, L 204/11 und die neue de-minimis-Verordnung v. 19. 12. 2013 unter http://ec.europa.eu/competition/state_aid/legislation/de_minimis_regulation_de.pdf.

690 Verordnung (EU) Nr. 734/2013 des Rates v. 22. 07. 2013 zur Änderung der Verordnung (EG) Nr. 659/1999 über besondere Vorschriften für die Anwendung von Art. 93 des EG-Vertrags, ABl.EU 2013 L 204/15.

Die möglicherweise einander widersprechenden Rechtsfolgen bei einem zugleich vorliegenden Verstoß einer nationalen Steuervorschrift gegen die Grundfreiheiten und das Beihilfenverbot sind von der Rechtsprechung des EuGH noch nicht endgültig geklärt. Dabei kann die nach meinem Dafürhalten die grundsätzlich vorrangige Rechtsfolge aus einem Verstoß gegen das Beihilfenverbot aber auch in einer vollständigen Nichtanwendung der ungünstigen Steuervorschrift bestehen, was im Ergebnis der Rechtsfolge aus der Verletzung der Grundfreiheit entspräche.

Was die Rechtsschutzmöglichkeiten für Unternehmen angeht, wäre als neuere Entwicklung insbesondere der von einer Steuervergünstigung möglicherweise zu Unrecht nicht erfasste Konkurrent in den Blick zu nehmen: Für ihn gibt es nun ein formalisiertes Beschwerdeverfahren[691] mit der EU-Kommission als Adressatin; außerdem kann er ggf. ein Auskunftsersuchen bei einem nationalen Finanzamt anbringen und anschließend ggf. eine sog. unechte Konkurrentenklage erheben.

Ob die körperschaftsteuerrechtliche „Sanierungsklausel" des § 8c Abs. 1a KStG gerade noch von den europäischen Gerichten als allgemeine – und damit nicht selektive – Maßnahme i. S. von Art. 107 Abs. 1 AEUV gebilligt wird, ist nach wie vor eine spannende Frage und bleibt abzuwarten. Freilich kämen die europäischen Gerichte auch nur zu einer Sachentscheidung, falls sie die Zulässigkeit der noch anhängigen Klagen überhaupt bejahen.

Die nationalen Steuervergünstigungen für gemeinnützige Unternehmen dürften überwiegend als sog. Altbeihilfen zu qualifizieren sein, so dass diese mangels Anwendbarkeit des sog. Durchführungsverbots in Art. 108 Abs. 3 Satz 3 AEUV so lange in Anspruch genommen werden dürfen, bis die EU-Kommission ggf. ein Prüfverfahren nach Art. 108 Abs. 1 AEUV einleitet. Etwas anderes könnte für § 12 Abs. 2 Nr. 8 Buchst. a UStG gelten: Diese nationale Steuervergünstigung geht über die unionsrechtliche Ermächtigung hinaus[692], ohne dass eine entsprechende richtlinienkonforme Auslegung möglich ist, so dass m.E. das Beihilfenverbot dem Grunde nach anwendbar sein könnte. Ferner handelt es sich auch um eine sog. Neubeihilfe für die insoweit auch das Durchführungsverbot nach Art. 108 Abs. 3 Satz 3 AEUV gelten dürfte. Diese Rechtsfrage könnte ggf. Gegenstand

---

691 Verordnung (EU) Nr. 734/2013 des Rates v. 22. 07. 2013 zur Änderung der Verordnung (EG) Nr. 659/1999 über besondere Vorschriften für die Anwendung von Art. 93 des EG-Vertrags, ABl.EU 2013 L 204/15.

692 BFH, Urt. v. 8. 3. 2012 V R 14/11, BStBl II 2012, 630; vgl. hierzu auch Heidner in Bunjes, 12. Aufl. 2013, Rz 163 ff.; Klenk in Sölch/Ringleb, § 12 UStG, Rz 403a; a.A. Hüttemann, MwStR 2014, 115.

eines Vorabentscheidungsersuchens durch ein Finanzgericht oder den BFH an den EuGH nach Art. 267 AEUV werden.

In erster Linie dürfte der nationale Gesetzgeber aufgerufen sein, bei der Schaffung neuer Steuervergünstigungen die Vorgaben des unionsrechtlichen Beihilfenverbots zu berücksichtigen und im Zweifel rechtzeitig eine entsprechende Maßnahme bei der EU-Kommission anzuzeigen. Dies liegt auch im Interesse betroffener Unternehmen, die sich andernfalls teilweise mit existenzbedrohenden Rückforderungsansprüchen für bereits ausbezahlte Vergünstigungen auseinandersetzen müssen, zumal etwaige Vertrauensschutzgesichtspunkte in diesem Zusammenhang eine Rückforderung nur in besonders gelagerten Ausnahmefällen hindern. Auch bei bestehenden Steuervergünstigungen sollte der nationale Gesetzgeber Anpassungen an die unionsrechtlichen Vorschriften vornehmen – dies gilt insbesondere für die ausdrücklich erörterten umsatzsteuerrechtlichen Vergünstigungen in § 4 Nr. 18 UStG und in § 12 Abs. 2 Nr. 8 Buchst. a UStG. In diesem Zusammenhang könnten entsprechende Beschwerden von Wettbewerbern bei der EU-Kommission sowie das Rechtsschutzinstrument der unechten Konkurrentenklagen zahlenmäßig zunehmen.

Finanz- und Steuerrecht in Deutschland und Europa

Herausgegeben von Klaus-Dieter Drüen, Hanno Kube
und Rainer Wernsmann

Band 1 Gordon Dreher: Das Alterseinkünftegesetz. Systematische Darstellung und verfassungsrechtliche Zweifelsfragen. 2007.

Band 2 Nils Meyer-Sandberg: Die Duale Einkommensteuer als Modell ungleicher Besteuerung von Arbeit und Kapital. 2008.

Band 3 Alexander Pfab: Die Behandlung von Bildungsaufwendungen im deutschen Einkommensteuerrecht. 2008.

Band 4 Christian Johannes Müller: Einnahmeverzicht im Einkommensteuerrecht – insbesondere durch verbilligte Wohnungsüberlassung an nahe Angehörige. 2009.

Band 5 Melanie Falkner: Die Einkunftserzielungsabsicht als subjektives Besteuerungsmerkmal. Eine Analyse subjektiver Tatbestandsmerkmale im Steuerrecht. Zugleich ein Beitrag zur Liebhaberei im Steuerrecht. 2009.

Band 6 Steffen Ott: Die Vertreterbetriebsstätte nach OECD-MA. 2009.

Band 7 Christoph Wagner: Steuergleichheit unter Standortvorbehalt? Verfassungsrechtliche Grenzen einer ungleichen Einkommensbesteuerung von Kapital und Arbeit. 2010.

Band 8 Andreas Goetze: Die Ersetzung der sieben Einkunftsarten des EStG durch eine einzige. Zur Gleichheit aller Erwerbsgrundlagen in einem vereinfachten Steuerrecht. 2010.

Band 9 Hanno Kube: Der bundesstaatliche Finanzausgleich. Verfassungsrechtlicher Rahmen, aktuelle Ausgestaltung, Entwicklungsperspektiven. 2011.

Band 10 Katharina Brauer: Abgrenzung der Lebensmittellieferung von der Restaurationsdienstleistung im Umsatzsteuerrecht. 2011.

Band 11 Marc Schubert: Die Verfassungswidrigkeit der Erbschaft- und Schenkungsteuer und die verfassungsrechtlichen Anforderungen an eine Neuregelung. 2011.

Band 12 Martin Rehberg: Der Zuzug und Wegzug von Kapitalgesellschaften in gesellschafts- und steuerrechtlicher Hinsicht. 2011.

Band 13 Dirk Wünschig: Perspektiven eines europarechtskonformen Gemeinnützigkeits- und Zuwendungsrechts. Eine Untersuchung nach „Stauffer" und „Persche" bei gleichzeitiger Kritik an der Neufassung des Gemeinnützigkeitsrechts nach dem Jahressteuergesetz 2009. 2011.

Band 14 Sebastian Grimm: Die negative Konkurrentenklage im Steuerrecht. 2011.

Band 15 Arne von Freeden: Minder- und Mehrabführungen nach § 14 Abs. 4, § 27 Abs. 6 KStG. Ausgleichspostenlösung und Einlagelösung. 2011.

Band 16 Anne Keller: Rechtsschutz gegen Maßnahmen der steuerlichen Außenprüfung. 2011.

Band 17 Larissa Maier-Bledjian: Sondervermögen des Bundes. 2011.

Band 18 Philipp Riedl: Die internationale Doppelbesteuerung im EU-Binnenmarkt. 2012.

Band 19 Anna Schwarz: Die Pensionszusage an den Mitunternehmer der Personengesellschaft im Einkommensteuerrecht. 2012.

Band 20 Carsten Höink: Nichtsteuerbare Vermögensübertragungen im Umsatzsteuerrecht. Eine rechtssystematische Analyse der Entwicklung des Rechtsinstituts der Geschäftsveräußerung im Ganzen. 2013.

Band 21 Christian Kniese: Europarechtlicher Rahmen einer steuerlichen Förderung von Forschung und Entwicklung. 2013.

Band 22 Katarina Günther: Vertrauensschutz bei Angaben Dritter im Umsatzsteuerrecht. 2013.

Band 23 Andreas Königer: Ertragsteuerrechtliche Behandlung grenzüberschreitender Spaltungen von Rechtsträgern. Unter besonderer Beachtung der Vorgaben des Unionsrechts. 2014.

Band 24 Matthias Diete: Das obligatorische Schiedsverfahren in der deutschen DBA-Praxis. Erweiterung des zwischenstaatlichen Rechtsschutzes bei Doppelbesteuerungskonflikten. 2014.

Band 25 Friederike Grube: Der Einfluss des unionsrechtlichen Beihilfenverbots auf das deutsche Steuerrecht. Dargestellt an den Beispielen der sogenannten Sanierungsklausel und der Steuervergünstigungen für gemeinnützige Unternehmen. 2014.

www.peterlang.com